消費者のための民法入門

村 千鶴子 著

INTRODUCTION TO THE CIVIL LAW

新世社

はじめに

　私たちは，毎日暮らしを送る上でさまざまな商品やサービスをごく当たり前に購入して利用しています。普段は，特に問題になるようなことは起こらないことが多いので，特に「これは契約である」とか「契約に関する法律はどうなっているのか」などを気にすることはありません。

　しかし，いったんトラブルが起こると，どのように対応すべきか，解決できるかが問題となってきます。そこでは，「契約について法律ではどのように定められているか」が問題になります。

　最近では，フリマアプリがよく利用されるようになっています。シェアリングエコノミーの一種として，国も推進する傾向があります。しかし，フリマアプリによる売り買いは，出品者も購入者も原則として消費者であるため消費者保護のための法律の適用はありません。当事者間の自己責任で解決するしかないという言い方をされます。このような言い方を聞くと，フリマアプリによる消費者同士の売り買いは，法律の及ばない無法状態の世界なのかと思いがちですが，そんなことはありません。消費者保護の法律の適用はない，ということは，契約に関する基本原則である民法によるという意味です。

　一方で，クーリング・オフ制度などの言葉は，比較的良く知られるようになりました。しかし，正しく知っている人はあまり多くはないようです。たとえば，通信販売にはクーリング・オフ制度があると思い込んでいる人や自分からお店に出向いて買ってきた商品でも，当然にクーリング・オフができると思い込んでいる人もいます。これはいずれも間違いです。通信販売や自分からお店に出向いて買い物をした場合には，クーリング・オフ制度の適用はありません。クーリング・オフ制度とは，事業者と消費者との特殊な取引方法でトラブルが多発して社会問題となった販売方法についてのみ，特定商取引法で特別に設けられた特殊な制度です。

消費者であっても，いったん契約をしたら守る義務があることは民法上の当然の原則です。契約を締結するかどうかを選択する際に，十分慎重に考慮することが大切なのです。消費者だからと言って，契約に対して無責任であってよいわけではありません。一方では，契約相手に対して，どのようなことを求めることができるのかを知っておくことも大切です。

　民法は，このように日々の暮らしにおける買い物などの契約に関する基本的なルールを定めた，最も身近な法律だと言えます。2018年の民法改正では，成年年齢が20歳から18歳に引き下げられました。改正法は，2022年4月1日から施行されます。つまり，18歳から，自己責任で自由に契約できるようになるということ，民法の知識が常識として求められるということです。

　一方で，さまざまな法律の中で，民法は範囲も広く難しい法律だと思っている人も少なくありません。犯罪を犯すと処罰される刑法の方が法律としてはわかりやすいというイメージがあるようです。たしかに，民法を体系的に勉強しようとすると第一編の総則の部分でわけがわからず挫折してしまう，ということもないわけではないようです。

　そこで，本書は，日々の暮らしの中での契約にかかわる部分を中心に，民法をなるべくわかりやすく身近なものとして学んでいただけるようにと考えて組み立てました。最近の消費生活にかかわる話題などをコラムで取り上げるなどの工夫もしています。

　法学部で本格的に民法を学ぶ人だけが，民法を知っていればよいわけではありません。生活する人の一人でも多くの人に民法の基礎的な知識を身につけていただけることが大切だと思います。

　本書は，自治体の消費生活相談窓口で消費者からの事業者に対する苦情などに関する相談に応じて助言やあっせんの業務を行っている消費生活相談員のための基礎知識としてまとめた原稿がもとになっています。もとの原稿に，いくつかの基本的な項目を追加し，2020年4月1日施行の2017年民法（債権法）改正における変更点を加筆訂正するなど大幅な改稿をしています。

　大学の法学部で民法の講義を履修する学生にとっては，本書を読むことで

民法の規定がいかに実生活につながっているかイメージすることができ，講義の内容をよく理解するきっかけとなるのではないかと思います。

　また，本文中に条文を入れ，大学の法学部以外の学部での教養科目のテキストとして使いやすいよう配慮しています。さらに契約にかかわる仕事に携わる人々が法律知識を知るための基本的な書籍としても役立つのではないかと思います。本書を広く活用いただけると幸いです。

　2019年6月

村　千鶴子

目　次

1章　民法とはどういう法律か？ ── 1

1.1　はじめに　1
1.2　私法の基本法としての民法　2
1.3　民法・消費者契約法・特定商取引法の関係は　3
1.4　契約の流れ　5
1.5　民法の体系と契約の基本ルール　8
コラム　消費者法とは　9

2章　民法の考え方の基本 ── 11

2.1　民法の世の中のとらえ方　11
2.2　私的自治の原則　12
2.3　民法の3つの柱の内容　13
2.4　信義側と権利の濫用　17
2.5　任意規定と強行規定　18

3章　「人」について ── 20

3.1　権利の主体と客体＝目的物　20
3.2　自然人と法人　20
3.3　自然人の能力──権利能力，意思能力，行為能力　21
3.4　判断能力が十分な人の意思能力の考え方　24
3.5　未成年者の保護　25
コラム　認知症の人の契約の効果　27

4章 契約を結ぶ（1）：契約の成立，契約書の作成 ── 29

- 4.1 はじめに 29
- 4.2 契約とは 29
- 4.3 意思表示という考え方 30
- 4.4 送り付け商法を例に 31
- 4.5 諾成契約 32
- 4.6 契約書を作成する理由 33
- 4.7 業法の規制との関係 35

5章 契約を結ぶ（2）：約款・定型約款 ── 37

- 5.1 はじめに 37
- 5.2 約款というもの 38
- 5.3 約款をめぐる問題点 39
- 5.4 契約書を作成する場合 41
- 5.5 約款の組み入れ要件の考え方 42
- 5.6 民法改正で新設された定型約款についての規律 43
- 5.7 定型約款とは何か 45
- 5.8 定型約款の組み入れ要件 45
- 5.9 定型約款の変更要件 47

6章 契約を結ぶ（3）：意思表示に問題があるとき ── 48
──心裡留保・虚偽表示・錯誤・詐欺・強迫

- 6.1 はじめに 48
- 6.2 意思と表示の食い違いがあるとき──場合の分け方 49
- 6.3 詐欺による取消し 55

7章 契約をやめる (1):無効・取消し ——— 59

7.1 はじめに　59
7.2 契約の無効　60
7.3 契約の取消し　61
7.4 取消しと無効の違い　62
7.5 取消しによる効果　64
7.6 追認とは何か　65
コラム　ヤミ金との契約　66

8章 契約をやめる (2):契約の解除 ——— 68

8.1 はじめに　68
8.2 法定解除と約定解除　68
8.3 債務不履行解除　70
8.4 クーリング・オフ制度　75

9章 契約を守らないとき (1) ——— 77
：同時履行の抗弁，債務不履行

9.1 はじめに　77
9.2 有償双務契約を題材に　77
9.3 同時履行の抗弁　78
9.4 債務不履行の種類と対応　83

10章 契約を守らないとき (2):損害賠償責任の基礎 ——— 84

10.1 はじめに　84
10.2 契約の解除と損害賠償請求　85
10.3 損害賠償の範囲と方法　87

10.4　特別損害とは　88
10.5　損害額の算定は　89
10.6　過失相殺　90
10.7　金銭債務の特殊性　90
10.8　法定利率　91
10.9　賠償額の予定　92
コラム　こんな場合の損害は賠償されるか：通常損害の考え方　93

11章　代理制度（1）：代理と使者 ―― 94

11.1　はじめに　94
11.2　意思表示は誰がしているか　95
11.3　代理制度の仕組み　96
11.4　代理制度の意義　98
11.5　法定代理と任意代理　99

12章　代理制度（2）：無権代理と表見代理 ―― 102

12.1　はじめに　102
12.2　代理制度と委任状　103
12.3　代理権のない人の代理行為　105
12.4　表見代理　109
12.5　無権代理と表見代理の関係　110
コラム　名義貸しトラブル　111

13章　時効・期限・条件 ―― 112

13.1　はじめに　112
13.2　時効とは　112
13.3　時効制度はなぜあるのか　113

13.4　取得時効と消滅時効　113

13.5　時効の援用　114

13.6　時効を止めるためには　115

13.7　期間の計算　115

13.8　期　限　116

13.9　条　件　117

14章　消滅時効：権利には期限がある ── 118

14.1　はじめに　118

14.2　債権の消滅時効　118

14.3　消滅時効の制度理由　121

14.4　消滅時効の援用　122

14.5　消滅時効を止めるためには　123

14.6　その他の権利の行使期間　126

コラム　ある消費者金融業者の言い分と消滅時効　127

15章　典型契約 ── 129

15.1　はじめに　129

15.2　契約の考え方の基本　129

15.3　典型契約の規律がある理由　130

15.4　典型契約の意味　131

15.5　任意規定としての機能　132

15.6　消費者契約法との関係　133

15.7　典型契約の種類　133

16章　売買契約 ── 137

16.1　はじめに　137

16.2 手付とは何か **138**
16.3 手付の種類 **140**
16.4 契約締結の費用など **141**
16.5 瑕疵担保責任・契約不適合性についての責任 **142**
コラム　買ったペットが病気だった… **146**

17章　消費貸借 ─────────────── 147

17.1 はじめに **147**
17.2 消費貸借の規定 **147**
17.3 消費貸借の例 **148**
17.4 利息と利息制限法・出資法の規制 **149**
17.5 法定利率──2017年改正の概要 **153**

18章　賃貸借と使用貸借 ─────────── 155

18.1 はじめに **155**
18.2 使用貸借 **155**
18.3 賃貸借 **158**
コラム　賃貸住宅と敷引き特約 **164**

19章　借地借家法 ───────────── 166

19.1 はじめに **166**
19.2 契約期間 **166**
19.3 契約の更新と正当事由 **167**
19.4 賃料の変更 **169**
19.5 建物の所有者が変わったとき **170**
19.6 定期借家権 **170**

20章 請負・委任 ———————————— 172

20.1 はじめに 172
20.2 請負と委任の違い 173
20.3 準委任 174
20.4 請負についての規定の概要 174
20.5 委任・準委任の規定の概要 178
コラム　入れ歯を作るのは請負か準委任か 180
コラム　私立大学の入学契約
　　　　：典型契約に該当するかどうかの判断の一事例 181

21章 その他の契約 ———————————— 182

21.1 はじめに 182
21.2 寄託 182
21.3 組合 185
21.4 終身定期金 187
21.5 和解 188

22章 保証 (1)：保証契約・連帯保証人 ———————————— 189

22.1 はじめに 189
22.2 保証の特殊性 189
22.3 保証人とは何か 190
22.4 求償権 195
コラム　奨学金返還をめぐる保証人問題 196

x　目次

23章 保証（2）：根保証・身元保証 ―― 198

23.1 はじめに　198
23.2 根保証　198
23.3 身元保証　202

24章 保証（3）：個人保証人の保護制度 ―― 206

24.1 はじめに　206
24.2 2017年民法改正における規定変更　207

25章 物的担保（1）：抵当権 ―― 211

25.1 はじめに　211
25.2 物的担保の特徴　211
25.3 消費生活にかかわる担保物権　212
25.4 抵当権とは　213

26章 物的担保（2）：質権と留置権 ―― 219

26.1 はじめに　219
26.2 留置権　219
26.3 質　権　221

27章 弁　済 ―― 225

27.1 はじめに　225
27.2 弁済についての基本　225
27.3 供　託　231
コラム　架空請求被害はなぜ起こるのか　232

28章　債権譲渡 ———————————————— 233

- 28.1　はじめに　233
- 28.2　債権の譲渡　233
- 28.3　サービサー法による規制　239
- コラム　勝手に債権譲渡がされても　240

さいごに　243

索　引　244

本書は，独立行政法人国民生活センター「国民生活」に連載された「消費生活相談に役立つ民法の基礎知識」(2013年5月号（No.10）第1回〜2015年8月号（No.37）第27回）をもとに，大幅に加筆改稿したものです。

1 民法とはどういう法律か？

1.1 はじめに

日常生活と契約　私たちは，日常生活を送ったり，仕事をする場合などに，さまざまな商品やサービスを購入しています。ビジネスに携わっている場合には，相手から対価を支払ってもらって商品やサービスなどを提供することもあります。これらはいずれも契約に当たります。契約は決して特殊なことではなく，ほとんどすべての人が，日常生活でごく当たり前に繰り返し利用しているものです。

多くの場合には，何も問題は起きずスムーズに進むので特に「これは契約問題だ。法律ではどうなっているのだろう」などということは考えなくても済んでいます。しかし，トラブルが起こった場合には，どのように対処すればよいのでしょうか。相手と解決に向けて話し合って解決しようとしたとき，どう対処するのが妥当な解決方法なのか判断に迷ったときにはどのように考えればよいのでしょうか。相手との話し合いがうまくいかず，民事訴訟になりそうなとき，どのように見通しを立てたらよいのでしょうか。

契約リテラシーを学ぶ　これらの事態への対処方法を知るのも重要ですが，一番大切なのはこうした問題が起きる前に，契約を交わすということはどういうことか，契約をめぐって紛争が起きないようにするにはどうすればよいかを理解することです。そのためには，契約とは何か，契約が成立するとはどういうことか，いったん契約したものはキャンセルすることができるのか，契約問題でトラブルになった場合にはどうすればよいのかなどについて，基本的な知識を持っておく必要があります。

このような契約に関する基本的なルールは，「民法」に定められています。本書では，民法の中の「契約」にかかわる部分を中心に，わかりやすく取り上げることを目的としています。

1.2 私法の基本法としての民法

2種類の法律　まず、はじめるに当たって、「法律」について整理しておきましょう。近代国家においては、法律は公法と私法に分類されます。

さまざまな公法　公法とは国や地方自治体などの公的機関と国民や住民との関係を定めた法律です。最上位にあるのが憲法です。公法でごく身近な法律としては、犯罪を禁止して違反した場合の刑事罰を定めた刑法があります。

多くの人が、法律と聞くと「自分は法律にはかかわりたくない」という気持ちを抱くことが少なくないのではないかと思いますが、この場合の「法律」は公法である刑法のような法律をイメージしているのではないでしょうか。

しかし、公法には、さまざまなものがあります。身近なものでは選挙に関する公職選挙法や税金に関する税法などがあります。私たちは、憲法上の国民の義務として、住民税や固定資産税、所得税、贈与税、相続税、酒税、たばこ税、自動車税、消費税などさまざまな税金を支払っていますが、これらはすべて税法によって定められているものです。

消費者トラブルにかかわる公法では、訪問販売などに関する特定商取引法、クレジットに関する割賦販売法、消費者金融に関する貸金業法、金融に関する銀行法・金融商品取引法・保険業法・資金決済法などがあります。また同じく消費者がかかわる分野では、宅地などの不動産取引に関する宅地建物取引業法、旅行業務に関する旅行業法など、「業法」と呼ばれるジャンルの業法があります。さまざまな業法において、事業者に対して取引を適正に行うためのいろいろな業務上の規制を定めて、事業者に対して守るように義務付けられています。

こうした公法では、規制に違反する事業者に対しては法律に基づいて調査をすることができ、調査に基づいて行政処分ができます。特定商取引法の場合には、最大2年間の業務停止命令や禁止命令と事業者名の公表ができます。貸金業法・宅地建物取引業法・銀行法・金融商品取引法・銀行法・割賦販売法などの登録や許可・認可などの開業規制を取っている場合には、法律規制違反が重大な場合には登録などの取消しができる仕組みとなっています。

私法は当事者間ルール　一方、私法は市民同士でさまざまなことを行う場合の

2　1　民法とはどういう法律か？

当事者間の責任分配を決めた法律だと考えるとわかりやすいのではないでしょうか。私法の規律は，私法ルールとか，民事ルール，あるいは当事者間ルールとも言われることがあります。

　典型的な問題は，契約・事故・家族関係です。契約問題は，契約当事者双方が話し合いによって双方の納得に基づいて対処していくことが最も理想的だとされています。事故が起こった場合も同様です。

　しかし，契約でも事故が起こった場合でも，お互いの立場は利害が対立しています。そのため，話し合っても折り合いがつかない場合があります。そんな場合のために，双方の責任分配の基礎的なルールを決めてあるわけです。

　私法の存在意義　このように，法律といっても公法と私法とでは，法律の意味や役割が違っています。民法を無視したからといって刑法に違反した場合のように処罰されることはありませんし，特定商取引法を無視した場合のように行政によって業務停止命令などの行政処分を受けるというものでもありません。

　しかし，契約や事故が起こった場合の相手と自分との基本的な責任分配ルールを知っていれば，解決に当たり適切な判断をして対処することができます。自分の要求や相手の言い分が適切なものか，不当なものかがわかります。私法上の権利を知っていれば適切な対処ができます。

　話し合いによる解決ができず，裁判などの法的解決をしなければならないという場合には，裁判などの見通しを立てることができます。

　契約を結ぶ際に，トラブルにならないような配慮をする上でも，民法上の基礎的なルールを知っていれば，相手から不当な契約条件などを押し付けられることを防ぐこともできます。

1.3　民法・消費者契約法・特定商取引法の関係は

　消費者法　消費者トラブルに関して，一般に最も広く知られている制度に**クーリング・オフ制度**があります。クーリング・オフ制度は特定商取引に関する法律（**特定商取引法**）で定められているものです。

　また，消費者契約に関する法律として，**消費者契約法**があります。消費者

契約法は，消費者と事業者との間の契約では，**情報の質や量の格差や交渉力の格差**によって契約の締結の勧誘の際に問題が起こったり，契約条件を決める際にも格差によって消費者が不利な契約条件を押し付けられたりすることがあるために，これを是正し適正に救済するために設けられたものです。

消費者の問題にかかわるこのような法律は，一般に**消費者法**と呼ばれています（章末のコラム参照）。

民法の前提は対等な当事者　一方では，民法では，契約当事者双方が完全に対等であることを前提に，契約についての基本的なルールを定めています。上記の消費者法は，消費者と事業者とが対等ではなく，消費者の方が情報が不足していたり交渉力が弱かったりするため，民法の対等当事者間のルールでは不都合な部分を取り出して修正したり，新たな制度を設けたりしたものです。修正されていないルールは，民法が適用されるわけです。

このように，契約問題について対処する上では，契約に関する基礎知識として民法の知識は必要不可欠なのです。

三階建ての関係　契約に関する民法・消費者契約法・特商法の関係は，下図のように説明するとわかりやすいと思います。

一番の土台に当たる一階部分が民法です。契約問題の基礎部分＝土台部分が民法ということです。このような法律を**一般法**といいます。

民法は，すべての契約の基本となるルールです。「すべての契約」という意味は，消費者と消費者との契約も消費者と事業者との契約も事業者と事業者との契約も，契約の基本となるルールは共通する民法によるという意味があります。

さらに，食料品も日常の生活用品も土地や建物も金融商品も，訪問買取な

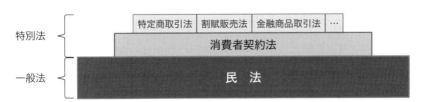

民法と消費者契約法，特定商取引法などの法律の構造

どの取引も，どんな契約でも共通するルールがあるという意味でもあります。

消費者と消費者との契約には消費者保護の法律制度の適用はないと説明されますが，これは無法状態を意味するものではなく，民法によるという意味になります。

二階は消費者対事業者の前提　一階の一般法に対して，二階部分と三階部分は，**特別法**と呼ばれています。二階の部分が消費者契約法です。

消費者契約法は，消費者と事業者との契約にのみ適用される法律です。消費者契約法も民法と同様の私法（民事ルール，当事者間ルール）に当たります。つまり，契約問題についての消費者と事業者との責任分配ルールです。消費者契約では，民法のルールプラス，消費者契約法のルールが適用されるということになります。

三階は業法関係　三階部分に特定商取引法などの業法があります。

たとえば，訪問販売で契約した場合には，民法の契約ルールと，消費者契約法のルールと特定商取引法による訪問販売のルールが三重に適用されるということになります。

特定商取引法は，基本的には公法である業法に該当しますが，クーリング・オフ制度，過量販売解除制度，取消制度，中途解約制度などの民事ルールも定められている点が大きな特徴です。そのため，特定商取引法の適用がある取引では，民法や消費者契約法では契約をやめることが難しい契約でも，クーリング・オフなどの特殊な制度により消費者は契約をやめることができる場合があるわけです。

1.4　契約の流れ

二者間が基本　契約は，契約当事者であるAとBとの2人の間で進められるのが普通です。

1人での契約はありえません。最低でも2人は必要です。2人よりも大勢がかかわる契約もありますが，この場合には「多数当事者の契約関係」ということになって，原則である2人の契約の場合よりも複雑になります。

ここでは，基本である2人の間の契約について説明します。

契約の流れ

① 交　渉　　上の契約の流れ図をご覧ください。契約は，まず契約当事者であるAとBとの間で，どのような内容の契約をするかどうかについて話し合いをします。これが契約に関する**交渉**です。消費者契約の場合には，契約について事業者が消費者を勧誘するととらえます。そのため，消費者契約法でも特定商取引法でも「契約の締結について勧誘をするにあたり」などという法律上の表現をしています。しかし，民法では，対等な当事者であるAとBとの契約を前提として考えているので，「契約に関する交渉」と表現をしています。

② 成　立　　AとBとが交渉して条件が折り合い，双方が納得すれば，AとBとは納得できた内容の**合意**をします。この合意が契約です。ここで契約は成立することになります[1]。

③ 履　行　　契約が成立すると，契約当事者であるAとBの双方ともに契約で定められた内容に従って履行する義務を負うことになります。したがって，契約が成立すればAとBとは合意した契約内容に従って**履行**をします。AとBともに契約内容に従った履行が完了すれば，契約関係は無事終了することになります。

　たとえば，AがBに対して，ある商品を販売する場合には，どの商品をいくらで売るのか，商品の引渡日はいつで，代金はいつどういう方法で支払うか，などについて交渉して決めていきます。

　AとBの双方が納得して合意すると，その後は合意に従ってAは商品の引渡しを商品引渡期日までに行い，Bは代金支払期日までに代金の支払いをす

1　2017年改正法第522条（契約の成立と方式）　契約は，契約の内容を示してその締結を申し入れる意思表示（以下「申込み」という。）に対して相手方が承諾をしたときに成立する。

る義務を負うので，そのように履行します。

　これらが契約で決めたとおり無事に終われば，契約は完了します。

　トラブル発生の原因　　これが最も順調に契約が進められた場合の流れです。しかし，契約をめぐってトラブルになる場合があります。消費生活相談に寄せられる契約に関する相談の多くはどこかで問題が起こっているケースです。では契約トラブルはどこで起こるのでしょうか。

　責任能力　　まず，契約当事者に自分で判断して行動し，法的責任を取るだけの能力がない場合があります。ここでは，「契約をする能力」というものをどう考えるかということがポイントになります。未成年者の契約や判断力が低下した人の契約などの問題です。

　交渉経過　　ついで，契約の交渉の際に問題が起こる場合があります。契約の交渉は，ＡもＢも自分が持っている情報や知識に基づき，さらに自分で情報収集した上で，これらに基づいて自主的に判断して行うことが基本です。しかし，契約の交渉過程で契約の相手方が不当な干渉をして判断をゆがめる場合があります。

　典型的な例として，たとえばＡがＢに対して（もちろん逆の場合もありえますが），ひどいうそをついてだますとか，脅かして意思に反する行為を強制するといったことがあります。

　このようなＡの不当な干渉のせいで不本意な契約を強いられる結果になってしまった場合にも，相手方Ｂは自己責任を取って守らなければならないのか，不当な干渉をしたＡはそれを要求できるのかという問題が起こります。

　契約内容　　また，契約の締結内容に問題がある場合があります。典型的なものが，「非常識な内容」であったり「反社会的な内容である」などの問題がある場合です。

　履行しない　　無事契約が成立した後にも，相手が契約を守ってくれないという問題が起こることがあります。

　たとえば，契約で定めた商品の引渡期日が来たのにＡが商品の引渡しをしてくれないとか，Ａが引き渡した商品に傷があったなどという場合です。逆にＢが契約を破って代金支払期日が経過しているのに支払いをしなかった，という場合もありえます。

このように，契約は入り口から出口までの流れのどの段階においても問題が起こる可能性があります。トラブルが起こった場合には，契約当事者双方はどのようにトラブル解決のために責任を分配することになるのかが問題となります。

1.5　民法の体系と契約の基本ルール

　民法では，契約，事故，家族に関する基本ルールを定めていると説明しました。民法の体系を法律の構成に従って説明すると次のようになります。

　第一編　民法総則
　第二編　物権：所有権，占有権，抵当権などの担保物権についてのルール
　第三編　債権
　第四編　親族：夫婦，親子に関するルール
　第五編　相続

　第一編の総則は，基本的な共通ルールを定めています。「人」，契約などにかかわる「意思表示」などの重要な規定を定めています。
　第三編は契約，不法行為などについて定めています。本書では，第一編と第三編のうちの契約に関する部分を中心に取り上げます。
　なお，民法の各編はさらに章・節に分かれています。参考までに本書で扱う第三編までの章のタイトルと条番号を掲載します。

```
第一編 総　　則
　第1章 通　　則（第1条・第2条）
　第2章 人　　　（第3条-第32条の2）
　第3章 法　　人（第33条-第84条）
　第4章 物　　　（第85条-第89条）
　第5章 法 律 行 為（第90条-第137条）
　第6章 期間の計算（第138条-第143条）
　第7章 時　　効（第144条-第174条）
第二編 物　　権
　第1章 総　　則（第175条-第179条）
　第2章 占 有 権（第180条-第205条）
```

第3章　所有権（第206条-第264条）
第4章　地上権（第265条-第269条の2）
第5章　永小作権（第270条-第279条）
第6章　地役権（第280条-第294条）
第7章　留置権（第295条-第302条）
第8章　先取特権（第303条-第341条）
第9章　質　　権（第342条-第368条）
第10章　抵当権（第369条-第398条の22）

第三編　債　　権
第1章　総　　則（第399条-第520条の20）
第2章　契　　約（第521条-第696条）
第3章　事務管理（第697条-第702条）
第4章　不当利得（第703条-第708条）
第5章　不法行為（第709条-第724条の2）

　ちなみに，民法は2017年，第三編の債権を中心に大きな改正が行われました（第一編　総則にも改正は及んでいます。施行日は2020年4月1日。以下では2017年改正と記しています）。また，翌2018年には，成年年齢を18歳とする改正がありました（施行日2022年4月1日。以下では2018年改正と記しています）。さらに同年，第五編の相続についての改正も行われました。

● コラム　消費者法とは

　消費者法とは何でしょうか。借地借家法のように「消費者法」という名称の法律があるわけではありません。
　民法では，当事者はすべて対等で平等であるという前提で，何が合理的な責任分配かという観点から制度が組み立てられています。
　契約問題では，ある契約を締結するに当たり，契約当事者のAとBとは同じだけの情報を持っており，自分の力で収集することができ，交渉する力も対等であるとの前提に立っています。そのため「契約自由の原則」の立場を取り，民法の契約に関する規律の大部分は任意規定です。
　AB間で協議して契約内容を決めた場合には任意規定ではなく，当事者間の取り決めが優先されます。対等当事者間が協議して決めたことは，その当事者間にとって最も合理的な内容となっているはずだから，という考え方を取っているわけです。
　しかし，日常生活で利用する契約を振り返ってみると，違う景色が見えてきます。ごく身近なスマートフォンの契約を考えてみると，スマートフォンの販売代理店と消費者とが持っている情報でも，価格や利用料金や契約内容を決める際の交渉力から見ても対等ではないことがわかります。
　消費者法とは，このような消費者と事業者との間の格差を是正するために設けられたさ

1.5　民法の体系と契約の基本ルール　　9

まざまな法律を指すものです。消費者法として契約関係を是正する重要な法律には，消費者契約法・特定商取引法・割賦販売法の 3 つの法律があります。

　すべての消費者と事業者との契約について，民法の特別法として，格差是正のための民事ルールを定めた法律が消費者契約法です（2000（平成 12）年制定）。勧誘の段階で事業者が格差に付け込むような勧誘をした場合の取消制度，事業者が決めた契約条項が民法等の規律に比べて一方的で消費者に不当なものである場合は無効とする不当条項制度などがあります。

　特定商取引法は，正式には特定商取引に関する法律といいます。1976（昭和 51）年に制定された訪問販売法を，2000（平成 12）年の改正の際に改題したものです。訪問販売・通信販売・電話勧誘販売・連鎖販売取引（マルチ商法）・特定継続的役務提供（7 種類の継続的サービス），業務提供誘引販売取引（いわゆる内職商法の一部）・訪問購入（いわゆる「押し買い」）の 7 種類を規制し，不当な勧誘行為を禁止するなどの規制をしています。違反業者に対しては最長で 2 年間の業務停止命令制度があります。また，通信販売を除く取引にはクーリング・オフ制度が定められています。特定商取引法は，消費者法の中でも最もよく活用されています。

　割賦販売法は，クレジットカードや個別クレジット契約に関する規制法です（歴史は古く，1961（昭和 36）年に制定されています）。割賦販売法によって，カード会社や個別クレジット会社は登録が必要とされています。業務の適正化についての規制があり，違反に対しては改善指示や違反の程度が重大な場合には登録の取消しができます。

　個別クレジット契約を利用して訪問販売などの特定商取引法で規制されている取引をした場合には，個別クレジット会社との契約関係も訪問販売業者などとの取引をクーリング・オフするのと同時にクーリング・オフをすることができます。

　ただし，クレジットカードの場合には，訪問販売などで契約したとしても，販売業者との契約は特定商取引法によりクーリング・オフができますが，カードの利用についてはクーリング・オフができません。

2 民法の考え方の基本

2.1 民法の世の中のとらえ方

民法の前提　民法は，契約や事故に関する当事者間の責任分配ルールを定めたものです。このときの考え方の基本は「社会における公平な責任分配ルールはどうあるべきか」というものです。

責任分配ルールを決める際には，「どういう世の中であることを前提とするか」「人間をどういうふうにとらえるか」ということが重要になります。世の中や人間のとらえ方によって，適正なルールの考え方は違ってくるからです。

民法成立の背景　日本の民法典（これは現在の民法を意味します）は，1896（明治29）年に制定されました。明治政府が当時のヨーロッパの列強国との不平等条約を平等な条約に改正させることを目的として，日本が列強諸国と同様の近代市民国家であることを外国に示すためであったと言われています。

こうした事情から，日本の民法は当時のフランスとドイツの民法を参考に制定されました。当時のフランス，ドイツなどでは，市民革命を経て従来の身分制国家から自由主義的な国家へと大きく転換していく時代でした。これらの国では，すべての市民は平等であり自由であることが理想として目指されていました。

このような事情もあって，民法では，前提としてすべての市民はみなあらゆる意味で対等で平等である上，経済的に合理的な行動を取ることができる人間であるととらえています。これを民法の教科書などでは「無色透明の人間」とか「経済的合理人」などと呼んでいます。

民法は基礎的な法律　しかし，日々の暮らしにおいて消費者はさまざまな感情を持ち，契約の際の選択行動も決して経済的合理性によるものではありませんし，人によって持っている知識や情報，経験などによる大きなばらつ

きがあります。また，プロの事業者と消費者との間には商品や契約などに関して知識や情報の格差があり，交渉力にも大きな格差があるなど，さまざまな格差があり，決して対等ではありません。

　民法では，こうした生身の個々の人間をイメージして責任分配を考えているわけではなく，<u>すべての人間を抽象的な一律のもので対等であるという前提のもとにルールを定めている</u>という特徴を持っています。つまり，<u>対等当事者である場合の基本的な責任分配ルール</u>を示していると言えましょう。

　このような意味で，民法は契約などに関する基礎的な法律であると位置付けることができます。

2.2　私的自治の原則

　私的自治の原則　民法の考え方の柱は，市民同士でのさまざまな取り決めは関係する市民同士で話し合って決めればよく，当事者間で決めたことは決めた者同士が守らなければならない，つまり守るべき法的責任を負うというものです。

　このような考え方の背後には，対等な市民同士であれば，こうした考え方を取ることが，最も合理的で公平であり長い目で見た場合には全体的にうまくいくはずであるという考え方があります。これを**私的自治の原則**といいます。フランス法では「意思自治の原則」と言われることもありますが，おおむね同じ意味と考えられます。

　私的自治とは　私的自治とはわかりやすく説明すると，次のような考え方になります。

　①　あらゆる意味で対等で平等で経済的に合理的な選択行動を取る者同士であれば，自分に一方的に不利な条件を持ちかけられても納得するはずがありません。相手方から納得できない提案がなされても納得できるはずはないので，当然自分の方からも自分にとって納得できる提案をするはずです。

　②　このようにして双方でやりとりを繰り返すことによって折り合いがつくまで市民同士で協議をします。協議の中で双方が許容できる範囲内で歩み寄り，双方がともに納得できる内容の合意が形成されることになります。

③　この合意は，双方の市民が納得できる内容のものと考えることができますから，客観的に見れば，当事者双方にとって公平で妥当なものとなっているはずです。

　民法の基本となるのは，このような私的自治の原則ですが，さらにこれを具体的に**私的所有権の絶対**，**契約自由の原則**，**過失責任の原則**という3つの柱から構成されていると説明されることが一般的です。これらは民法の3つの柱と言われたりします。

2.3　民法の3つの柱の内容

2.3.1　第1の柱：私的所有権の絶対

　私的所有権の絶対は，身分制国家の時代を考えてみると重要性がわかると思います。自分が所有するものは自分のものであって誰かに一方的に奪われることはないという考え方です。反面，自分の所有物については管理する義務も伴います。

2.3.2　第2の柱：契約自由の原則

　4つの自由　契約自由の原則は，契約の場面において最も重要な考え方です。この原則は，通常4つの自由からなると説明されます。
　第一は，契約するかしないかを選択する自由です。
　第二は，誰と契約するか，契約の相手方を選択する自由です。
　第三は，契約の内容の自由です。契約内容は相手と協議して決めることができ，原則として当事者間で決めたことが契約の内容になる，ということです。
　第四は，契約の様式の自由です。契約の様式，たとえば契約書を作るかどうかなども，契約する当事者間で話し合って決めればよいということです。
　契約自由の原則は，契約問題を考える際には大変重要なので詳しく説明しましょう。

(1) 契約締結の自由

契約「しない」自由　契約をするかどうかの自由とは，契約をするかどうかを決めるのは自分であるということです。その契約に納得ができるなら契約するという選択をすればよく，契約する必要がないとかその契約はしたくないときには，契約をしないという選択ができる自由があるということです。

契約に関するトラブルでは，しばしば「契約させられた」「契約を断らせてもらえなかった」というものが見受けられます。

どういうことなのか当事者から事情を詳しく聴いてみると，「必要がない理由を納得してもらおうと思っていろいろと説明したのに，納得してもらえなくて契約させられた」という話でした。事業者から「なぜ契約しないのか。断る理由がないのに契約しないのは納得できない」などと言われて契約しない理由を説明させられているのです。その挙句，事業者から「断る理由はないじゃないか」と迫られて，やむを得ず契約したりしているわけです。

民法の基本的な考え方に立てば，<u>契約の選択の自由は契約の一方当事者である消費者にある</u>のですから，消費者の方から契約しない理由を説明して相手にわかってもらう必要はまったくありません。契約しないことをはっきり告げればそれで十分なはずです。被害にあっている多くの消費者は，この原則がわかっていないのではないかと思われることがあります。

交渉力の格差　もう一つの事情としては，民法の原則と違って，消費者と事業者とは交渉力の対等性がないことも大きく影響しています。こうした格差を是正するために消費者法を定める必要性があるわけです。

(2) 契約の相手方を選ぶ自由

自由と責任　契約の相手を選ぶ自由とは，次のようなことです。

契約をする場合には，信頼できる相手を選ぶことが重要です。どんなに立派な契約内容であっても，約束した契約内容を守るだけのスキルのない相手や守るつもりのない相手と契約しても，契約の目的は達成できません。（最近の詐欺的取引被害の多くでは，相手の事業者にはじめから契約を守るつもりがないのではないかと思われるケースが少なくありません）。

そこで，契約をするときには，きちんと契約を守るスキルのある信頼できる相手かどうかを調べたり考えたりして，相手を選ぶ自由があることが重要

です。

　その代わり，「その相手を選択した」のは自分ですから，その選択には責任が伴うということになるわけです。（相手が契約を守らなかった場合に，債務不履行に基づく責任が発生するのは当然です。ここで指摘しているのは，「その相手と契約した」ことについては，ほかの誰かの責任に転嫁することはできない，という趣旨です。）

　もちろん，これらの自由は相手方にもあるので，相手方があなたの提示した契約条件では契約しないという選択をする場合もありえますし，相手方が「あなた」を契約相手として選択しないという自由も持っているということでもあります。

(3) 契約内容の自由

当事者双方で自由に決定　契約内容の自由とは，契約の内容は，相手と協議して自由に決めることができるという意味です。

　この場合には，自分にも契約内容を決める自由があるだけでなく，当然相手方にも契約内容を決める自由があるということなので，結局は，双方が納得して合意をしたものが契約の内容となるということを意味します。契約の内容は，法律などで強制されるものではなく，契約当事者双方で自由に決めることができるのが民法の原則であるということです。

契約内容自由の例外　ただし，人身売買や暴利行為などの反社会的な内容のものは，当事者間に合意があったとしても無効とされています[1]。ですから，どんな合意でも当事者間が納得していればよいというものではありません。

契約は守らなければならない　このような自由の中で，契約内容について合意をした以上，契約当事者は双方ともにその合意の内容を守る法的義務を負うことになります。「契約は守らなければならない」という考え方は，実は，契約自由の原則の裏返しなのです。

現実の問題点　消費者トラブルでは，事業者から「契約自由の原則があるのだから，契約内容は，うちが自由に決めることができる」と主張してくる

1　2017年改正法第90条（公序良俗）　公の秩序又は善良の風俗に反する法律行為は，無効とする。

場合があります。

　しかし，これは，民法の原則としての意味では完全な間違いです。契約自由の原則は，契約の内容は事業者が一方的に決める自由を持っているということを意味しません。

　ただし，消費者取引では，知識や情報の格差がある上に交渉力にも圧倒的な格差があるため，実は，消費者には契約内容の自由はほとんどないという問題があることは間違いありません。消費者取引の場合には，民法の原則を貫くことは，全体の公平を担保することにはならず，強いものに有利になるという結果が起こりうるという矛盾が生じているということを意味する発言と考えられます。

(4) 契約の様式の自由

契約書は絶対必要か　契約の様式の自由とは，契約内容について合意ができた場合に，契約書を作成するかしないかなどについても当事者間で自由に決めることができるということです。

　日本の民法では，原則として双方が合意していれば契約は成立したとして扱うのが原則です[2]。たとえば，売買契約などでは合意があれば成立します[3]。契約書を作成していなくても口約束だけでも契約は契約だというのは，こうした原則によるものです。

2.3.3　第3の柱：過失責任の原則

民法の基本的考え方　民法では，事故などの場合の責任分配の際の考え方を示すものとして，過失責任の原則があります。

　過失責任の原則とは，自分が事故に遭って被害を受け相手方がわかっている場合であっても，相手方の故意または過失がある場合でなければ法的責任を取ってもらうことはできないという考え方です。

　これは，相手が契約を守らないという債務不履行による損害賠償請求の場合にも前提となる考え方です。

---

[2] 2017年改正法第522条（契約の成立と方式）〈第2項〉契約の成立には，法令に特別の定めがある場合を除き，書面の作成その他の方式を具備することを要しない。
[3] 例外として保証契約があります。民法第446条（保証人の責任等）〈第2項〉保証契約は，書面でしなければ，その効力を生じない。

16　　2　民法の考え方の基本

民法では，自分で選択したことと自分に落ち度があったために生じた結果について責任を取る義務があるという考え方を取っているわけです。

2.3.4　2017年民法改正のポイント

　原則の「見える化」　以上に説明してきた民法の柱とされている考え方は，従来は民法には条文としては定められていませんでした。そこで，2017年の改正で，新たに契約自由の原則についての条文が設けられました[4]。

　これは従来の民法においても前提となる当然の考え方だったものですが，「条文にはそんなことは書いてない」ということで，民法をこれから勉強しようとする人たちなどにとって大変わかりにくかったため，条文化して「見える化」したものです。

2.4　信義則と権利の濫用

　2つの基本原則　民法では，私法ルールの運用に当たっての基本原則として，信義誠実の原則と権利の濫用の禁止を第1条で定めています[5]。

　信義誠実の原則とは，権利の行使及び義務の履行は，信義に従い誠実に行わなければならないというものです。これは信義則とも言われます。信義誠実の原則と権利の濫用の禁止の2つの基本原則は，民法だけでなく，すべての民事ルールの運用の際にも適用されるものなので，注意が必要です。

　信義則適用の例　消費者問題で信義誠実の原則が問題となるケースとしては，割賦販売法に基づく個別クレジット契約における支払停止の抗弁の問題があります。

　どのようなことかというと，消費者が販売業者と結託して，クレジット会社から立替金名目で金銭を取得するために，売買契約を締結するつもりはないのに消費者の名義で売買契約を締結した外形を作り，これについての個別

4　2017年改正法第521条（契約の締結及び内容の自由）〈第1項〉何人も，法令に特別の定めがある場合を除き，契約をするかどうかを自由に決定することができる。〈第2項〉契約の当事者は，法令の制限内において，契約の内容を自由に決定することができる。
5　民法第1条（基本原則）〈第2項〉権利の行使及び義務の履行は，信義に従い誠実に行わなければならない。〈第3項〉権利の濫用は，これを許さない。

クレジット契約の締結をするケースです。

　こうした場合に，消費者は，売買契約の不存在を理由に個別クレジット会社に対して支払い停止の抗弁を主張できるか（つまり，個別クレジット会社に対する支払いを売買契約の不存在を理由に拒絶できるか）という問題があります。

　これについては，裁判例では「消費者に背信的悪意がある場合には，支払い停止の抗弁の対抗は信義誠実の原則に反するものであって認められない」との趣旨の判断をしています。このような考え方は，割賦販売法に規定があるわけではないのですが，支払い停止の抗弁という当事者間の民事ルールに関する規定の運用に関するものであるということから，民法の基本原則の適用があるということになるのです。

　また，権利の濫用とは，外形的にはそのような権利があるけれども，その権利の行使を認めるのは社会正義に反すると考えられる場合には，権利の濫用として権利行使を認めないという考え方です。

2.5　任意規定と強行規定

　2種類の規定　　民法の条文は，強行規定と任意規定の二種類に区別されます。

　強行規定とは，「公の秩序に関する規定」で，当事者の合意によって変更することは認められないものです。強行規定に反する当事者間の合意は無効とされ，法律の強行規定に従って処理します[6]。

　一方，**任意規定**とは，契約当事者間に合意があれば合意が優先し，当事者間に合意がない場合に補完するために適用される規定です[7]。このようなことか

6　強行規定にはたとえば，民法第90条（15頁脚注）や民法第96条（55頁）などがあります。
7　たとえば，以下のようなものがあります。（2017年改正後の条文です。）

民法第562条（買主の追完請求権）〈第1項〉引き渡された目的物が種類，品質又は数量に関して契約の内容に適合しないものであるときは，買主は，売主に対し，目的物の修補，代替物の引渡し又は不足分の引渡しによる履行の追完を請求することができる。ただし，売主は，買主に不当な負担を課するものでないときは，買主が請求した方法と異なる方法による履行の追完をすることができる。
〈第2項〉前項の不適合が買主の責めに帰すべき事由によるものであるときは，買主は，同項の規定による履行の追完の請求をすることができない。

ら，任意規定は，「契約の補完機能」を果たすものと説明されることがあります。

デフォルトルール　契約をする時に，いつもあらゆる場合を想定して取り決めなければならないと，簡単な売買契約でも部厚い契約書を作成しなければならないとことになって非現実的です。

そこで，当事者間で取り決めていなかった事態が起こった場合の取り扱いを決めておこうという発想による規定が任意規定であるといえます。つまり，契約をめぐるデフォルトルールであり，当事者間に合意がなければこのルールにより，別の合意がある場合には合意によるというわけです。

わかりにくいのは，民法の条文には強行規定か任意規定か，区別が明示されていないということです。この点は，2017年改正でも明示されませんでした。そこで，勉強をして基本を身に着けておくことが必要になるわけです。ひとつのポイントとしては，民法総則の規定の大部分は強行規定，契約に関する規定の大部分は任意規定であるということです。

3 「人」について

3.1 権利の主体と客体＝目的物

権利の主体　民法では，契約を結ぶといった**権利の主体となる者**と権利の目的物（たとえば，民法上は売買契約の対象などを「売買契約の目的物」といいます）になる物とを区別しています。権利の主体となる者には**法人**と**自然人**とがあります。民法第一編総則の第二章において「人」についての規定を置いていますが，これらはすべて「自然人」に関するものです。法人については，次の第三章に「法人」として規定があります。

民法の条文を見ると，「債権者」「債務者」などという表現が出てきますが，これらの権利の主体となる「者」には，自然人と法人とが含まれています。

権利の対象　一方，契約などで売買や賃貸などの対象となるものを「**目的物**」といいますが，民法では目的物で形のあるもの（民法では「**有体物**」といいます）のことを「**物**」と呼んでいます。

物については，第四章に規定があります。「物」は**不動産**と**動産**に分けることができます（第85条，第86条）。消費者契約でトラブルが多い契約にペットの売買契約がありますが，ペットの犬や猫は動産です。犬や猫は契約などの目的物であって，権利の主体になることはできません。

本章では主に，権利の主体である自然人について取り上げます。

3.2 自然人と法人

自然人って？　自然人とは，人間を指します。人間は，自然に生まれて成長して大人になり寿命がなくなれば死ぬものであることから，民法上は自然人と呼んでいます。

自然人という用語は条文に書いてあるわけではありませんが，法人と対比

する意味で普通の人間を指す用語として民法解釈上用いられている基本的な用語です。

消費者契約法では　自然人のことを消費者契約法では**個人**と表現しています（消費者契約法第2条）。消費者契約法は，事業者と消費者との間の情報の格差や交渉力の格差を是正することを目的として定められた法律です。そこで，同法では取引の当事者を事業者と消費者とに区別をする必要があります。

一方，民法では権利の主体となる者を自然人と法人とに区別するためであるということから，同じ「人間」を指すものでも用いる用語が違っています。民法と消費者契約法では法律の目的が違うので，その目的の違いから人間の呼び方も違っているわけです。

法人は人工的な「人」　一方，法人とは，人の集まりである**団体**（**社団**）や**財産の集まり**（**財団**）を法律上一人の人間として扱い，権利の主体として認めるために設けられた法律上の制度です。

法人は人工的な「人」であると言えますが，法律に定められた種類の法人しか存在できません。法人はこのような**法定主義**を取っており，法律に基づいて設立手続をした上で登記をする必要があります。

消費生活において最も身近な法人は「会社」です。たとえば，コンビニエンスストアもスーパーマーケットも街の小売店の多くも，会社組織の「営利法人」です。

3.3　自然人の能力──権利能力，意思能力，行為能力

3つの能力　自然人の能力としては三種類の能力の概念があります。権利能力，意思能力，行為能力です。

民法制定当時から，権利能力と行為能力については民法に規定がありましたが，意思能力については規定がありませんでした。条文はないものの当然の前提であるとされていました。これではわかりにくいため，後述するように2017年民法改正で意思能力に関する条文が設けられました。

以下に三種類の能力について説明しましょう。

3.3.1 権利能力

権利能力　権利能力とは，すべての人間が生まれてから死ぬまで当然に持っている権利の主体となることができる能力を意味します（第3条）。生きているすべての人間は，誰でも平等に権利能力を持っています。

生まれたばかりのあかちゃんも認知症の高齢者も事故や病気などで意識のない状態に陥った人間でも，生きているすべての自然人には権利能力があり，権利の主体となることができます。

3.3.2 意思能力

意思能力　しかし，すべての人が「自分で法律的な判断をして，判断に基づいて行動をし，行動をした結果に対して法的責任を負うことができるだけの能力」を持っているわけではありません。そこで，権利能力とは別のレベルの**意思能力**という概念が必要になってきます。意思能力とは，法的効果が発生すること（典型的な法律行為が契約です）を自分で考えてその考えに基づいて行動をし（相手方に自分の考えを伝え），自分の行動（相手に伝えた内容）に対して法的責任を負うことができる能力です。

たとえば，生まれたばかりのあかちゃんは権利能力はありますが，自分で契約をするかどうかを決めて相手に伝えて話し合った上で契約を締結して，その契約について法的責任を負うだけの能力はありません。つまり，生まれたばかりのあかちゃんには権利能力はあるが，意思能力はありません。

認知症でまったく判断力がなくなった人も（これを民法上は「事理を弁識する能力を欠く常況」と表現しています（第7条）。）同様に意思能力はありません。こういう人を「**意思無能力者**」といいます。

意思無能力者がした法律行為は無効　自然人が自分の行った法律行為に責任を負うためには，意思能力があることが当然の前提となっています。実務では意思無能力者のした法律行為は無効とする判決が定着しています。

そこで，2017年民法改正で，第3条の2を新設し，「法律行為の当事者が意思表示をした時に意思能力を有しなかったときは，その法律行為は，無効とする。」として意思能力に関する規定を設けて明確化しました。

ただし，契約締結時に本人に意思能力があったかどうかが問題となるのは，多くの場合，契約を結んでから相当な時間が経過したのちのことです。契約締結当時に自分が意思無能力者であったことを証明できなければ，契約は有効として扱われます。そうは言っても，過去の特定の日時に遡って，その時の自分の意思能力の程度を証明することは，現実には容易なことではありません。また，意思能力がないわけではありませんが，不十分である人の保護にも欠けることになります。

3.3.3　行為能力

行為能力者の範囲　そこで民法は「行為能力」制度を設けました。すなわち，民法制定時に「年齢20歳をもって，成年とする。」（第4条）と定め，成年は一律に**行為能力者**として意思能力があるとして扱い，成年に達しない者（**未成年者**）については制限行為能力者として扱ってきました。

　なお成年年齢は，2018年民法改正により，20歳から18歳に引き下げられました。2018年改正法の施行日は，2022年4月1日とされているので，施行日以後の契約から18歳になった人は行為能力者として扱われることになります。これは，2015年の公職選挙法の改正により選挙権が20歳から18歳に引き下げられたことから，民法上の行為能力も18歳に引き下げるべきだという意見が高まったことによるものです。

未成年以外の制限行為能力者　ただし，成年に達した人でも意思能力が不十分な場合があります。事故，病気，高齢化に伴う認知症などによるものです。そのため，1999年の民法改正により，成年でありながら意思能力が不十分になった場合において意思能力の低下の程度により，補助，保佐，成年後見の三種類の支援制度が設けられました（次頁の表参照）。この場合には個々別々の事情によるものなので，利用者は家庭裁判所に開始の審判の申立てをした上で開始の審判をしてもらいます。

　後見等の開始の審判がなされると，東京法務局に登記がなされ，その人が成年後見制度を利用していることを記録した登記事項証明書が作られます。（逆に後見等がなされていない場合にも，登記事項証明書に記録がないことによってその旨が証明されます。）

成年後見制度の種類

種類	レベル	支援者	支援者のできること
成年被後見人	精神上の障害により事理を弁識する能力を欠く常況にある者	後見人	代理権，取消権
成年被保佐人	精神上の障害により事理を弁識する能力が著しく不十分である者	保佐人	一部について同意権，取消権，代理権
成年被補助人	精神上の障害により事理を弁識する能力が不十分である者	補助人	裁判所が指定した行為について同意権，取消権，代理権

3.4 判断能力が十分な人の意思能力の考え方

明文化されていない　問題となるのは意思能力とはどの程度の能力なのかということです。2017年民法改正の際にも，意思能力の有無の判断基準に関しては明文化されませんでした。判例実務に任せるということです。これまでの裁判例では，民法上の意思能力のレベルはだいたい6，7歳程度の知的能力であるとするものが主流です。小学校入学レベルの知的能力ということです。

ただし，100年以上前の単純だった取引社会と違い，近年では消費生活も大変複雑多様化しています。日常の買い物のような取引から，デリバティブ取引などの高度な金融商品に関する取引や不動産取引なども日常的に行われるようになっており，その難しさは一律ではありません。

民法学者や実務家の中には，意思能力のレベルも取引の種類によって違うはずだと指摘する人もいますし，類似の指摘をする裁判例もないわけではありません。普段の買い物に必要とされる意思能力とデリバティブ取引や不動産取引などで必要とされる意思能力には違いがあって当然ではないのか，という問題意識です。この点については，今後の課題と考えられます。

3.5 未成年者の保護

3.5.1 未成年者保護の概要

一人前になるまでは　民法では，まだ成年に達していない未成年についても，制限行為能力者として保護しています。人生経験も知識も不十分で未熟であり自分にとっての法的利益を考慮して適切な判断や行動を取ることができない可能性があることから，一人前になるまでは保護をしようとする趣旨です。前述のように民法では，「年齢20歳をもって，成年とする。」（第4条）と定めていました。そして2018年改正法では，「年齢18歳をもって，成年とする。」（第4条）と改正されました。

親権者が法定代理人　未成年者の場合には，**親権者**が養育監護・教育の権利と義務を負い，未成年者の財産関係に関しては法定代理人でもあります。親権は，戸籍上の親が負うもので，両親がいる場合には父母による共同親権が原則です（第818条，第820条，第824条）。

成年者が制限行為能力者となるためには家庭裁判所の開始の審判と，成年後見人・保佐人・補助人の選任が必要ですが，未成年者の場合には，戸籍上の生年月日，親などによって決まる仕組みになっています。

そこで通常は，未成年の場合には法定代理人である両親が未成年者の保護のための支援を担う仕組みとなっています。（代理については詳しくは11・12章で説明します。）

3.5.2 未成年者が契約するとき

法定代理人の同意　未成年者が**法律行為**をする場合には法定代理人の同意を得なければなりません。ただし，単に権利を得，または義務を免れる法律行為については，未成年者の不利にはならないため，この限りではなく，つまり法定代理人の同意は必要ありません[1]。

---

[1] 民法第5条（未成年者の法律行為）〈第1項〉未成年者が法律行為をするには，その法定代理人の同意を得なければならない。ただし，単に権利を得，又は義務を免れる法律行為については，この限りでない。

法律行為には，契約・単独行為[2]・合同行為[3]の三種類があります。法律行為の主なものは契約です。わかりやすく言えば，未成年者が契約を締結する場合には，法定代理人の同意が必要であるということです。

3.5.3 法定代理人の同意がないとき

取消しが可能　未成年者が法定代理人の同意を得ないで，自分だけの判断で契約を締結した場合には，その契約を取り消すことができます（第5条2項）。軽率に行った契約は，理由を問わないで取消しできることとしたわけです。取消通知をすれば契約は最初に遡って無効となるので，未成年にとっては大変活用しやすい制度です。

取り消せる場合　取り消すことができるのは未成年者本人と法定代理人です[4]。法定代理人は，未成年者の意向とは別に，その契約が不適切・不要と判断した場合には独自に取り消すことができます。契約を取り消す旨の通知を相手に出せば，相手に届いたときに，最初に遡って契約は無効となります。契約がなかった時点に巻き戻すための清算処理が必要となります（**原状回復**といいます）。

取り消すことができる期間は，取消事由がなくなってから5年間です[5]。未成年者が成年になってから5年経過すれば取消しはできなくなるということです。ただし，成年に達してから本人が債務の履行をしたり相手に対して債務履行を求めたりした場合には以後は取り消すことはできなくなります（**法定追認**といいます（7章7.6で説明します））。

3.5.4 取消しできないとき

取り消せない場合　未成年者が単独で契約した場合でも，取り消すことができない場合があります。大きく分けると二種類あります。

---

[2] 取消しや解約など，1つの意思表示で成立する法律行為を単独行為と呼びます。
[3] 会社や法人の設立など，複数の人の意思表示が同一の目的のためにされることで成立する法律行為のことを合同行為と呼びます。
[4] 2017年改正法第120条。詳しくは7章7.3で説明します。
[5] 民法第126条（取消権の期間の制限）　取消権は，追認をすることができる時から5年間行使しないときは，時効によって消滅する。行為の時から20年を経過したときも，同様とする。

第一は，あらかじめ法定代理人が包括的に処分を許していた場合[6]，第二は未成年者が成年であることを信用させるために詐術を用いた場合です。第二は「クリーンハンズの原則」といわれる考え方によるものです。手を汚した者は保護しないという民法上の考え方です。

　第一は，しばしば「お小遣いの範囲の取引」と説明されることがあります。ここでいう小遣いとは「小銭」という意味ではなくて，「自由に使ってもよい」として与えられた財産を意味します。

　自由に使ってよいと与えられていたお小遣いというのは，後段の「目的を定めないで処分を許した財産」との規定を指します。法定代理人が「自由に使っていいですよ」と渡しているのですから，使うたびにいちいち法定代理人の同意はいらないということです。

●コラム　認知症の人の契約の効果

　東京に住むAさんの80歳になるお母さんは，数年前に連れ合いを亡くしてから，遠く離れたAさんの生まれ育った家で一人暮らしをしています。お母さんは体は丈夫で，日常生活は近所の人の助けもあり，支障があるわけではありません。しかし，最近では物忘れが多くなり，ついこの間も，近所の知人から，出かけた時に自宅に帰る道がわからなくなり，誰かに自宅まで連れ帰ってもらった様子を聞きました。Aさんは，お母さんの認知症が進んでいるのではと心配になりました。東京で一緒に暮らそうと誘っているのですが，長年暮らした家を離れたくないと言われています。

　そんなある日，1か月ぶりに実家に行ってみたら，見たこともない浄水器類が置いてありました。お母さんに聞いても要領を得ないので，家の中を調べたところ，契約書を見つけ50万円で購入したものとわかりました。この地域は水質も良く，浄水器などは必要ないはず。業者の住所を見ると，遠方の住所で，お母さんが買いに行ったとは思えません。お母さんに契約書を見せて事情を聴いても，覚えていないと言うばかりです。

　契約書に記載された業者に電話をしたところ，訪問販売とわかりました。Aさんは，お母さんの事情を説明して，判断力の低下はしばらく会話をすればわかるはず，判断力低下に付け込んで不必要な商品を高額で売りつけるのは問題だ，契約をキャンセルして代金を返すようにと訴えましたが，「契約は契約」「お母さんはしっかりしている」とまったく相手にされません。

6　民法第5条（未成年の法律行為）〈第3項〉第1項の規定にかかわらず，法定代理人が目的を定めて処分を許した財産は，その目的の範囲内において，未成年者が自由に処分することができる。目的を定めないで処分を許した財産を処分するときも，同様とする。

最近では，このような高齢者への訪問販売の被害が増加しています。認知症などで判断力や記憶力などが低下していても，まったく意思能力がないわけではないので当然に契約は無効だとは言えません。認知症が進み判断力等が著しく低下したとわかった段階で，保佐の制度を利用し，高額商品の購入などについても保佐人の同意の対象とする家庭裁判所の審判を受けていれば，保佐人が契約を取り消すことが可能でした。しかし，制限行為能力者制度を利用していない場合には，判断力が低下しているからという説明だけでは解決は簡単にはできないことが少なくありません。

　なお，この事例では，Ａさんは消費生活センターに相談して，お母さんがもらった契約書の記載内容が不十分であることから，まだクーリング・オフが可能であると助言され，クーリング・オフの通知を出して解決することができました。

4 契約を結ぶ（1）
契約の成立，契約書の作成

4.1 はじめに

さまざまな「契約」　契約とは，どういうものでしょうか。

契約にもさまざまなものがあります。身近な契約としては，小売店やスーパーマーケットやコンビニエンスストアなどに出向いて商品を買ったり，レンタルショップでDVDを借りたり，衣類をクリーニングに出すなどのごく日常的なものから，マンションを買う，デリバティブなどの金融商品の契約をするなど，複雑で難しいものまでさまざまあります。

最近では，ほとんどの人が携帯電話やスマートフォンを持っていますが，これらを使用するためには端末を購入するだけではなく，電気通信サービス契約などを締結する必要がありますし，さまざまなアプリを利用する場合には別個の契約を結んでいることになります。

このように，消費生活における契約は多種多様になり，難しいものが増えています。これらはすべて「契約」であるという点において共通しています。では，「契約を締結する」「契約が成立する」ということはどういうことなのか，という観点から契約の基本について取り上げます。

4.2 契約とは

約束の一種　契約とは，法的な拘束力を持つ約束のことです。法的拘束力とは，わかりやすく言うと，契約相手が約束を守らなかった場合に，約束を守るように，あるいは守らなかったことによる責任を追及するために裁判ができ，裁判所が強制してくれるものであると考えるとわかりやすいでしょう。

日常生活では，さまざまな約束をしますが，どんな約束でもすべて契約であるというわけではありません。相手が約束を破ったからといっても裁判に

はなじまないものもあります。

　たとえば，家族で休日に海水浴に行く約束をしたのに家族の誰かの都合で行くことができなくなった場合を考えてみましょう。腹を立てることはあるにせよ，約束を破ったからといって，その人を相手にして裁判を起こして損害賠償を求めたりはしません。「家族で海水浴に行く」というのは約束ではありますが，ここで言う契約ではないわけです。

　無断契約？　ここで大切なポイントは，「契約も約束の一つである」ということです。

　以前，「無断契約の場合には支払う義務があるのか」という質問をされて大変驚いたことがあります。

　意味がよくわからなかったので，「無断契約とは何のことですか」と質問したところ（民法には「無断契約」という用語はありません），「自分はその事業者と契約したことはないのに，事業者が一方的に自分の名前を使って契約したことにした上で，契約しているから代金を支払えと言ってきた」「自分には無断で相手方の事業者が契約したので『無断契約』だ」という話です。

　しかし，この場合には，消費者と事業者との間には何の合意＝約束もありません。事業者が一方的に，消費者に無断で消費者の名義を使って「契約したことにした」と言っているだけですから，契約は成立していません。契約していなければ契約を守る義務もなく，支払い義務もありません。

　契約した場合には，「契約は守る義務がある」ことになりますが，それは，自分が相手と契約した以上は自分の選択について，相手方に対して自己責任を取る義務があるということなのです。

4.3　意思表示という考え方

　合意が大切　「契約の成立」について一般人向けにごくやさしく説明する場合には，図のようにAからBに対して「契約の申込み」を行い，これに対してBからAに対して「その内容に対して承諾」をし，申込と承諾が一致すると，一致した内容の合意＝約束が成立する，この合意＝約束が契約であるといった説明をするのが普通です。

意思表示の一致のイメージ図

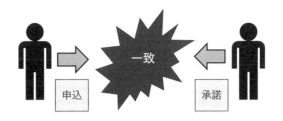

効果意思と表示行為　この「申込」と「承諾」のことを民法では「**意思表示**」といいます。「意思表示」とは,「心の中で法的な効果をもたらすことを考える」という内心の考えである「**内心的効果意思**」（単に「**効果意思**」ともいいます）とこの意思を相手に対して表示する「**表示行為**」とで構成されていると説明します。申込も承諾も,ともに「効果意思」とその意思を相手方に表示した「表示行為」によって構成されているのです。

したがって,契約が成立しているかどうかを検討する際には,具体的な取引の経過の中で,いつどのような意思を持ち,それをいつどのような方法で相手に表示したのかを押さえることが重要になります。

なお,意思表示をするに当たり内心の意思を正しく相手に対して表示をすれば問題は生じませんが,内心の意思と相手方に表示した内容とが食い違うと問題が生じることになります。この内心の意思と表示した内容とが食い違った場合の責任分配についての民法の考え方については6章で取り上げています。

4.4　送り付け商法を例に

契約が成立しているか　意思表示の観点から契約が成立しているかどうかを判断する場合の例として,消費者問題でネガティブオプションとか**送り付け商法**と呼んでいるものについて検討してみましょう。

送り付け商法とは,消費者が注文していないのに事業者から一方的に商品を送り付け,売買代金を請求してくるものを指します。

この場合には,消費者は,商品の購入について注文しておらず,事業者か

ら突然商品を送り付けられているだけなので，意思表示の合致はなく売買契約は成立していません。事業者が，消費者に商品を送り付けて代金の支払いを請求してきたことが，「この商品を〇〇円で買ってください」という表示に当たります。つまり，商品の送り付け行為が契約の申込みの意思表示に当たると言えるわけです。

これに対して，消費者が購入する意思を持ってこの意思を相手の事業者に表示すれば契約は成立しますが，商品を受け取っただけでは契約は成立しません。

契約と思いこみがちだが 消費者の陥りがちな誤解として，「送り付けられた商品を受け取ってしまったら代金を支払わなければならないのではないか」というものがあります。

しかし，宅配便や郵便物が送られてきた場合に，受け取って中身を見る前に契約の申込みであることを知ることはできません。また，消費者が送られた荷物を受け取るのは単なる事実行為であり，相手方に対する意思表示ではありません。受け取った消費者は，事業者の申込みを承諾する意思を持っていませんし，相手の事業者に対する表示行為もしていないからです。

このように見ていくと，送り付け商法では，事業者からの申込だけの一方通行で，消費者からの承諾の意思表示はなく，契約は成立していないことがわかります。したがって，代金の支払い義務はないことが容易に判断できます。

ただし，消費者が購入しない場合には，他人の物を預かってしまうという**事務管理**[1]の問題が起こります。そこで，特定商取引法では，消費者保護の観点から，事務管理としての保管期間を短縮する特別規定を設けているわけです。

4.5 諾成契約

諾成契約とは 民法は，契約自由の原則に基づいたルール設計になっているので，申込みと承諾の一致があれば，契約は成立するとして扱うのが原則

---

[1] 義務を負担しているのではないにもかかわらず，他人のために事務の管理をする場合に関する規定で，民法第697-702条に規定があります。

となっています。このように，当事者間の合意によって成立する契約を諾成契約（だくせいけい）といいます。

　売買契約，請負契約などの多くの契約は諾成契約で，当事者間に合意があれば契約は成立します。契約の成立についての条文は，従来は当然のことであるからということで，条文は特に設けられていませんでしたが，1章で触れたように2017年民法改正で条文化されました（第522条）。

　諾成契約の例外　ただし，例外もあります。例外の第一が民法上，契約の成立のためには契約書などの書面の作成を必要としている場合です。民法では，保証契約について例外的に，「保証契約は，書面でしなければ，その効力を生じない。」と定めています（第446条2項）。

　第二の例外は，特別法によるものです。任意後見契約や定期借地契約は公正証書で契約書を作成する必要があります。定期借家契約は書面で行う必要があります。

　口約束も立派な契約　消費者の中には，「口では契約すると言ったけれど，契約書は作っていないから契約は成立していない」と主張する人もいたりしますが，（保証契約は例外として）このような考え方は間違いということになります。口頭であっても，「契約します」と相手に伝えて，合意が成立していれば契約は成立して守る義務が生じます。

　口約束も立派な契約だということです。

4.6　契約書を作成する理由

　日常生活の中で　店舗で契約し，その場で現金で支払って商品などを受け取ることによって契約の締結も履行も直ちに終わる契約の場合には，契約書などは作成しないのが普通です。スーパーマーケットやコンビニ，小売店での日常の買い物などでは契約書は作成していません。だから，これらは契約ではないということなのではなく，これらも立派な契約です。

　一方では，契約書を作成する場合もあります。クレジットカードを作る，携帯電話やスマートフォンの契約をする，賃貸マンションを借りる，住宅を購入する，生命保険に入るなどという場合には，契約書を作成します。契約

金額が大きい場合や長期間にわたる契約，複雑な内容の契約を結ぶ場合には，契約書を作成することが普通です。

なぜ契約書を作るか　民法上は契約当事者の合意だけで契約が成立する場合でも，契約書を作成することが少なくないのはなぜなのでしょうか。契約書を作成する目的は，大きく整理すると次のように言えます。

①約束の内容をお互いに確認して間違いを防ぐため。②あとあと契約内容について忘れたりして紛争になるのを防ぐため。③後日紛争になったときの証拠として使用できるようにしておくため，です。

口頭の合意だけだと，相互の間で行き違いや誤解があっても気が付かない心配があります。特に，内容が複雑な契約の場合には，すべてを誤解なく正しく理解することは難しくなるので，契約条項を書面にして合意の内容を双方が確認し合うことは意味があります。

さらに，口頭の契約だけだと，時間の経過によって記憶の変容が起こったり，忘れたりすることもありえます。契約の履行などが後に残ったり，長期にわたる契約などの場合には，記憶だけに頼ることは危険があります。契約書にしておけば後日，双方の記憶が食い違うということが起こっても，契約書で確認すればはっきりするので，無用なトラブルを防ぐことができます。

もし紛争になった場合にも，契約書があれば裁判所に契約書を証拠として提出することによって，どのような契約がいつ成立していたのかを容易に証明することができ，紛争を早期に解決することができます。

こうした事情があるために，民法上の契約の成立のための要件としては契約自由の原則に基づいて契約書の作成は必要とされていない場合でも，現実には契約書を作成することが少なくないわけです。

署名捺印の重さ　契約書を作成する目的がわかると，契約書の内容を読まないままに署名捺印したり，読んでもよくわからないからという理由でわからないままに署名捺印することがどんなに危険なことかも理解していただけるのではないでしょうか。

さらに，契約書などの私文書の場合には，本人または代理人の署名捺印がある書面は真正に成立したものと推定されるのが民事訴訟法上の扱いです（民事訴訟法第228条4項）。

したがって，契約書に本人の署名捺印があれば，その契約書に記載されている内容の合意があったものと推定されることになります。納得できないかもしれない契約書に署名捺印する行為は，かえって自分に不利な結果になることにもなりかねません。

このような契約書の意味合いから，消費者契約法では，事業者は，「消費者契約の条項を定めるに当たっては，消費者の権利義務その他の消費者契約の内容が，その解釈について疑義が生じない明確なもので，かつ消費者にとって平易なものになるよう配慮する」よう努力義務を定めています（第3条1項1号）。

4.7 業法の規制との関係

契約書交付の義務付け　各種の業法では，事業者に契約書などの書面を契約相手である消費者に対して交付すべきことを義務付けている場合が少なくありません。

特定商取引法では，訪問販売，電話勧誘販売，訪問購入の場合には，申込書面と契約書面を交付すべきことを事業者に義務付けています。連鎖販売取引，特定継続的役務提供，業務提供誘引販売取引の場合には申込みの前に取引の概要について説明した書面（いわゆる**概要書面**），契約締結後には契約書面の交付をそれぞれ義務付けています。

割賦販売法，宅地建物取引業法，貸金業法，金融商品取引法，保険業法など，多くの業法では契約書などの書面を消費者に交付すべきことを義務付けています。書面の交付をしなかったり，書面の記載内容に不備がある場合には，刑事罰や行政処分の対象としているものもあります。

熟慮期間の設定　このように各種の業法で，事業者に対して契約書面などを交付すべきことを義務付けているのは，契約内容を消費者が正しく知ることができるようにすることを目的としています。特定商取引法や割賦販売法では，法律で定めた契約書面などを消費者に交付することにより，消費者が契約内容の重要なことを知ることができる状況になった時から一定期間の熟慮期間であるクーリング・オフ制度（8章8.4参照）を導入しています。

契約書面の交付がない場合　ここで，業法で事業者に義務付けられている契約書面の交付をしなかった場合には，有効な契約が成立するかどうかということが問題となります。

業法で契約書面の交付義務が課されているにもかかわらず交付していない場合には，契約は成立していない，あるいは契約は無効であると思い込んでいる人もいないわけではありません。

しかし，現状では，これらの業法では事業者に対する行為規制として契約書面などを交付するよう義務付け，違反があった場合には刑事罰や行政処分などの不利益処分の対象としていますが，契約の成立や効果などの民事ルールについては，民法を修正する特別な規定を定めているわけではありません。業法が契約の成立や効果について民法を修正する特別な規定を設けていない場合には，契約の成立や効果については原則である民法によることになります。つまり，契約当事者間に合意があるのであれば，消費者に対して契約書面などが交付されていなくても契約は有効に成立するということになるのです。

ただし，特定商取引法のクーリング・オフ制度の適用がある訪問販売などでは，契約書面などの交付がなかったり不備がある場合には，クーリング・オフ期間の起算日が到来しないことになっているので，契約してから何日が経過しようともクーリング・オフができます。

5 契約を結ぶ（2）
約款・定型約款

5.1 はじめに

　　はたして合意があるのか　　私たちの日常生活では複雑な契約や高額な契約，長期間にわたる契約も多く，こういう場合には契約書を取り交わすことが普通です。しかし，日常生活では，民法で考えているように，契約当事者であるAとBとの間で約束事を一つずつ協議をした上で決めて文書化するという方法ではないことが普通であることに気づきます。

　実際にはあらかじめ契約に関する細かい条項は事業者が決めていて，消費者は，事業者が用意してきた書類に署名捺印するだけという場合が少なくありません。そして，決められた契約条項を消費者が前もってよく確認し，納得しているかというと，その場でもよく見ていないという場合すら珍しくありません。こういう場合にも，契約は成立するのでしょうか。

　　少ない選択の余地　　たとえば，スマートフォンは持っていない人の方が珍しいくらい身近になっています。スマートフォンを利用するためには，端末の機器の購入契約と通信ができるようにするために通信契約とを締結する必要があります。

　代理店などに出向いて契約する場合には，どの端末にするのか，どの料金体系の通信契約にするのかを選ぶと，事業者が数通の契約書を出してきて署名捺印を求めてきます。この契約書には，事業者サイドであらかじめすべての契約条件を決めた内容を印刷してあります。

　多くの消費者は，印刷された契約条件をじっくり読まないで署名捺印しているのではないかと思われますが，仮に内容を読んで納得できない条項を見つけたとしても，「この条項を変更して欲しい」とか「この条項は削除して欲しい」という消費者の要求は聞き入れられることはないでしょう。納得できない条項があってどうしても嫌だという場合には，消費者は，その契約を

しないという選択をするほかありません。

交通機関利用の契約では？　さらに，電車・バス・タクシー・飛行機などの交通機関を利用する場合は，利用者は事業者との間で**旅客運送契約**を結び，契約に基づいて事業者が提供する運送サービスを利用しています。旅客運送契約の契約条件（つまり，この内容が利用者と事業者との約束事ということになります）は，あらかじめ事業者が決めたもので，利用者と事業者がその都度協議して決めているわけではありません。

しかも，旅客運送契約の場合には，先に例であげたスマートフォンの場合と異なり，利用者である消費者は，旅客運送契約の契約内容を見せてもらっていません。説明もされていません。事業者が決めた契約条件を知らされないままに利用しています。

宅配便を利用する場合でも同様です。利用者である消費者は，事業者が用意をした宅配便約款を見せられることもなく，説明されることもなく，どのような契約条件になっているのかを知らされないままに利用しています。

このような場合には，事業者が決めた取引条件によるという合意はあると言えるでしょうか。この章では，この問題を取り上げます。

5.2　約款というもの

約款とは　これまで民法には定められていませんでしたが，民法の解釈論上の基本的な用語として「約款」という言葉があります。単に「約款」ということが多いですが，「**普通契約約款**」という場合もあります。どちらも同じ意味で使われる言葉です。ここでは「約款」の用語を使うことにします。

「約款」とは何を意味しているのでしょうか。民法で定義を定めているわけではありませんが，おおむね「**約款使用者**（事業者であることが普通です）**が一律に定型的に定めた契約条件の総体**」であると考えればよいかと思います。契約書などのように書面化されているものだけには限りません。

約款の意義　約款はいろいろな場面で利用されています。現代社会では，事業者が一方的に取引条件を定めて不特定多数の消費者に対して商品やサービスの提供をしています。こうすることによって，事業者は，誰に対しても

一律の内容の契約を効率よく提供できるメリットがあります。一方，消費者は，さまざまな商品やサービスを安価に利用できるというメリットを享受しています。

たとえば，スマートフォンの通信契約の締結の際に，事業者と利用者とが契約のたびごとに協議をして契約条件を決めていたとしたら，利用者ごとに別々の契約条件になることもありうることになります。事業者は，利用者一人ひとりに対して，別々の契約条件や料金でサービスを提供することになります。すると，現在のように安価な条件で通信サービスを提供することは困難となります。約款の使用は，利用者である消費者にとってもメリットがあることが少なくありません。

このように現代社会では，さまざまな取引において約款は必要不可欠なものとなっているわけです。

5.3　約款をめぐる問題点

知られていない約款の内容　　ただし，約款の使用は問題も引き起こします。

たとえば，宅配便を利用する場合を考えると，宅配便会社の約款は国土交通省の「標準宅配便運送約款」に準拠して作られます（次頁にその抜粋を載せました）。しかし，消費者がコンビニエンスストアに出向いて宅配便の依頼をする場合に，宅配便約款の説明はされませんし，もらうこともありません。消費者は，多くの場合宅配便の約款の内容を知らないままに利用しています。

契約が順調に履行されている場合には，特に問題は起こりません。ところが，受け取った荷物を開けてみたら中身が傷んでいたとか壊れていたなどのトラブルが起こり，事業者に苦情を言うと「約款にはこう書いてあるので約款によります」などと言われて驚くことになります。納得できないということで，消費生活センターに相談する人もいます。消費者は，宅配便を利用する時に，約款の内容について知らされていないのですから，「自分は宅配便約款なんて知らないから，約款には従わない」と主張できるのでしょうか。

○ 標準宅配便運送約款（平成2年運輸省告示第576号）
最終改正 平成15年 国土交通省告示第170号
目次
　第一章　総則（第1条）
　第二章　運送の引受け（第2条-第9条）
　第三章　荷物の引渡し（第10条-第14条）
　第四章　指図（第15条・第16条）
　第五章　事故（第17条-第19条）
　第六章　責任（第20条-第29条）
第一章　総則
（適用範囲）
第1条　この運送約款は，宅配便運賃が適用される荷物の運送に適用されます。
2　この運送約款に定めのない事項については，法令又は一般の慣習によります。
3　当店は，前二項の規定にかかわらず，法令に反しない範囲で，特約の申込みに応じることがあります。
第二章　運送の引受け
（受付日時）
第2条　当店は，受付日時を定め，営業所その他の事業所の店頭に掲示します。
2　前項の受付日時を変更する場合は，あらかじめ営業所その他の事業所の店頭に掲示します。
　【略】
（荷物の内容の確認）
第4条　当店は，送り状に記載された荷物の品名又は運送上の特段の注意事項に疑いがあるときは，荷送人の同意を得て，その立会いの上で，これを点検することができます。
2　当店は，前項の規定により点検した場合において，荷物の品名又は運送上の特段の注意事項が荷送人の記載したところと異ならないときは，これによって生じた損害を賠償します。
3　第一項の規定により点検した場合において，荷物の品名又は運送上の特段の注意事項が荷送人の記載したところと異なるときは，点検に要した費用は荷送人の負担とします。
（荷造り）
第5条　荷送人は，荷物の性質，重量，容積等に応じて，運送に適するように荷造りをしなければなりません。
2　当店は，荷物の荷造りが運送に適さないときは，荷送人に対し必要な荷造りを要求し，又は荷送人の負担により必要な荷造りを行います。
　【略】
（引渡しができない場合の措置）
第13条　当店は，荷受人を確知することができないとき，又は荷受人等が荷物の受取を怠り若しくは拒んだとき，若しくはその他の理由によりこれを受け取ることができないときは，遅滞なく荷送人に対し，相当の期間を定め荷物の処分につき指図を求めます。
2　前項に規定する指図の請求及びその指図に従って行った処分に要した費用は荷送人の負担とします。
　【略】
第6章　責任
（責任の始期）
第20条　荷物の滅失又はき損についての当店の責任は，荷物を荷送人から受け取ったときに始まります。
（責任と挙証）
第21条　当店は，自己又は使用人その他運送のために使用した者が，荷物の受取，引渡し，保管及び運送に関し注意を怠らなかったことを証明しない限り，荷物の滅失，き損又は遅延について損害賠償の責任を負います。
（免責）
第22条　当店は，次の事由による荷物の滅失，き損又は遅延による損害については，損害賠償の責任を負いません。
　一　荷物の欠陥，自然の消耗
　二　荷物の性質による発火，爆発，むれ，かび，腐敗，変色，さびその他これに類似する事由
　三　同盟罷業若しくは同盟怠業，社会的騒擾その他の事変又は強盗
　四　不可抗力による火災
　五　予見できない異常な交通障害
　六　地震，津波，高潮，大水，暴風雨，地すべり，山崩れその他の天災
　七　法令又は公権力の発動による運送の差止め，開封，没収，差押え又は第三者への引渡し
　八　荷送人が記載すべき送り状の記載事項の記載過誤その他荷送人又は荷受人の故意又は過失
（損害賠償の額）
第25条　当店は，荷物の滅失による損害については，荷物の価格（発送地における荷物の価格をいう。以

下同じ。）を送り状に記載された責任限度額（以下「限度額」という。）の範囲内で賠償します。
【以下略】

似たようなことは切符を買って乗り物に乗るとき（旅客運送契約），さまざまな保険に入るときなどにも起こります。

約款による契約は有効か　消費者が知らされていない約款内容は，契約の内容になるのでしょうか。民法の契約の基本原則，つまり「契約とは双方の約束で法的に保護されるものである」ということから言うと，事業者が一方的に決めてしまっているだけでなく，契約相手の利用者に説明すらしていないのであれば，約束の内容になっているとは言えないのではないかという疑問が生じます。

また，いったん契約した後で，約款内容を事業者が一方的に変更することは可能かという疑問もあります。契約は約束ですから，相手と約束した後で，一方的に約束内容を変更できるはずがないのではないかという疑問です。さらに，事業者が一方的に決めてしまう契約条件は，利用者と事業者との権利義務関係がバランスのとれた公平なものとなる保証はありません。

事業者が一方的に自分にだけ都合がよく，利用者の立場を考慮しない契約条件を決めてしまっていた場合にも，決めた者勝ちでよいのかということも問題になります。消費者契約法では，このような条項については不当条項として無効になる場合を定めていますが，民法上はどう考えるべきかという問題があるのです。

約款は，現代社会における経済取引ではきわめて重要な役割を果たしているものではありますが，以上のように考えなければいけない課題があります。

5.4　契約書を作成する場合

契約書が用意されているとき　スマートフォンの契約は，事業者が約款を使用しているケースの典型例ですが，上記の宅配便の場合とはだいぶ事情が違います。約款内容を印刷した契約書面を用意をして，契約を締結する際には利用者に対して契約書を示して署名捺印を求めています。消費者は，契約書

を読もうと思えば，読むことは可能です。

このような場合には，契約書に署名捺印した利用者は，契約書に記載してある内容に対して承諾したものと評価されます。つまり，契約書に記載されている内容の契約を締結したとして評価されることになります。

知らなかったは通用しない　したがって，約款を使用している場合でも，約款内容を表示した契約書を用いている場合には，消費者の「約款内容なんか知らない」という言い分は原則としては通用しません。読む気があれば，読めたはず。読めばわかったはず，ということになります。

多くの消費者法では，このような観点から，事業者に対して，契約書の作成と消費者へ交付すべきことを義務付けています。契約書を読まないで内容を理解しないままに契約してしまうことは，リスクがあるのです。

5.5　約款の組み入れ要件の考え方

附合契約　それでは宅配便のケースのように，契約締結時も契約締結後も，利用者に対して約款内容が知らされない場合には，約款は契約の内容に組み入れられるのでしょうか。

実は，宅配便約款や公共交通機関の旅客運送契約などでは，利用者が約款内容を知らない場合でも，約款内容は契約内容になっていると評価されます。消費者が約款の内容を知らなくても，約款を利用した契約の場合には「約款に従う契約をします」という意思であるとみなして約款内容は自動的に契約内容に組み入れられるとするのが，累積された裁判例であり，実務や多数の学説でもあります。こういう契約を「附合契約」と呼んでいます。つまり，契約の内容に約款は附合する（つまり，くっついて一体となる）というわけです。

約款の組み入れ条件　では，どういう場合に利用者が知らされていない約款であっても，契約の内容として組み入れられるのでしょうか。これを「約款の組み入れ条件」と呼んでいます。

わかりやすいように，宅配便約款を例にして整理してみましょう。まず，宅配便業を行うためには貨物自動車運送事業法による開業規制があります。約款も許可の対象です。標準宅配便約款という同法による告示約款を用いる

か，そうでない場合には個別の約款内容について許可が必要です。業者が一方的に好きなように決めることができるわけではなく，利用者保護も配慮したものとなっています。

さらに，法律で，利用する約款は営業所に掲示して，消費者がいつでも見ることができるようにすることが義務付けられています。利用者は，約款内容を知りたければ，営業所に出向けばいつでも見ることができるようになっているわけです。インターネットが普及した現在では，告示約款は国土交通省のHPで見ることができますし，各事業者は自社で使用している約款内容をHPで開示していますから，形としては誰でもいつでも確認できるようになっています。

判例 このような一定の条件が満たされているのであれば，現実の契約の際に消費者が約款を見ておらず内容を知らなくても「約款に従う」という合意をしたものとして約款は契約内容に組み入れられ，約款に沿った契約が成立すると評価しているわけです。

約款が契約内容となるかについて争われた損害保険に関するかなり昔の事件では，法律に基づく認可約款であり，内容は合理的なものであるとの実質的な判断を踏まえて，保険契約者が知らなくても契約内容になるとした判決があり，約款の拘束力を肯定した指導的判例とされています。

しかし，事業者が一方的に決めた契約条件で，消費者にはその内容を見る機会が与えられていない場合には，契約内容には組み入れられることはないと考えられてきました。消費者が知ることができる機会がなく，常識的に推測がつくような合理的な内容でもないものについては合意の内容にはなりようがない，というわけです。

5.6 民法改正で新設された定型約款についての規律

定型約款のみ規定 2017年民法改正では，約款に関する規律を導入することについて審議されましたが，結局，約款全体に対する規律は導入されませんでした。法務省法制審議会では，民法に明記することに対する反対意見が強

く，またどのような規律の内容にするかについても対立があり，意見がまとまらなかったためです。

そこで，やむを得ず，約款の一部である**定型約款**についてのみ規律を設けました（第548条の2～第548条の4）。定型約款以外の約款については，従来どおり，裁判例によることになります。

新たに導入されたのは，定型約款の組み入れ要件（第548条の2，第548条の3）と，定型約款の使用者（消費生活で利用される約款の場合には，事業者という事になります）が一方的に定型約款を変更できる場合に関する規律（第548条の4）の2種類です。

○ 2017年改正法第548条の2（定型約款の合意）　定型取引（ある特定の者が不特定多数の者を相手方として行う取引であって，その内容の全部又は一部が画一的であることがその双方にとって合理的なものをいう。以下同じ。）を行うことの合意（次条において「定型取引合意」という。）をした者は，次に掲げる場合には，定型約款（定型取引において，契約の内容とすることを目的としてその特定の者により準備された条項の総体をいう。以下同じ。）の個別の条項についても合意をしたものとみなす。
　一　定型約款を契約の内容とする旨の合意をしたとき。
　二　定型約款を準備した者（以下「定型約款準備者」という。）があらかじめその定型約款を契約の内容とする旨を相手方に表示していたとき。
2　前項の規定にかかわらず，同項の条項のうち，相手方の権利を制限し，又は相手方の義務を加重する条項であって，その定型取引の態様及びその実情並びに取引上の社会通念に照らして第1条第2項に規定する基本原則に反して相手方の利益を一方的に害すると認められるものについては，合意をしなかったものとみなす。

○ 2017年改正法第548条の3（定型約款の内容の表示）　定型取引を行い，又は行おうとする定型約款準備者は，定型取引合意の前又は定型取引合意の後相当の期間内に相手方から請求があった場合には，遅滞なく，相当な方法でその定型約款の内容を示さなければならない。ただし，定型約款準備者が既に相手方に対して定型約款を記載した書面を交付し，又はこれを記録した電磁的記録を提供していたときは，この限りでない。
2　定型約款準備者が定型取引合意の前において前項の請求を拒んだときは，前条の規定は，適用しない。ただし，一時的な通信障害が発生した場合その他正当な事由がある場合は，この限りでない。

○ 2017年改正法第548条の4（定型約款の変更）　定型約款準備者は，次に掲げる場合には，定型約款の変更をすることにより，変更後の定型約款の条項について合意があったものとみなし，個別に相手方と合意をすることなく契約の内容を変更することができる。
　一　定型約款の変更が，相手方の一般の利益に適合するとき。
　二　定型約款の変更が，契約をした目的に反せず，かつ，変更の必要性，変更後の内容の相当性，この条の規定により定型約款の変更をすることがある旨の定めの有無及びその内容その他の変更に係る事情に照らして合理的なものであるとき。
2　定型約款準備者は，前項の規定による定型約款の変更をするときは，その効力発生時期を定め，かつ，定型約款を変更する旨及び変更後の定型約款の内容並びにその効力発生時期をインターネットの利用その他の適切な方法により周知しなければならない。
3　第1項第2号の規定による定型約款の変更は，前項の効力発生時期が到来するまでに同項の規定による周知をしなければ，その効力を生じない。
4　第548条の2第2項の規定は，第1項の規定による定型約款の変更については，適用しない。

5.7 定型約款とは何か

定　義　定型約款という言葉は 2017 年改正法ではじめて定められた新しい法律概念です。改正法第 548 条の 2 では，定型約款について「定型取引において，契約の内容とすることを目的としてその特定の者により準備された条項の総体をいう」と定義しています。

この中にある定型取引とは，「ある特定の者が不特定多数の者を相手方として行う取引であって，その内容の全部又は一部が画一的であることがその双方にとって合理的なものをいう」と定められています。事業者が，不特定多数の者と行う取引で，取引条件が画一的であることが契約当事者双方にとって合理的な取引で用いられる，事業者が用意した取引条件の総体を意味するということです。

労働契約における就業規則やビジネス上の取引で見かける契約のひな形などは定型約款ではないとされています。既に例であげた宅配便，旅客運送契約，スマートフォンの通信契約などは該当することになります。

5.8 定型約款の組み入れ要件

2 つの条件　定型約款が「個別の条項についても合意をしたものとみな」されるための条件，つまり定型約款が契約内容に組み入れられるための要件については，下記の 2 つの場合が定められています（第 548 条の 2）。

一　定型約款を契約の内容とする旨の合意をしたとき。

二　定型約款を準備した者（「定型約款準備者」）があらかじめその定型約款を契約の内容とする旨を相手方に表示していたとき。

以上の場合であれば，定型約款の具体的な内容を，事業者は相手方に説明する必要はないという点がポイントです。相手は，「そのような契約内容とは知らなかった」とか「そんなことは聞いてない」と言っても認められないことになります。

ただし，相手方の権利を制限し，又は相手方の義務を加重する条項であって，その定型取引の態様及びその実情並びに取引上の社会通念に照らして第 1 条第 2 項に規定する基本原則（2 章 2.4 参照）に反して相手方の利益を一

方的に害すると認められるものについては，合意をしなかったものとみなされます。あまりに契約相手である消費者等に不利益な条項は，契約内容に組み入れられないことになっています。

開示をする場合　さらに，定型約款を使用する事業者は，消費者に契約書面等を渡している場合は別にして，定型取引合意の前または定型取引合意の後相当の期間内に相手方から請求があった場合には，遅滞なく，相当な方法でその定型約款の内容を示さなければならないものとしています（第548条の3）。そして，事業者が，相手方から契約締結前に開示の請求があったのに定型約款の内容を示すことを拒んだ場合には，定型約款は契約内容に組み入れられません。

ここで注意が必要なのは，定型約款の内容を開示しなければならないのは，相手方から請求がある場合に限られていること，相手からの請求は契約締結の前か締結後の相当の期間内のいずれかであるという二点です。つまり，相手方から開示を求められなければ開示しなくてもよいということです。ついで，相手が契約締結後に開示を求めた場合には，契約締結後に開示すれば足りるということです。

定型約款の注意点　契約を締結するに当たっては，何をいくらでどうするかということだけではなく，細かな取引条件がどのような内容かということも大切です。ですから，契約をするかどうかを選ぶ上では定型約款がどのような内容なのかを知ることが重要です。

しかし，契約相手から契約締結前に開示を求められることがなければ，その時点では開示はする義務はなく，相手方は内容を知らないままに契約内容に取り込まれることとなってしまいます。しかも，契約締結後の開示を拒んだ場合にも成立した契約の効果はそのまま維持されます。

相手方は，契約締結前に開示請求をすれば，定型約款の内容を知った上で契約するかどうかを判断できます。しかし，契約した後での開示請求では，定型約款を見て「こんなことなら契約するのではなかった」と思っても，契約を解消することはできません（第548条の3）。

この民法の規定を知り，積極的に行動することが大切で，知らない人にとってはきわめて不利な内容となっています。

5.9 定型約款の変更要件

変更はどこまで及ぶ？　スマートフォンの通信契約などの長期間にわたることもありうる契約では，契約締結後に経済や社会状況の変化などに応じて約款の内容を変更することが必要になる場合があります。このような約款の変更を過去に契約した人にも効果を及ぼすことができるか，つまり改定する前に契約した人にも，一方的に定型約款の変更を強制できるかという問題です。

契約の基本原則から言えば，相手の同意を得なければ一方的な約款内容の変更はできないはずです。

しかし，2017年改正法では，下記の場合であれば，相手方の同意なく，一方的に定型約款の内容を変更でき，インターネットなどで周知すればよいとしました（第548条の4）。

一　定型約款の変更が，相手方の一般の利益に適合するとき。
二　定型約款の変更が，契約をした目的に反せず，かつ，変更の必要性，変更後の内容の相当性，この条の規定により定型約款の変更をすることがある旨の定めの有無及びその内容その他の変更に係る事情に照らして合理的なものであるとき。

6 契約を結ぶ（3）
意思表示に問題があるとき
—— 心裡留保・虚偽表示・錯誤・詐欺・強迫

6.1　はじめに

意思表示の一致が重要　契約を結ぶ場合に「契約が成立した」と言えるためには，契約の申込みをする者（申込者）の申込みの意思表示と，承諾する者（承諾者）の承諾の意思表示とが一致していることが必要です。意思表示が一致していることを客観的に明確にしておくために作成されるものが**契約書**です。

もう少し細かく説明すると，申込者の申込みについての内心の意思と，相手方に対する表示行為の内容が一致しており，かつ，承諾者の承諾についての内心の意思と相手に対する表示行為の内容が一致している場合には，意思表示による契約の考え方はうまく機能していると言えます。

世の中で行われている契約のほとんどは，内心の意思と相手方に対する表示行為が一致している問題のない場合だと言ってよいかと思われます。

内心の意思と表示内容が異なる場合　しかし，内心の意思と，表示行為の内容とが食い違っている場合には問題が起こります。

意思表示をした本人を保護するためには「内心の意思」を基本に考える必要があります。一方，相手方を保護しようとすれば，「表示された内容」によって判断することが必要です。

どちらかを保護しようとすると相手方は保護されないことになり，利害の対立が起こります。どちらも両方とも保護するというわけにはいきません。こういう場合にはどう考えればよいのでしょうか。

民法は「意思表示」に関する規定として心裡留保，虚偽表示，錯誤の規定を設けていますが，これらは意思と表示が食い違ったために紛争となっている場合の責任分配のあり方を示したものです。

意思の形成がゆがんだ場合　さらに，表意者が内心の意思を形成する際に，契約の相手方が不当な働きかけをして意思の形成をゆがめてしまった場合にも問

題が起こります。表意者にしてみれば，相手によってゆがめられた意思表示を守るように言われるのは不本意であることが多いでしょうし，不当な干渉をしておきながら被害者に対して「契約を守れ」と言えることは筋が通らないように思われます。

詐欺と強迫　不当な干渉には，情報操作による歪みの場合と，契約を押し付けて自主的な選択を妨げた場合とが考えられます。

民法では，前者については「詐欺」に当たる場合には取り消すことができ，後者については「強迫」に当たる場合を取り消すことができるものと定めています（第96条）。<u>取り消すことができるとは，意思表示は原則として有効だが，表意者が納得できない場合には取り消して無効にできるとしたもの</u>で，表意者に選択権を与える制度です（次章で改めて説明します）。

本章では，以上のように意思表示に問題がある場合の民法上の制度を取り上げます。

6.2　意思と表示の食い違いがあるとき
―― 場合の分け方

3つのパターン　契約をする時に，Aが考えたこととAが現実にBに対して自分の考えを表示した内容とが食い違っていた場合にはどのように考えたらよいでしょうか。このような場合については，

① <u>表意者が食い違っていることを知っていた場合</u>。つまり，自分が考えていることと違う内容だとわかっていて，内心の意思とは違うことを相手に伝えている場合。

② <u>表意者も相手方もどちらも食い違っていることを了解している場合</u>。

③ <u>表意者も相手方も，内心の意思と表示行為の内容が食い違っていることに気が付いていない場合</u>，

の3つのパターンに整理できます。

民法では，①の場合を**心裡留保**（第93条），②の場合を**虚偽表示**（**通謀虚偽表示**ともいう。第94条），③の場合を**錯誤**（第95条）として規定しています。

6.2.1 心裡留保（第93条）

> ○ 2017年改正法第93条（心裡留保）　意思表示は，表意者がその真意でないことを知ってしたときであっても，そのためにその効力を妨げられない。ただし，相手方がその意思表示が表意者の真意ではないことをと知り，又は知ることができたときは，その意思表示は，無効とする。
> 2　前項ただし書きによる意思表示の無効は，善意の第三者に対抗することができない。

本心でなくとも責任あり　表意者Aが自分の内心とは違うことを知りながら，相手方Bに表示した場合（心裡留保）には，意思表示はそのためにその効力を妨げられません。つまり，自分が考えていることと違う内容の表示をした場合には，承諾者は表意者の表示内容から判断するしかないのですから，表意者は表示内容に沿って責任を負わなければならないということです。「本心じゃなかったから」といって責任がないとは言えない，心にもないことは言ってはいけないということです。

善意の第三者には対抗できない　ただし，相手方Bが，表意者が心にもないことを言っていることを知り，または知ることができたときは，Bを保護する必要はありません。すなわち「その意思表示は，無効とする。」，つまり表意者は自分の表示行為に責任を負う必要はないということになります。

具体的には，親しい関係の者同士の戯言＝冗談などの場合です。有名な事件として「カフェー丸玉事件」があります。当時の大阪のカフェーというのは喫茶店ではなく今でいうキャバクラのようなイメージのものですが，そこの女給（いまでいうホステスが近いイメージ）と常連客との間の金銭の贈与の意思表示が，人間関係やそのようなやりとりがされた状況から，心裡留保のただし書きに該当するので無効とされた事件があります[1]。

第93条第2項の**善意の第三者**とは[2]，BがAから心裡留保で入手した商品を，Bが正当な所有者であると信じてBから購入したCのような立場の者を指します。Cのような者が出てきた場合には，Cの法的利益は守る必要があるための規定です。Aは，「Bが冗談だとわかっていたはずだから，Aから

---

[1] だからといって水商売の女性と顧客の約束がすべて心裡留保のただし書きに相当するというわけではありません。そのような約束がなされた時の状況などが重要な判断材料になります。
[2] 第93条中の「善意の第三者」とは，表意者の意思表示が真実であると信じた者のことを指します。（民法で使われる「善意」とは，ある事実（この場合は虚偽であること）を知らない場合，「悪意」とは，ある事実を知っている場合を意味しています。）

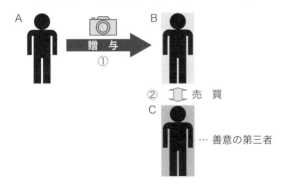

Bにプレゼントするという意思表示は無効だ。だから，自分に返せ」とは善意の第三者であるCには言えないということです。

6.2.2 虚偽表示（第94条）

○ 民法第94条（虚偽表示）　相手方と通じてした虚偽の意思表示は，無効とする。
2　前項の規定による意思表示の無効は，善意の第三者に対抗することができない。

通謀虚偽表示　相手方と通じてした虚偽の意思表示は，無効です。双方ともに，虚偽の内容の意思表示だとわかっているわけですから，表示内容に従った責任を取らせることによって保護する必要はないからです。「相手方と通じてした虚偽の意思表示」の場合であることから，わかりやすくということで「通謀虚偽表示」とも言われることもありますが，まったく同じ意味です。道徳的な価値判断はこの場合には，含まれていません。

典型的な事例としては，多額の借金を負っているAが，自分名義の不動産が債権者から差し押さえられることを避けるために，本当は売買するつもりはないのに，Bに頼んで売買契約があるという外形を装ってBの名義にするという場合などが典型例です。

もともと，両方とも本当に売買をするつもりはないので，問題は起こらないように思えます。しかし，途中でBの気が変わって「これは自分が買い取ったもので，自分のものだ」と言い出した場合に問題となります。虚偽表示の場合には，売買契約は無効であり，Bの言い分は通用しません。

善意の第三者には対抗できない　ただし，Bが自分のものとして，この不動産をCに売却してしまった場合には，より複雑になります。AはCに対して「Bとの売買契約は無効であり，あなたがBと結んだ契約も無効だから，その不動産を私に返してほしい」と言えるでしょうか。

民法ではこのような場合について「前項の規定による意思表示の無効は，善意の第三者に対抗することができない。」と定めています。Cは典型的な第三者に当たります。Cが売買契約をした時に「善意」つまりAとBの虚偽表示の事実を知らずBを正当な所有者と信じていた場合には，AはBとの売買契約は無効だから，その不動産は私のものであるとは主張できないということです。この場合には，BがAから買い取って正当な所有者になっていると信じたCを保護しているわけです。

6.2.3　錯誤（民法第95条）

> ○　2017年改正法第95条（錯誤）　意思表示は，次に掲げる錯誤に基づくものであって，その錯誤が法律行為の目的及び取引上の社会通念に照らして重要なものであるときは，取り消すことができる。
> 　一　意思表示に対応する意思を欠く錯誤
> 　二　表意者が法律行為の基礎とした事情についてのその認識が事実に反する錯誤
> 2　前項二号による意思表示の取消しは，その事情が法律行為の基礎とされていることが表示されているときに限り，することができる。
> 3　錯誤が表意者の重大な過失によるものであった場合には，次に掲げる場合を除き，第一項の規定による意思表示の取消しをすることができない。
> 　一　相手方が表意者に錯誤があることを知り，又は重大な過失によって知らなかったとき。
> 　二　相手方が表意者と同一の錯誤に陥っていたとき。
> 4　第一項の規定による意思表示の取消しは，善意でかつ過失がない第三者に対抗することができない。

無効から取消しへ　これまで民法は「意思表示は，法律行為の要素に錯誤があったときは，無効とする。」と定めていました。この規定は，2017年改正で，上記のように改正され，「無効」から「取り消すことができる」対象に変更されました。

錯誤とは，国語辞典などでは「あやまり。まちがい」「事実と観念とが一致しないこと。現実に起こっている事柄と考えが一致しないこと。」などと説明されています[3]。そのためでしょうか。消費者が契約した後で勘違いしていたことに気が付いた場合には，当然に契約は錯誤無効だと思う人が少なからず見受けられます。

3　広辞苑第7版

しかし，民法では単なる勘違いではなく，「一　意思表示に対応する意思を欠く錯誤，二　表意者が法律行為の基礎とした事情についてのその認識が事実に反する錯誤」の場合にのみ限定していることに注意が必要です。

　内心的効果意思　　契約の締結の際の申込みや承諾などの意思表示に対応する意思がない場合とは，表意者の「内心的効果意思＝ある法律効果をもたらそうとする考え・意思」と，相手に対する表示行為とが食い違っており，表意者がその食い違いに気が付いていない場合を想定した定めです。

　内心的効果意思とは，商品の売買契約を例に取れば，「この商品を○○円で買いたい」という考えです。表示行為とは，相手に対して「この商品を○○円で売ってください」と表示した行為を指します。

　ですから，甲という商品が欲しいのに，間違って乙という商品が欲しいと相手方に伝え，表意者がその食い違いに気が付いていない場合には，まさに錯誤が問題となる場面と言えます。

　表意者の重大な過失の場合　　ただし，ことはそれほど簡単ではありません。民法第95条は第3項で「表意者の重大な過失によるものであった場合には」原則として取り消すことができないと定めています。表意者が，うっかりして甲と乙とを間違えて注文したという場合には，ケースにもよるかとは思いますが，表意者に重大な過失がある可能性が高いことが多いかと思われます。

　相手方の保護　　民法の錯誤の規定は，表意者が，内心的効果意思（＝一般には「内心の意思」と簡単に表現することが多い）と表示行為の内容の食い違いに気が付いていない場合には，「意思表示」として完全なものではないので，原則として表意者を保護しようとする趣旨の規定であるわけです。これが，公平のバランスからして妥当であると考えているということです。

　ただし，表意者に重大な過失があって食い違いに気が付かなかったという場合には，相手方の利益も合わせて公平性を考えた場合には，表意者を保護しないで，表示行為を信じた相手方を保護することにしているわけです。

6.2.4　動機に勘違いがある場合

　動機の錯誤　　先ほど紹介したようなケースは消費者契約などではインターネットでの取引の場合を別にすれば，現実にはあまり多くありません。

消費者契約でよく見られるトラブルは，「この健康食品を食べれば，持病を治すことができると思った。そこで，この健康食品を購入する契約をすることにした」「でも，実は，持病を治す医薬品としての効果がなかった。」などというケースです。

　この場合には，「この健康食品を○個，価格○○円で購入したい」という意思表示の内容には，内心の意思と表示行為との食い違いはありません。消費者が勘違いをしたのは，「この健康食品を食べれば，持病が治る。持病を治すために買うことにしよう。」と考えた点です。こういうものを契約することにした「**動機**」といいます。商品の品質や効能・性状なども通常は動機に含まれるもので，「この商品」の注文であることには食い違いはありません。

　しかし，消費者などが勘違いをして契約し，後で「こんなはずではなかった。」「はじめから知っていれば契約しなかった」と後悔するのは動機に問題がある場合が多いのが現実です。

　民法では，従来は条文の解釈から，動機の錯誤の場合には原則として錯誤無効の適用はないとされていました。裁判例や実務でも，動機の錯誤は無効ではないとされていました。ただし，商品の性状なども含む動機に該当するものであっても，<u>それが相手方に対して表示されていたり，相手方も承知していて「契約の内容」となっている</u>と評価できる場合には，「法律行為の要素に錯誤があった」ことになるとして，錯誤無効の条文が適用されると解釈運用されてきました。裁判例でも，このような考え方が定着しています。

　そこで，2017年改正法では，上記の実務を踏まえて，「表意者が法律行為の基礎とした事情についてのその認識が事実に反する錯誤」（第95条第1項2号）についても，取引通念に照らして重要なものである場合には錯誤の対象であることを明確化しました。

6.2.5　インターネット取引の場合

　誤ってクリックしたら　　インターネットショッピングなどでは，商品甲を注文しようとして，うっかりして隣の商品乙を「お買い物かごに入れる」ボタンをクリックしてしまうなどということがあります。こういう場合には，「甲を購入する意思（内心的効果意思）で，操作では乙を購入する注文をして

しまった（表示行為」のですから，まさに民法の錯誤の問題です。

しかし，この場合には「注文する消費者に重大な過失があったのではないか」という指摘が事業者からなされることが少なくありません。慎重によく画面表示を見て操作すべきなのに不注意で軽率だった，というわけです。

しかし，インターネット取引の際のパソコンの操作は人間同士のゆとりのあるやりとりとはペースが違い，機械的なものです。そこで，電子消費者契約法[4]では，消費者と事業者とのインターネットによる契約については，第3条に下記の規定を定めています。消費者が申込み入力をした後に容易に申込内容を確認訂正できる措置がなかった場合には，消費者のうっかりミスであっても錯誤となりうるということです。

○ 電子消費者契約法第3条（電子消費者契約に関する民法の特例）　民法第95条3項の規定は，消費者が行う電子消費者契約の申込み又はその承諾の意思表示について，その意思表示が同条第1項第1号に掲げる錯誤に基づくものであって，その錯誤が法律行為の目的及び取引上の社会通念に照らして重要なものであり，かつ，次のいずれかに該当するときは，適用しない。ただし，当該電子消費者契約の相手方である事業者…（略）…が，当該申込み又はその承諾の意思表示に際して，電磁的方法によりその映像面を介して，その消費者の申込み若しくはその承諾の意思表示を行う意思の有無について確認を求める措置を講じた場合又はその消費者から当該事業者に対して当該措置を講ずる必要がない旨の意思の表明があった場合は，この限りでない。
　一　消費者がその使用する電子計算機を用いて送信した時に当該事業者との間で電子消費者契約の申込み又はその承諾の意思表示を行う意思がなかったとき。
　二　消費者がその使用する電子計算機を用いて送信した時に当該電子消費者契約の申込み又はその承諾の意思表示と異なる内容の意思表示を行う意思があったとき。

6.3　詐欺による取消し

○ 2017年改正法第96条（詐欺又は強迫）　詐欺又は強迫による意思表示は，取り消すことができる。
2　相手方に対する意思表示について第三者が詐欺を行った場合においては，相手方がその事実を知り，又は知ることができたときに限り，その意思表示を取り消すことができる。
3　前二項の規定による詐欺による意思表示の取消しは，善意でかつ過失がない第三者に対抗することができない。

民法と刑法の違い　「詐欺」という言葉は，刑法にもあり，日常用語でも一般的に使用されているために，誤解される場合が少なくないようです。

刑法では，詐欺罪に関して「人を欺いて財物を交付させた者は，十年以下の懲役に処する。2　前項の方法により，財産上不法の利益を得，又は他人

---

[4]　電子消費者契約及び電子承諾通知に関する民法の特例に関する法律

にこれを得させた者も，前項と同様とする。」と定めています[5]。

国語辞典では「詐欺」は，「他人をだまして金や商品を奪ったり，損害を与えたりすること。」などと説明しています[6]。国語辞典による詐欺のイメージは，刑法の詐欺とよく似ています。民法上の「詐欺」の意味は，こうした日常的に「詐欺」について持たれているイメージとはかなり違うものであることに注意する必要があります。

詐欺が表意者の判断をゆがめた　民法では，「詐欺又は強迫による意思表示はこれを取り消すことができる」と定めています。これは，6.1で触れたように契約締結経過において取引の相手が不当な干渉をして表意者の判断をゆがめた場合の，公平な責任分配を考慮した規定です。

民法は，契約に関する当事者間の責任分配を決める際の基本的な考え方として契約自由の原則を取っています。具体的には，契約する当事者同士が自由に交渉して，契約するかしないか，契約の内容をどう決めるか，などについて双方の合意で決めればよいと考えています。その結果，成立した契約に関して契約当事者双方は守る義務が生じるとしています。

ただし，これは，契約当事者は自分の行った自主的な選択に対しては責任を負うことが原則だという考え方を前提としたものですから，選択が相手の不当な行為の結果ゆがめられたといった特殊な事情がある場合には，配慮が必要になります。

対等当事者間前提の問題　なお，ここで注意する必要があるのは，民法は対等当事者間を前提にした公平ルールであるということです。情報の質や量が対等である場合には，売り手が買い手に説明する義務は負わないのは当然です。

このような考え方になるのは，理屈の上では合理的に見えます。そのため，民法の解釈においては，交渉経過で一方当事者が（通常は「売り手」が）相手方に対して十分説明をしなかったとしても，それによって直ちには法的な義務違反にはならないという考え方を取るのが一般です。つまり，違法性はないということです[7]。具体的には，大げさな説明をしたり，言いたくな

5　刑法第246条。
6　新明解国語辞典　第7版

いことを言わなかったりしても，それだけでは違法だとは言えないのが普通だと考えられているわけです。

　民法は，対等当事者間が前提ですから，「対等当事者間であってもこういう干渉の仕方は到底認めるわけにはいかない」という場合に限定して，取り消すことができるものとしています。

　民法上の詐欺に該当するためには，<u>相手をだまして錯誤に陥れようとする故意</u>と，<u>この錯誤に基づいて契約させようという故意の二種類の故意が必要</u>とされています[8]。さらに，錯誤に陥らせるために「**違法な欺罔（ぎもう）行為**」が行われたことが必要です。

　消費者契約で多くの場合，消費者は十分な情報を持っていないために事業者からの説明を頼りに選択するわけですが，事業者の説明が足りなかったり不正確だった場合に「だまされた」と感じているのではないかと思われます。このようなケースでは「情報格差による勘違い」であって，民法上の詐欺に当たるというのは難しいことが少なくありません。二重の故意，違法な欺罔行為の二点でハードルが越えられない場合が少なくないわけです。

第三者の詐欺・強迫　さらに，民法では，契約の相手方ではない第三者が詐欺を働いた場合について，次のように定めています。「相手方に対する意思表示について第三者が詐欺を行った場合においては，相手方がその事実を知り，又は知ることができたときに限り，その意思表示を取り消すことができる。」

　たとえば，マンションを買うために不動産媒介業者である宅地建物取引業者から説明を受けて買うことにしたのに，媒介業者の説明が嘘だった場合に，たとえ不動産媒介業者の行為が民法上の詐欺の要件を満たしていたとしても，購入した消費者は，当然に売買契約を取り消すことができるわけではありません。不動産の販売業者と契約の締結をする時点で，販売業者が媒介業者の<u>詐欺の事実を知っていたか知ることができる事情が必要</u>とされます。

　通常は，媒介業者は媒介の委託をしてくれた販売業者には隠れて不当な行為をします。不当なことをしていると知られたら，媒介契約をしてもらえな

---
[7] ただし，金融商品などの特殊な契約については金融業者の説明義務が問題とされています。
[8] これを「二重の故意」といいます。

くなってしまうからです。そうすると，消費者は救われないことが多いということになります。

このような事情から，消費者と事業者との格差による被害を救済するための消費者契約法第4条[9]，第5条の取消制度[10]が導入されたわけです。

強迫も同様に対等な当事者間で違法な強迫行為があった場合に問題となります。消費者が断っているのに粘って押し付けるなどのように，交渉力格差に付け込んで押し付けた場合には二重の故意がないことが多く強迫の適用は難しいのが現状です。ただし，詐欺による取消しの場合と違って，強迫による取消しについては，第三者が強迫をした場合には，契約相手がその事実を知らなかった場合でも契約を取り消すことができます[11]。

---

9 参考に消費者契約法第4条の一部を紹介します（2017年の改正を入れています）。

消費者契約法第4条（消費者契約の申込み又はその承諾の意思表示の取消し）〈第1項〉消費者は，事業者が消費者契約の締結について勧誘をするに際し，当該消費者に対して次の各号に掲げる行為をしたことにより当該各号に定める誤認をし，それによって当該消費者契約の申込み又はその承諾の意思表示をしたときは，これを取り消すことができる。
　一　重要事項について事実と異なることを告げること。当該告げられた内容が事実であるとの誤認
　二　物品，権利，役務その他の当該消費者契約の目的となるものに関し，将来におけるその価額，将来において当該消費者が受け取るべき金額その他の将来における変動が不確実な事項につき断定的判断を提供すること。当該提供された断定的判断の内容が確実であるとの誤認
〈第2項〉消費者は，事業者が消費者契約の締結について勧誘をするに際し，当該消費者に対してある重要事項又は当該重要事項に関連する事項について当該消費者の利益となる旨を告げ，かつ，当該重要事項について当該消費者の不利益となる事実（当該告知により当該事実が存在しないと消費者が通常考えるべきものに限る。）を故意に告げなかったことにより，当該事実が存在しないとの誤認をし，それによって当該消費者契約の申込み又はその承諾の意思表示をしたときは，これを取り消すことができる。ただし，当該事業者が当該消費者に対し当該事実を告げようとしたにもかかわらず，当該消費者がこれを拒んだときは，この限りでない。
【第3〜5項　略】
〈第6項〉第1項から第4項までの規定による消費者契約の申込み又はその承諾の意思表示の取消しは，これをもって善意でかつ過失がない第三者に対抗することができない。

10　消費者契約法第5法では，販売業者から媒介の委託を受けた媒介業者が，勧誘の時に不実の告知をするなど取消事由に当たる行為をしたときは，消費者は販売業者との契約を取り消すことができると定めています。販売業者が，媒介業者の不実告知の事実を知っていたことは必要ありません。
11　民法上の強迫と刑法上の脅迫は違うので，注意が必要です。刑法上の「脅迫罪」は，「生命，身体，自由，名誉又は財産に対し害を加える旨を告知して人を脅迫した者は，2年以下の懲役又は30万円以下の罰金に処する。2　親族の生命，身体，自由，名誉又は財産に対し害を加える旨を告知して人を脅迫した者も，前項と同様とする。」と定められています（刑法第222条）。

7 契約をやめる（1）
無効・取消し

7.1 はじめに

契約をやめる　私たちの日常生活では複雑な契約や高額な契約であっても，契約を締結すると，契約した当事者はその契約を守る義務を負います。いったん契約をした場合には，原則として，一方的に契約をやめることはできません。

いったん契約した後で，「気が変わった」とか「よく考えたらやっぱり納得できないから」などの理由で契約をやめたいと言い出すケースはしばしば見受けますが，このようなことは原則として認められないわけです。

ただし，契約相手が「それならそうしましょう」と同意してくれる場合は別です。いったん締結した契約をやめるという新たな合意ができたということになります。このような場合を「**合意解約**」といいます。

本章で問題にしているのは，合意解約ではなく，契約当事者が一方的に契約をやめることができるかということです。

契約自由の原則とは　契約を守らなければならないのは，契約自由の原則によるものです。契約自由の原則とは，その契約を締結するかどうかは本人の自由であるという考え方を意味します。必要がないのであれば契約しなければよいわけです。したがって，選ぶ自由がある中でその契約を締結する選択をした以上は，自分の選択に責任を取らなければならないという自己責任を伴うことになるというわけです。

契約自由の原則というのは，気軽に軽い気持ちで契約し，契約した後でも自分の都合で簡単にやめることができるという意味だと勘違いしている人もないわけではありませんが，それは間違いです。

契約自由の原則とは，その契約をするかどうかは自分に選択肢があるということを意味し，自由意思による選択については責任が伴うことになるとい

うことなのです。そこで，契約をする場合には，あらかじめ十分調べ比較検討した上で慎重に選択することが重要だということになるわけです。

例外ケース　しかし，契約を締結しても例外的にその契約が拘束力を持たない場合や，その契約をやめることができる場合があります。意思表示に問題がある場合，契約の締結経過に問題がある場合，契約当事者の判断能力に問題がある場合などです。完全な契約が問題なく成立していても，法律などで契約を解消することができる制度を設けている場合にも契約を解消できる場合があります。

本書では，2つの章に分けて契約を解消することができる場合を取り上げます。まず本章は，契約が無効の場合と取り消すことができる場合を取り上げ，次章では契約を解除することができる場合を取り上げます。

7.2　契約の無効

2つの場合　外形的には双方の申込と承諾が一致していて契約が成立している場合でも，契約としての効力が認められない場合があります。このような場合を「契約の無効」といいます。契約としての効果がない，という意味です。

契約が無効の場合の第一は，意思無能力者のした契約，通謀虚偽表示による契約などがあります。

前者は，契約当事者に契約をするだけの意思能力が欠けている場合です。後者は，意思表示について，表意者の内心と表示行為とが食い違っているという問題があり，表意者を保護する必要がある場合です。これらについては，既に3章と6章で説明しました。

第二は，契約の内容が公序良俗に反する場合です。人身売買や麻薬の売買，ヤミ金に見られるような非常識に高い金利の貸金契約などです[1]。消費者契約では，ねずみ講の契約，消費者の無知や窮迫に乗じた原野商法，霊感商法などで公序良俗に反するものとして無効とされたケースがあります。

---

[1] なお，貸金業法では営業的な貸し金契約の場合には出資法の規制の年利109.5%を超える利息の契約は無効と定めています。

無効な契約は，最初から当然に無効とされます（第90条）。時間が経過しても有効となるわけではありません。当事者が有効な契約としてもよいと思っても，有効な契約とすることはできません。取り消すことができる契約の場合の追認の制度（後述）はないのです。

　公序良俗に反する契約などの無効な契約は，後述する追認などで有効な契約にすることはできません。

　ただし，意思無能力者の契約では，無効原因がなくなった後で，有効な契約にすることに契約当事者双方で合意した場合には，そのときに新たな契約を締結したことになります。無効の契約が遡って有効な契約となるわけではありません。

7.3　契約の取消し

○　2017年改正法第121条（取消しの効果）　　取り消された行為は，初めから無効であったものとみなす。

　初めから無効になる　契約の取消しとは，いったん有効に成立した契約を，取消権を持っている当事者が取消すことができる制度です。取消権を持っている当事者が取消しをしなければ，契約は有効なまま継続します。

　わかりやすく言えば，契約は有効に成立するが，取消権を持っている当事者が契約を取りやめたい場合には取り消すことによってやめることができる，その契約を続けるかやめるかを取消権者が選ぶことができますよ，という制度です。取り消した場合には，契約は最初に遡って無効となります（第121条）。

　契約を取り消すことができるのは，法律上取消権が定められている場合に限られます。法律上の取消し原因がある場合に限定されているので，取り消す場合には，これこれの理由で取り消しますということを明確にする必要があります。

　どんなケースか　では民法上取消しができるのはどんな場合でしょうか[2]。第一に未成年者，成年被後見人，被保佐人などの制限行為能力者が単独で契約し

---

[2] 民法以外では，消費者契約法と特定商取引法に取消制度があります（14.6参照）。ただし，ここでは民法による取消制度について取り上げます。

た場合です（ただし，制限行為能力者が単独でした契約でも取消しできない場合（第5条，第9条，第21条参照）があるので，注意してください）。第二に，前章で述べた詐欺や強迫による契約，第三に2017改正法が施行後に締結した錯誤による契約です（6.2.4参照。ただし，改正前に締結した契約に錯誤がある場合には，「無効」として扱われます）。

7.4　取消しと無効の違い

　2つの違い　　無効は<u>最初から効力がない</u>，取り消すことができる場合には<u>有効に成立するものの取り消すことによって無効にできる</u>，という違いがありますが，その違いを整理してみましょう。

　第一に，無効の契約は最初から効果がないので，<u>時間の経過によって契約が有効になるということはありません</u>。最初から最後まで無効です。無効と主張する期間に制限はありません。

　一方で，取り消すことができる契約は，有効な契約として成立します。取消権を持っている当事者が取消しをするまでは有効で，取り消されると最初に遡って無効になるという不安定な状態に置かれることになります。いつまでも不安定な状態に置いておくのは取引の安定を損なうことになります。

　そこで，<u>取消しできる場合には，取消しできる期間が制限されています</u>。無効な契約と違って取り消すことができる契約は取消期間のうちに取消しをしないと，取り消すことができなくなります。取り消すことができなくなれば，完全に有効な契約となります。

　取消し可能な期間　　民法では，取消しできる期間について，第126条で「取消権は，追認をすることができる時から5年間行使しないときは，時効によって消滅する。行為の時から20年を経過したときも，同様とする。」と定めています。

　後の7.6で詳しく説明しますが，追認とはあることを過去に遡って認めることです。この場合，追認をすることができるときとは，「取消しの原因となっていた状況が消滅したとき」です。詐欺による契約の場合には，取消権者が自分が詐欺によって契約したことを知り，事実を知って錯誤に陥った状

態がなくなったときを意味します。未成年者の契約の場合には，未成年者が成年に達したときになります[3]。

詐欺とわからなかったら　では，詐欺により契約したケースで，詐欺により錯誤に陥って契約の申込なり承諾の意思表示をした表意者が，詐欺の被害にあったことに気が付かないでずっと錯誤に陥ったままであったときはどうなるでしょうか。

この場合には，「追認できるとき」はいつまでたってもやってこないということになります。このような場合のために，「行為のときから20年が経過した場合も同様とする」，つまり，取り消すことができなくなると定めています。詐欺による契約の場合に，表意者が詐欺の事実に気が付かないままに契約を締結した時から20年が経過してしまった場合には取り消すことはできなくなります。21年目に気が付いても，もう取消しはできないということになります。<u>表意者の保護と取引の安定とのバランス</u>を取った定めということになります[4]。

取消権者とは　第二は，取消しできる人は限られているということです。無効の契約は誰から見ても無効です。現実には，利害関係のない人が「その契約は無効ですよ」などということは考えにくいのですが，理論的には誰からも主張できるという理屈になります[5]。ところが，取り消すことができる契約を取り消すことができる者（取消権者）は，民法では第120条で下記のように定められています。

○　**2017年改正法第120条（取消権者）**　行為能力の制限によって取り消すことができる行為は，制限行為能力者（他の制限行為能力者の法定代理人としてした行為にあっては，当該他の制限行為能力者を含む。）又はその代理人，承継人若しくは同意をすることができる者に限り，取り消すことができる。

3　未成年契約の場合には，表意者が25歳（2018年改正後は23歳）になると取消しができなくなります。行為のときから20年という取消期間の適用はないという理屈になります。
4　消費者契約法と特定商取引法の取消期間は，追認することができるときから1年，契約締結のときから5年間と定められており，民法の取消期間よりも短縮されています。これは，取消しできる理由が民法の詐欺や強迫に比較して軽微な場合であるから，と説明されます。
5　ただし，錯誤による無効の場合には，錯誤に陥った表意者しか無効の主張は認めるべきではないと考えられています。無効の契約といっても錯誤の場合には，ちょっと違っています。錯誤に陥った表意者の保護のための制度なので，表意者は契約の無効を主張する気がないのに，契約相手から無効の主張ができるのはおかしいという指摘がされています。錯誤無効は，限りなく取消しの感覚に近いと言えます。そうしたことから，2017年民法改正において錯誤は無効から取消しに変えるというように変更されました。

7.4　取消しと無効の違い　　63

> 2　錯誤，詐欺又は強迫によって取り消すことができる行為は，瑕疵(かし)ある意思表示をした者又はその代理人若しくは承継人に限り，取り消すことができる。

　取消権を持っているのは，まず<u>取消しできる法律行為をした本人</u>です。たとえば，未成年契約の場合には，未成年者本人が取消しできます。この場合には，そのとき未成年であっても未成年者本人の判断で本人が取消しできます。代理人というのは，未成年契約の場合には，法定代理人である親権者ということが普通でしょう。<u>法定代理人</u>が取り消す場合には，未成年者が契約の継続を望んでいる場合でも，法定代理人自身がその契約が未成年者の保護に欠けると判断した場合には取り消すことができます。

　詐欺による契約などの場合には，<u>本人が代理権を与えた任意代理人</u>が取り消す場合もありえます。<u>承継人</u>とは，本人が死亡して相続が開始した場合の相続人を意味します。

　取消しの方法　なお，<u>取消しは意思表示</u>です。したがって，取り消したいと考えた場合には，取り消すことができる契約の相手方に対して，「この契約を，これこれの理由により本書をもって取り消します」という趣旨の通知を出す必要があります。この場合の意思表示は民法の原則により，取消期間内に相手方に到達する必要があります。そこで，取消しの通知をする場合には，手紙にしてコピーを保管して，配達証明つき書留郵便で送るか，配達証明付き内容証明郵便で送ることが一般的です。

○　民法第123条（取消し及び追認の方法）　取り消すことができる行為の相手方が確定している場合には，その取消し又は追認は，相手方に対する意思表示によってする。

7.5　取消しによる効果

　原状回復義務　取り消して無効になった場合には，契約当事者双方は<u>原状回復義務</u>を負います。「原状回復」とは，契約を締結する前の状態に戻すという意味です。原則として，契約に基づいて受け取った代金があれば代金を返還し，受け取った商品があれば相手に商品を返還する義務があります。

　原状回復の取扱については，2017年改正法で，下記のように明文の規定

が設けられました。

○ 2017年改正法第121条の2（原状回復の義務）　無効な行為に基づく債務の履行として給付を受けた者は，相手方を原状に復させる義務を負う。
2　前項の規定にかかわらず，無効な無償行為に基づく債務の履行として給付を受けた者は，給付を受けた当時その行為が無効であること（給付を受けた後に前条の規定により初めから無効であったものとみなされた行為にあっては，給付を受けた当時その行為が取り消すことができるものであること）を知らなかったときは，その行為によって現に利益を受けている限度において，返還の義務を負う。
3　第1項の規定にかかわらず，行為の時に意思能力を有しなかった者は，その行為によって現に利益を受けている限度において，返還の義務を負う。行為の時に制限行為能力者であった者についても，同様とする。

7.6　追認とは何か

　追認の効果　取り消すことができる契約と無効な契約の場合の大きな違いに，**追認**があります。民法では第122条において「取り消すことができる行為は，第120条に規定する者が追認したときは，以後，取り消すことができない。」とし，第124条第1項において「取り消すことができる行為の追認は，取消しの原因となっていた状況が消滅し，かつ，取消権を有することを知った後にしなければ，その効力を生じない。」としています（2017年改正後の条文です）。

　追認とは，つまり私はこの契約を取り消しませんよ，以後は完全に有効な契約になります，ということを取消権者が相手に伝えるということを意味します。したがって，無効の契約については，「無効な行為は，追認によっても，その効力を生じない。ただし，当事者がその行為の無効であることを知って追認をしたときは，新たな行為をしたものとみなす。」ことになります（第119条）。

　法定追認　注意が必要なのは，**法定追認**です。法定追認とは，本人には追認するつもりはなくても，取消し原因となっていた状況がなくなってから本人が一定の行為をした場合には，法律によって追認したものとみなされるものです。ただし，「これは追認ではありませんよ」との留保（＝異議）を付けて行った場合には，追認とはみなされません。法定追認となるのは，下記の行為です。

○ 2017年改正法第125条（法定追認）　追認をすることができる時以後に，取り消すことができる行為

について次に掲げる事実があったときは，追認をしたものとみなす。ただし，異議をとどめたときは，この限りでない。
一　全部又は一部の履行
二　履行の請求
三　更改
四　担保の供与
五　取り消すことができる行為によって取得した権利の全部又は一部の譲渡
六　強制執行

　全部または一部の履行とは，追認できる状況となった後に取消権者が代金を支払った場合などです。履行の請求とは，取消権者が追認できる状況となった後に，相手に対して債務の履行を求めた場合ということで，たとえば，未成年の時に単独でエステティック（全身美容）の契約をし，成年になってからその契約に基づいて事業者からエステティックサービスを受けた場合などです。

○　2017年改正法第122条（取り消すことができる行為の追認）　取り消すことができる行為は，第120条に規定する者が追認したときは，以後，取り消すことができない。

○　2017年改正法第124条（追認の要件）　取り消すことができる行為の追認は，取消しの原因となっていた状況が消滅し，かつ，取消権を有することを知った後にしなければ，その効力を生じない。
2　次に掲げる場合には，前項の追認は，取消しの原因となっていた状況が消滅した後にすることを要しない。
一　法定代理人又は制限行為能力者の保佐人若しくは補助人が追認をするとき。
二　制限行為能力者（成年被後見人を除く。）が法定代理人，保佐人又は補助人の同意を得て追認をするとき。

●コラム　ヤミ金との契約

　複数の消費者金融からの借金がかさみ返済に苦しんでいる消費者が，「どうしても明日返済しなければならないが，お金がない」ことから，ネットで探して「すぐに必要な資金を振り込みで貸す」という業者に申し込み，1万円を振り込んでもらって返済に充てました。

　その時は返済できたので助かったと思ったのですが，よくよくネットの取引条件を確認してみたら，1週間後に借り入れたのと同額の利息を支払わなければならないことになっていることに気が付きました。困っているときに貸してもらって助かったという気持ちがあり，毎週1万円ずつ利息として支払い続けていたのですが，いくら払っても元金は残っています。

　業者に「もう何回も利息を支払い，借りた金額の何倍もの金額を支払っている」と元金を棒引きにしてもらえないかと頼んだのですが，「困っているときに助けてやった恩を忘

れたのか」と大変な剣幕で，自宅に取り立てに行くとか近隣の住民や親族からも取り立てるとか言い出すため，困り果てています。契約は契約だから守らないといけないというのが，事業者の言い分ですが…。

　この業者は，貸金業法の登録を受けていませんでした。また，貸金業法による契約書面や領収書面の交付義務も尽くしていません。さらに，1週間で100％の利息，年利にして5200％の利息を取っていました。利息制限法では，1万円の元金であれば利息の上限は年利2割でこれを超える利息の約束は無効で支払う義務はありません。出資法では，貸金を業としている者が，年利2割を超える利息の約束・督促・受領をした場合には，懲役刑の対象としています。

　判例では，このようなヤミ金の契約は公序良俗に反する契約であり，無効としています。契約自体が無効で利息の支払い義務はありません。さらに，元金の貸付けは違法な金利を搾取するための「まき餌」であり，不法原因給付に当たるとして元金の返済義務もないとしています。したがって，今後の支払い義務がないだけでなく，今まで支払った全額の返還を求めることができます。

8 契約をやめる (2)
契約の解除

8.1 はじめに

契約の解除　有効な契約を締結した場合には，契約当事者は，その契約を守る義務があります。消費者だからと言って，いったん結んだ契約を当然に一方的にやめる権利があるわけではありません。

ただし，契約当事者が制限行為能力者である場合や契約締結過程に問題があり，民法などの法律による取消事由がある場合には，取消権者が取り消しできることは前章で説明したとおりです。

このように，いったん締結した契約を取消しできる場合とは，契約当事者の能力や契約の締結過程などに問題があって「完全に問題のない有効な契約とは言えない」ものに対して，保護する必要がある契約当事者に取消権を与えたというものです。

では，完全に有効な契約を締結した場合には，契約は解消できないのでしょうか。実は，有効に成立した契約であっても，契約を解消することができる場合があります。このような場合を「契約の解除」といいます。

本章では，契約を解除できる場合とはどんな時かを取り上げます。

8.2 法定解除と約定解除

2種類の解除　民法では，契約を解除することができる場合について，「契約又は法律の規定により当事者の一方が解除権を有するとき」と定めています（第540条）。ここで契約解除と言っているのは，契約の一方当事者が相手方に対して「この契約は解除する」と通知をすることにより，契約が最初に遡って解消される場合を指します。

AとBが契約を結んだ後にAからBに対して，「この契約を解消して，な

かったことにしたいのですが，了解してもらえませんか。」と依頼し，Bが「あなたがそう言うなら，しかたありませんね。契約を解消しましょう。」と応じてくれるという場合は，双方の合意による契約の解消に当たり「**合意解約**」といわれるもので，ここでいう契約解除とは違います。

　さて，契約を解除できる場合には，契約で一方当事者に解除権があるとする定めがある場合と法律で解除権の定めがある場合との二種類があります。前者を約定解除（＝契約の規定により当事者の一方が解除権を有する場合），後者を法定解除（＝法律の規定により当事者の一方が解除権を有する場合）といいます。

○　民法第540条（解除権の行使）　契約又は法律の規定により当事者の一方が解除権を有するときは，その解除は，相手方に対する意思表示によってする。
2　前項の意思表示は，撤回することができない。

　法定解除　法定解除としては，次節で述べるように債務不履行による契約解除権があります。解除をすると，その効果としては，契約当事者双方は，その相手方を原状に復させる義務を負います[1]。原状に復させるとは，契約を締結する前の状態に戻すということです（第545条第1項）。債務不履行による解除の場合には，損害が発生している場合で債務者に帰責事由があるときは，さらに損害賠償請求もできます（同条4項）。

　消費者法による消費者から一方的に契約を解消することができる制度として，訪問販売などのクーリング・オフ制度（8.4で解説します）や過量販売解除制度[2]がありますが，これらも法定解除権に該当します。

　約定解除　約定解除とは，契約で当事者が解除できるという内容の合意をしている場合です。売買契約などでも，契約の中で解除できる旨の規定がある場合には，有効に成立している場合であっても契約の解除ができるわけです。

1　2017年改正法第545条（解除の効果）〈第1項〉当事者の一方がその解除権を行使したときは，各当事者は，その相手方を原状に復させる義務を負う。ただし，第三者の権利を害することはできない。〈第2項〉前項本文の場合において，金銭を返還するときは，その受領の時から利息を付さなければならない。〈第3項〉第1項本文の場合において，金銭以外の物を返還するときは，その受領の時以後に生じた果実をも返還しなければならない。〈第4項〉解除権の行使は，損害賠償の請求を妨げない。
2　通常必要とされる分量を著しく超える商品やサービスを販売する契約を解除することを可能とした制度（特定商取引法第9条の2参照）。

典型的なものが不動産の売買契約で利用されることが多い手付(てつけ)です。手付については売買契約について述べる 16 章で取り上げていますので参照してください。通信販売の場合の返品制度は，通常は約定解除に該当します[3]。

8.3 債務不履行解除

○ 2017 年改正法第 541 条（催告による解除）　当事者の一方がその債務を履行しない場合において，相手方が相当の期間を定めてその履行の催告をし，その期間内に履行がないときは，相手方は，契約の解除をすることができる。ただし，その期間を経過した時における債務の不履行がその契約及び取引上の社会通念に照らして軽微であるときは，この限りでない。

○ 2017 年改正法第 542 条（催告によらない解除）　次に掲げる場合には，債権者は，前条の催告をすることなく，直ちに契約の解除をすることができる。
　一　債務の全部の履行が不能であるとき。
　二　債務者がその債務の全部の履行を拒絶する意思を明確に表示したとき。
　三　債務の一部の履行が不能である場合又は債務者がその債務の一部の履行を拒絶する意思を明確に表示した場合において，残存する部分のみでは契約をした目的を達することができないとき。
　四　契約の性質又は当事者の意思表示により，特定の日時又は一定の期間内に履行をしなければ契約をした目的を達することができない場合において，債務者が履行をしないでその時期を経過したとき。
　五　前各号に掲げる場合のほか，債務者がその債務の履行をせず，債権者が前条の催告をしても契約をした目的を達するのに足りる履行がされる見込みがないことが明らかであるとき。
2　次に掲げる場合には，債権者は，前条の催告をすることなく，直ちに契約の一部の解除をすることができる。
　一　債務の一部の履行が不能であるとき。
　二　債務者がその債務の一部の履行を拒絶する意思を明確に表示したとき。

債務不履行となった場合　民法では，契約の相手方に債務不履行があった場合には，相当の期間を定めてその履行の催告をし，その期間内に履行がないときは，契約の解除をすることができると定めています（第 541 条）。ここで「催告」とは，相手方に対して履行をするように請求することを指します。催告により，催告期間内に債務の履行がされれば，債務不履行解除はできなくなります。これを「**催告解除**」といいます。

ただし，履行の履行が不能となったとき，債務者が債務の履行を拒絶している場合などは，催告してもそれによって債務が履行されることは期待できないので催告する意味がありません。そこで，履行不能などの場合には，債権者は，催告をしないで契約の解除をすることができます。これを「**無催告解除**」といいます（第 542 条）。

---

[3] 商品や指定権利の通信販売では，広告表示に返品制度の有無や内容を表示することが義務付けられています。この表示による返品制度は約定解除権ということになります。

ただし，その債務の不履行が債権者の責めに帰する事由による場合には，債権者は債務不履行解除はできません（第543条）。この点は，2017年民法改正で明確化されました。

　改正前は，債務不履行解除できるためには，債務者に帰責事由が必要とされていましたが，2017年改正で債務者の責めに帰すべき事由がなくても債務不履行解除ができることになりました（第543条を改正）。

> ○ **2017年改正法第543条（債権者の責めに帰すべき事由による場合）**　債務の不履行が債権者の責めに帰すべき事由によるものであるときは，債権者は，前二条の規定による契約の解除をすることができない。

8.3.1　催告解除とは

　3種類の債務不履行　債務不履行には，履行期限を経過したのに履行されないという「**履行遅滞**」，履行はされたものの債務の本旨（＝契約で約束した債務の内容）に従った履行ではない「**不完全履行**」，債務の履行ができない状態になった「**履行不能**」の3種類があります。

　履行不能の場合には，無催告解除の対象になりますが，履行遅滞と不完全履行の場合には原則として催告解除によります。

　催告解除の例　催告解除とは，具体的にはどうすればよいのでしょうか。ここでは，履行期限が過ぎたのに債務の履行がされない場合を取り上げて説明しましょう。

　ある商品を購入する売買契約をAが，販売業者Bと締結しました。商品の引き渡し期限が過ぎてもBは，商品を引き渡しません。

　この場合には，まずAは，「契約による商品の引き渡し期限が経過しましたが，いまだに商品の引き渡しがありません。本書が到達してから〇日以内に引き渡してください。上記の期間内に引き渡されない場合には，契約を解除します。」という内容の通知をBに対して出す必要があります。「〇日以内に」が，「相当な期間を定めた催告」ということになります。何日程度が相当な期間なのかは，履行されない債務の内容によります。簡単な内容であれば数日でよいでしょうし，高額であったり難しい内容の債務の場合には，もっと長く必要です。

この催告によりBが債務の履行をしてくれば，債務不履行解除はできません。催告期間が経過しても債務の履行がなければ，解除ができます。

8.3.2 不完全履行の場合の考え方

債務の一部が履行されない場合　では，履行内容が不完全だった場合はどうでしょうか。わかりやすい例で考えてみましょう。

Aが，Bから，五客のコーヒーカップのセットを購入したところ，契約に基づいて引き渡されたカップの一つが割れていた場合などは典型的な不完全履行に該当します。購入者としては，「一個が割れていたので，○日以内に割れていないものと交換してください」などと相当な猶予期間をおいて完全履行を求めることになります。

もし，販売業者が催告に応じて債務の履行をしようとしない場合には，債務不履行解除ができるでしょうか。実は，この問題はそう簡単ではありません。このように債務の一部が履行されないような場合には，既に履行された内容だけでは，「契約を締結した目的を達成できない」という事情があるときには契約の解除ができますが，そうではない場合には，代金の減額請求か，損害賠償請求のみしかできません。

したがって，この売買契約は五客セットであることに特別な意味があるという内容の契約だったかどうかが問われることになります。契約内容から見て，一個でも欠けていれば契約した意味がない場合には債務不履行解除ができますが，そうではない場合には一個欠けていることによって生じた損害の賠償を求めるか，足りない一個分を減額するよう求めることになります。

8.3.3 ある消費者からの相談事例

期間が経過すればよい？　こんな相談事例がありました。消費者が呉服店で呉服を購入しましたが，契約してからしばらくして「高価な買い物をしてしまった」と後悔していました。買うんじゃなかったと思っていたわけです。そのうち，契約で定めた呉服の引渡期日が来たのですが，仕立てが遅れていたのか引渡期日には呉服は引渡しされませんでした。そこで，消費者は「ラッキー。相手が契約を守らないんだから，約束違反を理由に契約解除ができ

る。」と思ったわけです。

　しかし、そういうわけにはいきません。履行遅滞の場合には「催告解除」が原則です。したがって、販売業者に対して相当の猶予期間を定めて履行請求をする必要があります。そして、その猶予期間を経過しても履行されなかった場合にはじめて契約を解除できます。

　その助言を聞いた消費者いわく。「請求なんかしたら、呉服を引き渡されてしまって受け取って支払いをしなくちゃいけなくなるじゃない。とんでもない。呉服はいらないから、契約は解除したいんです。」

　残念ながら、そういう主張は通りません。民法では、いったん成立した契約は「守る・守らせる」のが原則だと考えています。したがって、自分が契約後に気が変わったときに、たまたま相手が履行遅滞をしてしまったからといって、催告しないで解除してしまえ、というわけにはいかないのです。相手に対して相当な期間を定めて催告しても履行されない場合には、契約を続ける意味がなくなってしまうので、債務不履行解除できると定めているわけです。

8.3.4　瑕疵担保責任による解除

　瑕疵担保責任とは　2017年改正前の民法は、売買に関して、「売買の目的物に隠れた瑕疵があったときは、第566条の規定を準用する。」（第570条）「…買主がこれを知らず、かつ、そのために契約をした目的を達することができないときは、買主は、契約の解除をすることができる。この場合において、契約の解除をすることができないときは、損害賠償の請求のみをすることができる。」（第566条）と定めていました。これは、**瑕疵担保責任による契約解除権**といわれるものでした（瑕疵とは、欠陥やキズを指します）。

　契約不適合へ　2017年民法改正では、瑕疵担保責任の規定は削除され、契約不適合性についての責任として債務不履行責任に一本化されました（改正後の第566条は下記の内容となりました）。改正法によれば、まず、引き渡された商品に契約内容とはなっていない傷がある時は（つまり、契約の内容に適合しない履行状況のときは）、交換・修理などによる履行の追完を求めます。販売業者がこれに応じないときは減額請求ができますが、不適合の状態が取引上あ

るいは社会通念から見て重大で契約を締結した目的が達成できない場合には，債務不履行解除ができます。さらに，債務者に帰責事由があるときは損害賠償請求ができます。損害賠償については，10章で取り上げています。また，契約不適合についての責任は，16章において改めて解説します。

○ 2017年改正法第566条（目的物の種類又は品質に関する担保責任の期間の制限）　売主が種類又は品質に関して契約の内容に適合しない目的物を買主に引き渡した場合において，買主がその不適合を知った時から1年以内にその旨を売主に通知しないときは，買主は，その不適合を理由として，履行の追完の請求，代金の減額の請求，損害賠償の請求及び契約の解除をすることができない。ただし，売主が引渡しの時にその不適合を知り，又は重大な過失によって知らなかったときは，この限りでない。

8.3.5　契約の目的を達成できるかどうかの判断基準

新品に換えてもらえる？　不完全履行や債務の一部が履行不能であるという場合には，履行された部分だけでは契約の目的を達成できない場合にのみ，契約を解除できます。契約の解除ができない場合には，損害賠償請求ができる可能性があります（債務不履行を理由にする損害賠償請求については，10章を参照してください）。

　この「契約の目的を達成することができない」とはどういう意味なのでしょうか。たとえば，家電製品などを購入したところ引き渡された商品に不具合があった場合で，修理をしてもらえば使用はできるというときには契約は解除できるでしょうか。

　こういう事態が起こった場合の消費者の感じ方はいろいろで，修理すれば使用できるなら修理してもらえばよいと思う人もいますが，そうでない場合もあります。「ほかの購入者は，修理してもらって使用できるようになれば我慢できるかもしれないが，自分は我慢できないので，契約を解除する。使おうと思えば使えないわけではないが，自分としては，完全な新品のきれいな商品を購入したかったわけで，傷物であれば欲しくない」という消費者はいます。消費者にとって「買い物」という消費行動は，単なる経済活動ではなくて趣味や嗜好，場合によっては自己実現の場合があるので，このような気持ちもわからないではありません。

　しかし，法律の世界では，契約は経済活動として考えられているので，こ

のような精神的な満足度などは配慮する仕組みになっていません。修理すれば使用可能であり，販売業者が修理をすると言っているのであれば，契約解除はできません。ただし，債務者に帰責事由があるときは損害賠償を求めることができる場合がありえます（10章を参照してください）。

8.4　クーリング・オフ制度

規定の概要　特定商取引法では，訪問販売，電話勧誘販売，連鎖販売取引，特定継続的役務提供，業務提供誘引販売取引，訪問購入について，**クーリング・オフ制度**を設けています[4]。

クーリング・オフ制度とは，消費者と事業者との契約について，契約締結後も一定の熟慮期間を保障し熟慮期間内であればもう一度契約を選び直すことができるようにした制度です。訪問販売など消費者にとって不意打ち的な取引や連鎖販売取引や特定継続的役務提供などの複雑で消費者にとってリスク

特定商取引法におけるクーリング・オフができる取引と期間[1]

訪問販売（キャッチセールス，アポイントメントセールス等を含む）【第9条】	8日間
電話勧誘販売【第24条】	8日間
特定継続的役務提供（エステ，美容医療，語学教室，学習塾，家庭教師，パソコン教室，結婚相手紹介サービス）【第48条】	8日間
連鎖販売取引（マルチ商法）【第40条】	20日間
業務提供誘引販売取引（内職商法，モニター商法等）【第58条】	20日間
訪問購入（業者が消費者の自宅等を訪ねて，商品の買い取りを行うもの）[2]【第58条の9】	8日間

[1]　クーリング・オフ期間は，申込書面または契約書面のいずれか早い方を受け取った日から計算します。
[2]　訪問購入の場合，クーリング・オフ期間内は，消費者（売主）は買取業者に対して売却商品の引渡しを拒むことができます。
（出所）国民生活センターWEBサイト等を参照して作成。

---

[4] 預託法，保険業法，宅地建物取引業法などにもクーリング・オフ制度があります。

が高く契約締結時に適切な判断が難しい取引で過去に消費者被害が多発した取引を対象に，特に導入された制度です。

たとえば，訪問販売の場合には，事業者が消費者に対して特定商取引に定める記載内容を遵守した申込書面か契約書面を渡した日のいずれか早い日から8日を経過するまでは申込みの撤回または契約の解除ができます。事業者が，適法な書面交付をしていないときには，契約から8日を経過してもクーリング・オフができます。また，法律を遵守した申込書面や契約書面を消費者に渡していた場合でも，事業者がクーリング・オフを妨害する目的で消費者に対して不実を告げたり，威迫して困惑をさせた結果，消費者がクーリング・オフができないままに8日を経過してしまったという場合には，消費者は8日を経過していてもクーリング・オフができます。

連鎖販売取引では，法律で定められた契約書面を消費者に渡してから20日が経過するまでは契約を解除できます。不完全な契約書の場合には，契約から20日が経過していてもクーリング・オフできます。

なお，通信販売は，不意打性はないのでクーリング・オフ制度はありません。通信販売では返品を受け付けるか受け付けないか，期間や費用負担をどうするかは事業者が自由に決めることができます。ただし，事業者が決めたことは広告に明確かつ平易に表示する必要があります。広告表示がされていない場合には，通信販売業者は，消費者の手元に商品が届いてから8日間は返品を受け付けなければなりません。この場合の返品費用は消費者負担です（特定商取引法第15条の2）。

上記のクーリング・オフ制度は，契約締結が問題なく行われ契約は有効に成立している場合でも一定期間は消費者からの無条件の解除を認める制度を設けたもので，法定解除権に当たります

クーリング・オフ制度の場合には，解除した場合の効果は民法によるのではなく，清算方法についても特別な規定を詳細に定めている点が特徴です。これは，消費者にとって活用しやすいように制度の設計がされているためです。

9 契約を守らないとき (1)
同時履行の抗弁, 債務不履行

9.1 はじめに

契約を守らないときのルール　有効な契約を締結した場合には，契約した当事者は双方ともに契約を守る義務を負うことになります。これは「契約自由の原則」の裏返しと考えればわかりやすいと思います。その契約をするかどうかは当事者に選択する自由があるわけですから，そうした自由の中で自分の自主的な判断によって契約する選択をした以上は，自分の選択を守る義務があるわけです。

こうした契約の基本的な考え方は消費者契約でも同じです。この章では，有効な契約が成立しているのに相手が契約を守らない場合や自分が契約を守らなかった場合について，民法ではどのようなルールを設けているのか取り上げます。

9.2 有償双務契約を題材に

有償双務契約とは　消費者が結ぶ契約の多くは，消費者が代金を支払って事業者から商品やサービスを購入するというものです。消費生活で問題となる契約の多くも，消費者が代金を支払って商品やサービスを購入するものです。（貴金属などで問題となった「押し買いトラブル」では消費者が商品を売る側，事業者が代金を支払う側になるので，多くの消費者契約の場合とは契約上の立場が入れ替わります。最近では，この種のトラブルも増加しています。）

契約を締結した場合に，契約当事者がともに債務を負担する契約のことを，「**双務契約**」と呼びます[1]。契約当事者の双方が債務を負う契約のことで，消

1　双務契約と対になるものに，**片務契約**があります。当事者の一方だけが債務を負う贈与や，当事者双方が債務を負担しても，それが法的に対価の意義を持たない使用貸借などがそれに当たります。

費者が事業者に代金を支払って商品を購入する契約などが典型的なものとなります。事業者は商品を引き渡す債務を負い，消費者は代金を支払う債務を負います。

これは逆の見方をすれば，消費者は事業者に対して商品を引き渡すよう請求する債権を持つ債権者であり，事業者は消費者に対して代金を支払うよう請求する権利を持つ債権者である，ということになるわけです。

最も身近な双務契約である売買契約を例に考えてみましょう。売買契約では買い手は代金を支払うという債務を負担します。売り手は，買い手に対して商品を引き渡すという債務を負担します。

双務契約のうち，一方の当事者が負担する債務が金銭債務である場合（金銭を支払う債務とは，典型的なものが購入した商品などの代金を支払うという債務です）を**有償契約**といいます。

具体例からの理解　このように消費者が日常的に利用する契約では，有償双務契約が多いので，以下では有償双務契約を前提にして紹介していくことにします。抽象的な説明だけではわかりにくいので，消費生活などで遭遇することが多い契約を前提にして，わかりやすく説明するためです。

9.3 同時履行の抗弁

9.3.1 同時履行の抗弁とは

届かない呉服　消費者Aが，呉服店Bとの間で呉服を購入する契約をしました。Bは，契約締結から1か月後に仕立てあがった呉服を引き渡し，Aは，呉服の引渡しと引き換えに代金を支払う約束をしました。ところが，契約で決めた呉服の引渡期日が過ぎたのにBから呉服の引渡しがありませんでした。こういう場合には，どうすればよいのでしょうか。

普通は，こういうことになると，AはBに連絡して苦情なり，引渡しが遅れている理由を聞くなりするのではないでしょうか。

Aが，Bに契約で決めた呉服の引渡期日が過ぎているがどうなっているのかと問い合わせをしたところ，Bから「仕立ての注文が殺到しているため，

あなたの呉服の仕立ての順番がこなくて遅れている。注文を受け付けた順番に仕立てをしているので，まだしばらく待ってもらわなければならない。早く引き渡してもらいたいというのであれば，優先的に仕立てをしなければならないことになるので，代金を今支払ってもらいたい。支払ってもらえば優先的に仕立てて引き渡すように手配できるから」と言われました。

呉服店からこんなふうに言われると，どうしてもその呉服が欲しいと思って購入した消費者は，呉服店の言うままに代金を前払いして少しでも早く引渡しをしてもらおうと思うことが少なくありません。しかし，結論から言うとこのような対応は間違っています。消費者はかえって弱い立場に追い込まれることになるので，このような対応は取るべきではありません。

では，どうすべきなのでしょうか。

同時履行の抗弁　民法には下記のような「同時履行の抗弁」といわれる規定があります。

> ○ 2017年改正法第533条（同時履行の抗弁）　双務契約の当事者の一方は，相手方がその債務の履行（債務の履行に代わる損害賠償の債務の履行を含む。）を提供するまでは，自己の債務の履行を拒むことができる。ただし，相手方の債務が弁済期にないときは，この限りでない。

わかりやすく説明すると，双務契約を締結した場合に，相手方Bの債務の履行期限が経過したのに相手方Bが債務の履行をしない場合には，Aは，自分の債務の履行を拒否できるということです。

事例に当てはめると，次のようになります。呉服店Bが負担している呉服を引き渡すという<u>債務の履行期限が過ぎています</u>。それなのに，Bは呉服の引渡しをしません。この場合には，消費者Aは，<u>Bが呉服の引渡しをするまでは自分の債務の履行を拒否することができる権利があります</u>。

つまり，Bから呉服の引渡しがされるまでは代金を支払いませんよ，と主張できるということです。

結論を言うと，消費者は，呉服店Bに対して「契約で定めた呉服の引渡期日は既に経過している。そこで，本通知が到達してから〇日以内に呉服の引渡しをしてもらいたい。呉服の引渡しがされるまでは支払いは拒絶しますよ。」といった趣旨の通知を出して，支払いを拒絶するのが，消費者の立場

9.3　同時履行の抗弁　79

を守る正しい対応だということになります。

9.3.2　同時履行の抗弁の制度趣旨

最悪の結果も　ただ，このような助言をした場合に消費者から「代金を支払えば優先的に仕立てて引き渡すと言っているのに，引き渡すまで支払わないなんて言ったら呉服の引渡しがいつになるかわからないじゃありませんか。欲しいから購入したのにそれでは困るんです。優先的に引き渡してもらえるように支払った方がよいのではないですか」などという返事が返ってくる場合がありえます。現実に，法律相談などでもこんな質問をする消費者は少なくありません。

こんなふうに考える消費者の気持ちもわからないではありませんが，支払ってしまうのは大変まずい対処方法で，結果的に呉服の引渡しは得られず支払った金銭の回収もできないという最悪の結果となってしまう危険性が高いと言わなければなりません。

契約を守らないのはどちらか　まず第一に考えなければならないことは，契約で定めた債務の履行を怠っているのは呉服店Bの方であるということです。債務の履行期限を過ぎているのに履行しないという履行遅滞の状況になっているということです。自分が契約を守らない結果となっているのに，それを棚に上げて，「注文が立て込んでいて，あなたの順番がいつになるかはわからない」などということは，「契約は守る義務がある」のですから，理屈の通らない自分勝手な主張であり筋が通らないということを押さえておく必要があります。

履行遅滞に陥る理由はいろいろな理由が考えられますが，呉服店などの販売業者がこんな言い訳を持ち出す場合には，経営状態が悪化していて資金繰りなどがうまくいかなくなっているという可能性が高いと考えられます。消費者が前払いしてくれれば店の賃料，従業員の給料，借入金などの返済，仕入れ先や仕立業者への支払いなどに充てることができて，販売業者は多少なりとも助かるでしょう。

だからといって，そもそも契約で定めた引渡期日を守ることができなくなっているのですから，言われるままに前払いしたからといって商品の引渡し

がされるという保証はありません。結局，経営が立ちいかなくなれば呉服店は倒産し，商品の引渡しは得られなくなる危険性があります。

そうすると，この時点での対処方法で考えなければならせないことは，消費者の被害をそれ以上拡大させないこと，具体的には経済的損失がこれ以上拡大しないようにすることと，呉服店が契約を守ろうと努力するようにプッシュするということです。

これ以上の損害を避ける　そこで，第二に，消費者の損害をこれ以上拡大させないように対処する必要があります。そのためには「支払わない」ことが大切です。

同時履行の抗弁では，相手方Bに履行遅滞などの債務不履行がある場合には，Aは自分の債務の履行を拒絶できる，つまり支払いを拒絶できると定めています。これは，相手方Bに履行遅滞などの債務不履行がある場合には，Aの損害が拡大しないように，契約に従った履行がされるまでは支払いを拒絶できる権利を定めたものなのです。

したがって，Bは，Aが支払いを拒絶したのに対して，支払期限が来ているのだから支払えなどと請求する権利はありません。また，Aが支払いを拒絶しても遅延損害金は発生しません。

いかに契約を守らせるか　第三に，既に契約を守っていない呉服店Bに対して契約どおり履行するように圧力をかけるためにはどうすべきかを考える必要があります。呉服店が主張するように呉服の引渡しがされる前に代金を支払ってしまうと，呉服店としては，呉服の引渡しをしようと努力するインセンティブ（動機付け）がなくなってしまうことになります。もう既に代金の支払いはされているので，何もあわてて呉服の引渡しをしようと努力する必要はなくなってしまうわけです。

ところが，消費者が呉服の引渡しがされるまでは支払わない，呉服の引渡しがされれば支払うと主張すれば，収入を得たいと考える呉服店は代金の支払いを得ようと努力するでしょう。呉服の引渡しができるように努力できる余地がある場合には，既に代金が前払いされている契約よりも，まだ代金が支払われておらず引渡しをすれば代金が支払われるであろう契約について優先的に呉服の引渡しをするように努力するだろうと考えられます。つまり，

9.3　同時履行の抗弁　　81

支払い拒絶の抗弁の主張をすることによって，契約を履行するように呉服店に圧力をかけることができるわけです。

このように考えると，「呉服店の言うように代金の前払いをしないと呉服の引渡しが得られなくて損をするのではないか」という消費者の心配は，まったく逆であるということがわかるでしょう。

9.3.3 前払い特約

相手側が弁済期にあること　ただし，同時履行の抗弁の主張ができるのは，相手方の債務が履行期限にある場合であることが必要です。第533条の「ただし，相手方の債務が弁済期にないときは，この限りでない。」とは，自分の債務の履行期限は来ているのに，相手方の債務の履行期限はまだ来ていないという場合には，同時履行の抗弁の適用はないという意味です。消費者契約の典型例で言うと，消費者が代金を前払いするという条件で商品を購入した場合などがこれに当たります。

代金前払いには適用されない　代金を前払いする条件で商品の購入をした場合には，消費者には同時履行の抗弁権はないので，商品の引渡前でも代金の支払いをする義務があります。前払いしたのに商品の引渡しがされないとか，引き渡されたものが傷物で交換を求めても無視されるなどの被害はインターネットショッピングの消費生活相談では，ありふれた日常的な被害事例です。

代金前払いの売買契約は，インターネットショッピングなどでは当たり前になっていて決して珍しいものではありませんから，消費者も特殊な契約だとは思っていないのではないかと思われます。しかし，民法の規定を踏まえて考えると，前払い通信販売というのは，消費者が「同時履行の抗弁」の権利をあらかじめ放棄する内容の契約ですから，消費者にとっては不利な内容になっているということを理解しておく必要があるように思われます。債務不履行があっても深刻な被害にはならないような内容の契約，あるいは契約相手の信頼性が高く債務不履行の危険が少ないと考えられる契約の場合であればともかく，前払いの契約は安易に利用するのは考え物です。

売買契約を締結する場合に，双方の債務の履行期限をどのようにするかは当事者間で自由に合意をして決めることができます。双方で履行期限を決めてい

なかった場合には同時履行であると解釈されますが，契約の中で具体的に決めている場合にはその合意によることになります。契約を締結する際には履行期限についてきちんと確認した上で慎重に判断することが必要です。

9.4　債務不履行の種類と対応

合意の内容がポイント　　有効な契約を締結した場合には，契約当事者双方は契約を守る義務を負いますから，相手方が契約を守らない場合には「契約を守るように。契約どおり履行するように」と請求することができます。

　たとえば，利息付でお金を貸したのに相手が返済条件を守らない場合には，契約どおり返済するようにと請求する権利があります。それでも相手が履行しない場合には，「契約どおり支払え」と裁判を起こすことができます。（なお，契約上の債権があるといっても，請求は社会常識による範囲に限られます。貸金については利息制限法などの規制がありますので，利息制限法違反の利息の合意をした場合には，制限金利を超える金利の約束部分は無効になる，などの規制があります。）

　このようにお金の支払いという金銭債務の場合には債務の内容は比較的簡単ですが，商品やサービスの販売の場合には，「債務の本旨＝合意の内容に適合した内容」にそった履行がない場合には，原則として，債務不履行に該当することになります。

債務不履行の3つのタイプ　　債務不履行に該当するかどうかを判断する上では，「契約で約束した債務の内容」が何かを把握すること，履行状況を把握すること，その上で「債務の本旨＝契約で定めた内容に適合した内容」の履行があるかどうかを判断することが必要になります。前章で述べたように，履行期限が渡過している場合を**履行遅滞**，特定物の売買などで特定物が滅失してしまったような場合は**履行不能**，履行はされているものの契約内容に適合していない場合は**不完全履行**となります。

10 契約を守らないとき (2)
損害賠償責任の基礎

10.1 はじめに

最終的手段　契約を締結して有効な契約が成立した場合には，契約当事者双方がその契約を守る義務を負うこと，契約が守られない場合には債務者は債務不履行責任を負うことを説明しました。

9章では，双務契約の場合には，相手方が履行期限が経過したのに債務の本旨に応じた履行をしない場合には，債権者は自分が負担している債務の履行について同時履行の抗弁を主張して，相手が債務の履行をするまでは履行を拒絶できる権利があることを説明しました。同時履行の抗弁は，双務契約において相手方が履行遅滞に陥っている場合には，当面，自分の債務についてはどうすればよいのか（つまり支払うべきかどうか）という「当面の対処の仕方」に関するものでした。

では，相手方が債務不履行にあり，契約どおり履行するように請求しても（既に説明したように，このような請求のことを「催告」といいます），相手が債務の本旨（契約で定めた内容に従った）履行をしない場合には，債権者としては最終的にどのような手段を取ることができるかが問題となります。

第一に，不履行の程度が大きくて契約をした意味がなくなるという場合には8章で取り上げたように契約自体を債務不履行解除して解消する手段が考えられます。第二に，債務不履行によって債権者が被った損害を債務者に賠償請求する方法です。

本章では，債務不履行の場合の最終的な解決方法である損害賠償について取り上げます。

10.2　契約の解除と損害賠償請求

裁判を起こす　相手が契約を守らない場合には，契約によって相手に対して「○○をするように請求できる権利」＝債権を取得した者（これが「債権者」です）は，相手方である債務者に対して契約どおり履行するように請求することができます。

たとえば，お金を支払うことを契約で約束しているのに支払わないといった場合には，裁判所に「金○○万円を支払え」という裁判を起こして判決をもらい，債務者が判決が確定しても支払ってこない場合には，確定した判決に基づいて強制執行をすることができます。これが一つの解決方法です[1]。

解除をする　では，売買契約で履行期限が過ぎても事業者から商品の引き渡しがされない場合にはどのような対処ができるでしょうか。

この点については，8章の「法定解除」について取り上げたように，事業者が履行期限が来たのに商品を引き渡してくれない場合には，一定の猶予期間をおいて履行の催告をした上でその催告期間内に履行がされない場合には契約の解除をすることができます。

不完全履行の場合にも，不完全な程度が重大で契約した目的が達成できない場合には同様に催告解除ができます。履行不能の場合には，催告しても履行できる可能性は皆無で意味がないので，履行の催告はする必要はなく直ちにその契約を解除することができます。

契約を債務不履行を理由に解除すれば，最初に遡って契約は解消され，商品の引渡しについての債権者である消費者は自分の「代金を支払う」という債務がなくなる結果，代金を支払う義務はなくなります。既に支払ってしまった代金などがあれば，原状回復請求権に基づいて直ちに返還するように請求することができます。

---

[1] 強制執行手続は裁判所に強制執行の申立てをして行います。相手の何を差し押さえるのかは強制執行の申立てをする債権者の方で具体的に指定しなければなりません。不動産があるなら不動産の強制執行ができます。預貯金などがあるなら，その銀行の預貯金について債権に対する強制執行を行うことができます。このように強制執行をする場合には差し押さえる財産を具体的に指定する必要があるので注意が必要です。判決をもらっても，相手の資産がわからない，あるいは相手に資産がない場合には結局は回収できない結果になります。したがって，契約をする場合には，契約の内容にもよりますが，相手の資産状況などが問題となるわけです。

損害賠償請求　さらに債務不履行の場合には，契約の解除だけではなく損害賠償の請求ができる場合があります。民法第415条第1項では「債務者がその債務の本旨に従った履行をしないとき又は債務の履行が不能であるときは，債権者は，これによって生じた損害の賠償を請求することができる。」と定めています。これが債務不履行に基づく損害賠償請求権です。

> ○　2017年改正法第415条（債務不履行による損害賠償）　債務者がその債務の本旨に従った履行をしないとき又は債務の履行が不能であるときは，債権者は，これによって生じた損害の賠償を請求することができる。ただし，その債務の不履行が契約その他の債務の発生原因及び取引上の社会通念に照らして債務者の責めに帰することができない事由によるものであるときは，この限りでない。
> 2　前項の規定により損害賠償の請求をすることができる場合において，債権者は，次に掲げるときは，債務の履行に代わる損害賠償の請求をすることができる。
> 　一　債務の履行が不能であるとき。
> 　二　債務者がその債務の履行を拒絶する意思を明確に表示したとき。
> 　三　債務が契約によって生じたものである場合において，その契約が解除され，又は債務の不履行による契約の解除権が発生したとき。

　ただし，債務不履行があれば常に損害賠償の対象になるわけではありません。「ただし，その債務の不履行が契約その他の債務の発生原因及び取引上の社会通念に照らして債務者の責めに帰することができない事由によるものであるときは，この限りでない。」（第415条第1項ただし書）とされています。債務者から，「この債務不履行は，自分の責任で生じたものではない」とか「取引の社会通念からして，履行ができなかった事情は，やむを得ないものだった」といった反証がされた場合には，債務者は損害賠償責任を負いません。

　債務不履行による解除は，債務者の責任による不履行でなくても可能なのですが，損害賠償請求は債務者の責任による不履行であることが必要とされています。この点は，2017年民法改正で明確化されました。

　以上を整理すると，債務不履行の程度が重大で契約を締結した意味がないと客観的に評価できる場合には契約を解除でき，さらに損害を被った場合には債務者の責任による債務不履行であれば損害賠償も請求できるわけです。債務不履行の程度が契約解除できるほど重大ではない場合には，契約解除はできず，代金減額請求ができますし，さらに損害を被ったときは，債務者の責任による不履行であれば，損害賠償請求ができるということになります。

10.3　損害賠償の範囲と方法

金銭賠償　損害賠償の方法は，原則として金銭賠償です[2]（第417条）。発生した損害を金銭的に評価し，その金額を損害賠償として支払うよう請求するという方法です。

問題となるのは，損害の範囲とその評価です。事業者が契約を守ってくれなかったことが一因となってドミノ倒しのように次々といろいろな問題が起こってしまった場合には，消費者の立場に立てば「事業者が契約を守ってさえくれればこんなことにはならなかったはず。すべての責任を取って欲しい」という気持ちになるのは，心情的には理解できます。こういう関係を**条件関係**といいます。「この原因があったために，この結果となった」「風が吹けば桶屋が儲かる」という事実関係の因果関係があればすべて責任があるという考え方です。

しかし，民法における損害賠償の範囲の考え方では，条件関係の立場はとっていません。民法では第416条において「債務の不履行に対する損害賠償の請求は，これによって通常生ずべき損害の賠償をさせることをその目的とする。」と原則を定めています[3]。そして，第2項で「特別の事情によって生じた損害であっても，当事者がその事情を予見し，又は予見することができたときは，債権者は，その賠償を請求することができる。」[4]と定めています。

このような考え方は消費者としては納得できない場合も少なくないように思われます。「私は悪くない。相手の事業者のせいで起こったことなのに，相手に責任を取ってもらえないのは納得できない」というわけです。これは，消費生活というものが，きわめて個人的なものであるということにも理由があるのではないかと思われます。

個別事例の特殊事情　一方で，民法では，「対等な当事者間で起こったこと

---

[2]　民法417条（損害賠償の方法）　損害賠償は，別段の意思表示がないときは，金銭をもってその額を定める。
[3]　裁判所はこの範囲の損害のことを「相当因果関係の損害」と言っています。最近の民法の教科書では「通常損害」という言い方をしているものが多いようです。いずれにしても，その意味する範囲はあまり違いはありません。
[4]　**特別損害**といいます（10.4参照。条文は2017年改正後のものです）。

についての合理的で公平な責任分配はどうあるべきか」というふうに考えています。さらに，取引の安定性が損なわれないことも配慮して責任分配を考慮しています。個別のケースごとに原因と結果という条件関係さえあれば，<u>すべての損害を賠償しなければならないという考え方を取ると，相手方は損害賠償額の予想がつかない結果となるので</u>，取引の安定が損なわれ社会における経済取引に支障をきたすことになるという視点に立っているわけです。このように，<u>債務不履行に基づく損害賠償の範囲は個別事例の特殊事情によるものまでは対象となっていないので注意が必要です</u>。

　ただし，特別損害の場合には別です。「特別の事情によって生じた損害であっても，当事者がその事情を予見すべきであったとき」は，債務不履行による損害賠償の対象になります。

10.4　特別損害とは

特別損害の例　　身近な例で特別損害に当たる例を考えてみましょう。

　消費者Bさんが結婚式に着るために呉服店に留袖を注文した場合に，呉服店に「○月○日の結婚式に着用するためのものである」ことを説明して結婚式に間に合うように引渡期限を定めた場合を考えてみましょう。それなのに，呉服店が履行期限を守らなかったためにBさんは結婚式当日に購入した留袖を着ることができず，やむを得ず貸衣装を借りて出席したために，呉服店が契約を守れば出費しなくてもよかったはずの貸衣装代の出費をしなければなりませんでした。この場合の貸衣装代は，特別損害として損害賠償の対象となります。これは，呉服店から見ても，留袖の引渡期限を守らなければ消費者は結婚式に着ることができないことはわかります。その場合には，消費者が代替手段として取った貸衣装を借りるという対処方法は合理的なものであり，呉服店からしても予想可能だからです。

　もし，Bさんが呉服店との間で留袖の売買契約を締結する際に，自分の心の中では「この日までに仕上がって引渡しされれば結婚式には間に合うから」と考えたものの，呉服店に説明していなかった場合には，別です。この場合には，呉服店は，引渡期限に間に合わなければBが貸衣装を借りるなど

の別の手段で結婚式に着用する衣装を調達しなければならないなどということは予想できません。つまり，貸衣装代は呉服店にとっては予想できないことです。留袖を購入する人は特定の日に結婚式に着用することが常識的なことというわけではないので，呉服店は当然に承知しているはずだとは言えません。したがって，貸衣装代は特別損害とは言えないのです。

スキー宅配便　スキー宅配便もこれとよく似ています。消費者がスキー場でスキーをするために宅配便でスキーを送りました。通常だと翌日には届くので，そのつもりで前日に通常の宅配便で送りました。ところが，雪のため交通事情が悪く翌日にはとどかず一日分貸スキーを借りなければなりませんでした。この場合の貸スキー代は通常損害でしょうか。特別損害でしょうか。スキーを宅配便で送る場合，誰もが翌日は貸スキーを借りなければならなくなるかというとそういうわけではありません。

ところが，スキー宅配便では，○日にスキーをするためであることを申告して宅配便の依頼をします。この場合には，スキーをする日に届かなければ貸スキー代の損害が発生することは予見できますから，特別損害として賠償責任が発生することになります。

10.5　損害額の算定は

損害はいくらか　損害賠償をめぐっては発生した損害をいくらに査定するかも問題になることがあります。たとえば，セーターをクリーニングに出したらクリーニング店の不手際で紛失してしまった場合，その損害はいくらと評価すべきかという問題などがこれに当たります

これは，「債務不履行が発生した時点の時価」という説明になります。

消費者によっては，「同等の新品を再度入手するためにかかる費用」と考える人もいるかもしれません。かなり昔の相談事例でイタリアで購入した洋服だったことから，再度同じものをイタリアに買いに行く費用ということでイタリアまでの往復の旅費・宿泊料，現時点での為替レートでの購入価格の全額を支払ってもらいたいと求めた消費者がいました。その衣類に愛着を持っていた消費者の心情はわかりますが，法的にはそのような請求は難しいと

言わざるをえません。購入して何回も着用した衣料品の時価の評価は大変難しいものです。このような事情があるので，クリーニング業界では「クリーニング事故賠償基準」を設けて迅速な紛争解決のために活用しているわけです。

10.6　過失相殺

○　2017年改正法第418条（過失相殺）　債務の不履行又はこれによる損害の発生若しくは拡大に関して債権者に過失があったときは，裁判所は，これを考慮して，損害賠償の責任及びその額を定める。

債権者の過失の考慮　債務不履行により債権者が被った損害でも，全額を賠償してもらえない場合があります。債権者の過失により損害が拡大したという事情がある場合には，裁判所は，債権者の過失部分を減額することができます。

判決文では，発生した損害は〇万円，債権者の過失割合は〇割であるから，〇割を減額するという趣旨の判断がされることになります。債権者の過失とは，債務不履行の原因に債権者の不注意による部分がある場合や，債務者の債務不履行があるのに債権者としてしかるべき対応をせず漫然と放置しておいた結果損害が拡大して莫大な額になってしまったなどのケースが考えられます。

10.7　金銭債務の特殊性

金銭債務の特例　多くの消費者契約では，消費者は事業者に対して購入した商品やサービスの対価として金銭を支払う金銭債務を負っています。金銭債務の場合の債務不履行の取り扱いは，一般的な債務不履行の原則とは違った次のような特殊な扱いとなっています。

第一に，金銭債務の債務不履行責任には債務者の帰責事由は必要とはされていません。支払期限に支払わなかった場合には，同時履行の抗弁があるというような支払いを拒絶できる法的権利がある場合は別ですが，債務者の帰

責事由の有無にかかわらず債務不履行による損害賠償責任が発生します。

第二に，金銭債務の場合の損害賠償は利率で決められ，実際に債権者がいくらの損害を被ったのかは問題にはしないということです。民法では下記のように第419条によります。

支払期日に支払いを怠ると遅滞した理由のいかんにかかわらず，元本に遅延損害金を付加して支払わなければなりません。この遅延損害金は，履行遅滞という債務不履行による損害賠償に該当するものです。

○ 2017年改正法第419条（金銭債務の特則）　金銭の給付を目的とする債務の不履行については，その損害賠償の額は，債務者が遅滞の責任を負った最初の時点における法定利率によって定める。ただし，約定利率が法定利率を超えるときは，約定利率による。
2　前項の損害賠償については，債権者は，損害の証明をすることを要しない。
3　第1項の損害賠償については，債務者は，不可抗力をもって抗弁とすることができない。

10.8　法定利率

法定利率は年3％　遅延損害金は，年利○％として扱います。当事者間で遅延損害金の割合について契約で定めている場合には契約で定めた利率によります。ただし，金銭消費貸借契約の場合には利息制限法による上限金利の制限があります。消費者契約による商品やサービスの対価の支払いなどでは，消費者契約法による規制があり，年利14.6％を超える部分は無効とされます。

契約で遅延損害金の利率を定めていなかった場合には，法定利率によります。2017年改正前の民法では年利5％と定めていました。商行為による契約の場合には，商法により年利6％でした。

2017年民法改正により，法定利率は下記の通り年利3％に引き下げられ，商法の規定は削除され民法によることになりました。さらに3年ごとに見直す変動金利制がとられることになりました。変動金利については法務大臣の告示によります。債務不履行による請求権が発生した時点の法定利率によることになります。

○ 2017年改正法第404条（法定利率）　利息を生ずべき債権について別段の意思表示がないときは，その利率は，その利息が生じた最初の時点における法定利率による。
2　法定利率は，年3パーセントとする。
3　前項の規定にかかわらず，法定利率は，法務省令で定めるところにより，3年を一期とし，一期ごとに，次項の規定により変動するものとする。

4　各期における法定利率は，この項の規定により法定利率に変動があった期のうち直近のもの（以下この項において「直近変動期」という。）における基準割合と当期における基準割合との差に相当する割合（その割合に一パーセント未満の端数があるときは，これを切り捨てる。）を直近変動期における法定利率に加算し，又は減算した割合とする。
　5　前項に規定する「基準割合」とは，法務省令で定めるところにより，各期の初日の属する年の6年前の年の1月から前々年の12月までの各月における短期貸付けの平均利率（当該各月において銀行が新たに行った貸付け（貸付期間が1年未満のものに限る。）に係る利率の平均をいう。）の合計を60で除して計算した割合（その割合に0.1パーセント未満の端数があるときは，これを切り捨てる。）として法務大臣が告示するものをいう。

10.9　賠償額の予定

○　2017年改正法第420条（賠償額の予定）　当事者は，債務の不履行について損害賠償の額を予定することができる。
　2　賠償額の予定は，履行の請求又は解除権の行使を妨げない。
　3　違約金は，賠償額の予定と推定する。

事前に決められる　債務不履行による損害賠償は，契約で決めておくことができます。契約で決めておけば，債権者はいちいち損害の証明をする必要がないので便利だからです（第420条）。

　ただし，事業者が契約条項で消費者に債務不履行があった場合の違約金を定めておけば，どんな金額であっても有効とされるわけではありません。

消費者契約では対等当事者間とは言えない消費者と事業者との契約では，契約内容などについて双方にとって公平で合理的な合意がなされるとはかぎらないので，消費者契約法9条で基準を定め，平均的な損害を超える場合や遅延損害金が年利14.6％を超える場合には，その超える部分を無効と定めています。

○　消費者契約法第9条（消費者が支払う損害賠償の額を予定する条項等の無効）　次の各号に掲げる消費者契約の条項は，当該各号に定める部分について，無効とする。
　一　当該消費者契約の解除に伴う損害賠償の額を予定し，又は違約金を定める条項であって，これらを合算した額が，当該条項において設定された解除の事由，時期等の区分に応じ，当該消費者契約と同種の消費者契約の解除に伴い当該事業者に生ずべき平均的な損害の額を超えるもの　当該超える部分
　二　当該消費者契約に基づき支払うべき金銭の全部又は一部を消費者が支払期日（支払回数が2以上である場合には，それぞれの支払期日。以下この号において同じ。）までに支払わない場合における損害賠償の額を予定し，又は違約金を定める条項であって，これらを合算した額が，支払期日の翌日からその支払をする日までの期間について，その日数に応じ，当該支払期日に支払うべき額から当該支払期日に支払うべき額のうち既に支払われた額を控除した額に年14.6パーセントの割合を乗じて計算した額を超えるもの　当該超える部分

●コラム　こんな場合の損害は賠償されるか：通常損害の考え方

　消費者Aは夫婦仲があまりよくなかったため，関係の修復を図るために結婚記念日に妻にダイヤの指輪をプレゼントすることにし，宝石店と売買契約を締結しました。契約に当たっては，結婚記念日に間に合うようにと考えて指輪の引渡期日を決めました。ところが，宝石店の事情で指輪の加工が間に合わず，売買契約の引渡期日までに指輪は引渡しがされませんでした。腹を立てた妻は，「結局，私のことなんかはどうでもいっていうことよね」「いつも口ばかりなんだから」と言い，より関係はこじれてしまい，ついに離婚に至りました。離婚の際にAさんは，慰謝料として300万円を妻に支払いました。

　さて，Aさんとしては，宝石を購入する意味はなくなったので債務不履行を理由に契約を解除し，さらに300万円について損害賠償として支払ってもらいたいと思うのではないでしょうか。宝石店が契約を守ってくれれば離婚までには至らなかった可能性があると考えたいのではないかと思います。そのように思うAさんの気持ちは，わからないでもありません。妻との間を修復したいと考えていたAさんとすれば無理もない気持ちと思われます。

　しかし，法的観点からここで考える必要があることは，Aさんが妻に支払った慰謝料は民法が定める「債務不履行によって通常生ずべき損害」に該当するかどうか，という問題です。「通常生ずべき損害」というのは，簡単な言い方をすれば「こういうことが起こった場合には，通常それが原因でこういう結果が起こるよね。当然に予想できることだろう」ということです。宝石店が指輪の売買契約において履行遅滞を起こした場合には，常に離婚に至るのが普通であるから宝石店は予想すべきだったということは言えるでしょうか。到底いえないというべきでしょう。Aさんが指輪を購入した事情はかなり特殊できわめて個人的な事情によるもので，損害賠償の対象にはならないと考えられます。

11 代理制度（1）
代理と使者

11.1 はじめに

他人が自分の代わりに行った場合　民法における契約の基本的な考え方は「自己責任」です。わかりやすく言うと，「自分で相手と交渉し，自分で契約すると決めて相手と約束した場合には，契約当事者はともにその約束を守る義務を負う」というものです。実際，日常生活では，自分で事業者との間で契約をする場合が普通です。欲しい商品がある場合には，自分で店に出向いて購入するなどです。

しかし，すべて自分だけで対処している場合ばかりではありません。自分の代わりに誰かに頼んでやってもらう，という場合もあります。

たとえば，契約することにした場合に契約書を作成することがありますが，契約書に署名したり捺印する際に「私の代わりに書いてください」と頼んで代筆してもらう場合があります。捺印する時に，はんこを渡して代わりに捺印してもらう場合があります。ケースによっては，自分の代わりに第三者に頼んで契約の交渉をしてもらう場合もありえます。

こんなふうに，契約する時にすべてを自分だけでしているわけではない場合がいろいろと考えられるわけですが，こんな時に「この契約書の署名は私の書いたものではないから私には責任がない」と言えるのでしょうか。あるいは，自分が捺印したわけではないから私の責任ではない，と言えるのでしょうか。

このように本人が自分でしたわけではない場合を取り上げて，どういう場合には，本人に法的責任が生じ，どういう場合には法的責任が生じないのか，という観点から考えてみることにしましょう。

11.2 意思表示は誰がしているか

家族が代わりに行った契約　本人Aが，契約相手Cとある商品を購入する売買契約を例に考えてみましょう。Aが販売業者Cを契約相手として選び，ある商品を購入することにしました。高額な商品の購入だったので，契約書を作成することになりました。

その時に，本人Aは同行していた家族Bに「代わりに契約書に署名捺印するように」と頼みました。そこで，BはAの氏名を契約書に記入し，Aから渡された印鑑を捺印しました。

さて，この場合にはAは，「契約書の氏名は私が書いたものではないし，捺印も私が自分でしたわけではないから，この契約には責任がない」と言えるでしょうか。

ここで大切なことは，売買契約が成立するためには申込みの意思表示と承諾の意思表示とが一致していることがポイントである，ということです。契約書は，合意の成立を客観的にはっきりさせておくために作成されます。

では，この場合に，「Cからこの商品をこの価格で購入する」という意思決定をし，これを相手に表示しようと考え，表示したのは誰でしょうか。A本人であることは明らかです。同行していた家族Bは，Aに指示されて代わって署名捺印しています。つまり，家族Bは本人Aの指示で手足として署名捺印したに過ぎません。

このような場合には，Aは，契約書の筆跡が自分のものではないという理由で，その契約には責任がないというわけではないのです。ここでは家族Bを例にあげましたが，Aの手足となるのは家族以外の人である場合も多く見られます。

この場合のケースのポイントは，Aが意思決定をして家族などに指示をしているということです。

同行しない場合　上記の例では本人Aが店舗Cに出向いていましたが，本人Aが店舗に出向かないでBに対して，自分の代わりに契約相手Cの店舗に出向いて自分がここの商品を購入したいということを伝えて契約書も自分の代わりに作成してくるように依頼したという場合はどうでしょうか。

この場合にも，最初のケースと同様に，本人Aが，相手方Cからこの商品をこの価格で購入するという意思決定をして，その内心の意思を相手方Cに表示しようと考えています。

使者　ただし，自分でCのところに出向いて意思を伝えるのではなく，自分の代わりにBに行って伝えるように依頼しています。意思表示における内心的効果意思も表示意思も本人Aによるものです。表示行為のみを本人Aの依頼によってBが代わってAの手足として行っています。

　このような場合も，意思表示としてはAが行っていると評価されます。つまり，BがCに対して行った表示行為について，Aは契約当事者として法的責任を負うということです。このような場合のBを「**使者**」といいます。意思表示を行う本人Aのメッセンジャーというわけです。

11.3　代理制度の仕組み

代理と使者の違い　本人AがBに代わりにしてもらうように頼むという場合には，前述したようにAが決めたことをBに代わりに伝えてもらう使者のほかに，Bに代理人になってもらうという場合があります。代理人と使者とは，どのように違うのでしょうか。

　代理とは，意思決定も代理人となるBに任せるものを意味します。使者の場合には，意思決定をするのは本人Aでしたから，「自分で決めたことは自分で守らなくてはならない」という契約の自己責任の考え方と同じ考え方だといえます。

　ところが，代理では，代理人Bに与えられた代理権の権限の範囲内で，代理人Bが判断をして法律行為[1]を行った場合には，その法律行為については，本人Aが決めたことではなくても，本人Aは自分で決めたのと同様に法的責任を負うことになります[2]。

　代理の例　代理制度の仕組みは図のようになっています。具体的な例を見

---

[1] 法律行為の典型的なものが契約です。
[2] 民法第99条（代理行為の要件及び効果）〈第1項〉代理人がその権限内において本人のためにすることを示してした意思表示は，本人に対して直接にその効力を生ずる。〈第2項〉前項の規定は，第三者が代理人に対してした意思表示について準用する。

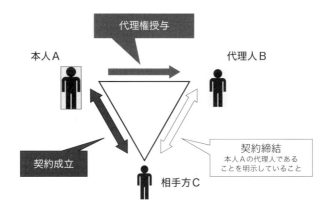

代理制度の仕組み

てみましょう。本人Aが，自分が所有している土地を売却処分したいと考え，Bを代理人として選任して依頼した事例です。この場合には，代理人Bは，土地の買い手になりそうな人を探してその相手方と土地の売買について交渉をします。その結果，契約相手であるCとの間で売買契約が成立した場合には，その売買契約の当事者は本人Aと相手方Cということになります。

したがって，本人Aは，Bを代理人に選んで代理権を与え（代理権授与行為），Bが与えられた代理権の範囲で代理人として行った（顕名代理行為）契約である以上，「この契約は自分でしたものではない，こんな価格で売却することを承知したこともない，だからそんな契約は自分には関係はない」とは言えないのです。

2種類の代理制度　本人Aと代理人Bとの間には，AがBに代理権を与えた，つまり代理権の授与行為があります。

代理人に対する代理権の授与が法律で定められている場合を「法定代理」，本人Aが自分から代理人Bを選んで代理権を授与する場合を「任意代理」といいます。法定代理人の典型的なものが，成年後見人や未成年後見人です。法定代理と任意代理については，11.5で改めて取り上げます。

法定代理でも任意代理でも，代理人Bは，本人の代理人として契約相手Cと交渉をして契約を締結します。この場合には，代理人Bは，相手方Cに対して，自分は本人Aの代理人であることを明示して契約することが必要です。

11.3　代理制度の仕組み　　97

「A代理人B」と表示することが多いですが，単に本人Aと明示して行う場合もありえます[3]。この契約は，本人Aと相手方Cとの間で成立します[4]。代理人Bは，この契約についてはなんらの法的責任は負いません。

11.4 代理制度の意義

代理制度はなぜ必要か　代理制度はなぜ必要とされているのでしょうか。どのような存在意義があるのでしょうか。

第一に，自分のできる範囲を拡張することができます。代理制度が最も多く活用されているのはビジネスの場面です。本人Aがビジネスとして契約をする場合を考えてみると，契約は本人がしなければならないとすると，本人は一人しかいないので，広いビジネスの展開はできません。Aが，東京で契約交渉をしていれば，同時に大阪，九州，北海道などでも契約交渉をすることはできません。

しかし，Aが甲・乙・丙・丁…と多数の代理人を選任して代理人として契約をすることを任せることができれば，手広くビジネスを展開することができます。本人Aにとっては，代理人を活用することによってメリットを得ることができるわけです。

第二に，専門家を代理人に選任すれば，自分はその取引などについては素人であったとしても専門的な知見に基づいた契約交渉ができます。先に紹介した多重債務の解決を弁護士に依頼したり，訴訟をする場合に弁護士を訴訟代理人に選任する場合などがわかりやすい例です。

第三に，本人に判断能力が欠如していたり，不十分だった場合に，本人の能力を補完する機能を果たします。この場合の代理人制度は法律で，どのような場合に，誰が，どの範囲で代理人になるのかを定めています。このよう

---

[3] 代理人Bが，相手方Cに対して，自分が本人Aの代理人であることを明示しないで単にBとして契約した場合には，その契約についてはBが契約当事者として法的責任を負うことになります。民法第100条（本人のためにすることを示さない意思表示）　代理人が本人のためにすることを示さないでした意思表示は，自己のためにしたものとみなす。ただし，相手方が，代理人が本人のためにすることを知り，又は知ることができたときは，前条第1項の規定を準用する。
[4] 民法第99条。

な制度が法定代理ということです。

11.5　法定代理と任意代理

11.5.1　法定代理

未成年者の法定代理人　法定代理とは，法律で代理人が定められているものですが，法定代理の中で消費生活と深いかかわりがあるものが，**未成年者取引**です。

現代社会では，未成年者も契約の主体となる場合が増えています。未成年者の取引では，法定代理人の同意を得ない契約は，本人または法定代理人が取り消すことができるという制度が広く知られており，消費者被害の解決のためには活用されています[5]。ただし，前節で説明したように，未成年者が契約当事者となる場合には，法定代理人が未成年者の代理人として契約相手と交渉をして契約を締結するという方法もありえます。未成年者の場合には，法定代理人の選任には特別の手続は必要なく，戸籍によります。戸籍上両親がいれば，当然に戸籍上の父母が法定代理人となります[6]。

両親が離婚している場合には，離婚の際に親権者となった親が法定代理人になります。どちらが親権者となったかは，離婚届に記載する必要があり，離婚後の子供の戸籍に表示されるので，戸籍を見れば確認できます[7]。未成年者の両親がともに亡くなった場合には，家庭裁判所が未成年後見人を選任する仕組みになっており，未成年後見人が法定代理人になります。

未成年取引の具体例として，未成年者がスマートフォンの契約を締結する場合を考えてみましょう。この場合，法定代理人である親権者の同意を得て未成年者本人が契約を締結するという方法と，法定代理人が未成年者の代理人として事業者と契約を締結する方法とがありえます。

法定代理人が未成年者の代理人としてスマートフォンの利用契約を締結し

---

[5]　民法第5条，第120条。
[6]　民法第818条，第824条。
[7]　民法第816条。

た場合には，契約は未成年者本人とスマートフォン事業者との間で成立することになります。したがって，契約に基づく利用料金の支払い義務は未成年者本人にあり，法定代理人には契約に基づく支払い義務はないということになるわけです[8]。

成年者の法定代理人　一方，本人が成年に達している場合において，本人の判断力が欠如していたり低下している場合には，判断能力の低下のレベルに応じて成年後見，保佐，補助の三段階の支援制度があります。いずれも家庭裁判所に審判の申立をして開始の決定とともに成年後見人，保佐人，補助人が選任されます[9]。

成年後見人は財産に関するすべての法律行為について代理権があります[10]。保佐人と補助人は，家庭裁判所に対する申立の範囲内で家庭裁判所が審判で定めた「特定の法律行為」に関する代理権があります[11]。代理権の範囲は，東京法務局に登記されるので，登記事項証明書を取り寄せれば確認できます[12]。

11.5.2　任意代理

任意代理の合理性　任意代理とは，本人が代理人を選んで代理権を与えたものです。

任意代理の合理性については次のように説明されます。

まず，任意代理では，本人が自分が信頼できると判断した人を代理人に選んでいます。さらに，本人自身が必要だと判断し，「この人であればこれだけの権限を委ねても大丈夫だ」と判断した上で代理限を授与をしています。したがって，代理人の行った法律行為の効果が当然に本人及ぶことは合理性がある，と言えます。

契約を例に取れば，代理人が権限内で本人の代理人として締結した契約に

8　未成年者の契約では，しばしば法定代理人である親権者が保証人になる場合があります。その場合には保証人としての債務を負担することになります。
9　民法第7条～第19条。
10　民法第859条。
11　民法代876条の4，第876条の9。
12　後見登記等に関する法律第4条，第5条，第10条。

ついて，本人が自分でその契約を締結したのと同じ法的義務を負うのは合理的であるということです。

このように考えると，任意代理は民法の基本原則の「自己責任」に基づく「本人の拡張である」と考えることができるというわけです。

弁護士への法律事務委任　任意代理の典型例として，弁護士への法律事務の委任があります。

たとえば，多重債務者である本人Aが，弁護士Bに債務整理の依頼をした場合を例に考えてみましょう。弁護士Bは，代理人として本人Aのために支払計画を立てて，本人Aの債権者である消費者金融業者Cと分割払いで返済する返済計画を提案して和解交渉を行います。無事に和解が成立すれば，和解契約は本人Aと相手方Cとの間で成立することになります。

和解契約の効果は，本人Aと相手方Cとに及ぶことになり，代理人Bには，和解契約の効果は及びません。代理人として本人のために和解契約を締結した弁護士Bは，和解契約に基づく支払い義務は負わないわけです。

12 代理制度（2）
無権代理と表見代理

12.1 はじめに

無権代理と表見代理　任意代理は，本人が代理人を選んで代理権を授与することによって成り立つ制度でしたが，本人Aが，Bに代理権を授与していないのに，勝手にAの代理人であると名乗って契約をした場合には，契約相手であるCは本人Aに対して契約を守るように要求することができるでしょうか。

本人Aが，代理権を授与していないのにBが勝手にAの代理人としてCと契約をしたような場合を「**無権代理**」といいます。AがBに代理権を授与していないにもかかわらず，契約相手のCから見た場合にBに代理権があるように見えてしまう場合の一定の場合を「**表見代理**」といいます。

無権代理や表見代理の問題では，本人Aと契約相手Cの利害が対立します。そこで，この問題の利害の調整をどうすべきかということが問題となります。

無権代理のイメージ図

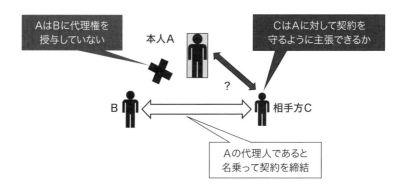

12.2　代理制度と委任状

12.2.1　代理権授与の方法

　任意代理の場合には，本人が代理人に代理権を授与していることが必要です。これを**代理権授与行為**あるいは**授権行為**といいます。

　実務では，代理権授与はどのような方法で行われているのでしょうか。通常は，本人が代理人に**委任状**を作成して渡すという方法を取ります。代理人は，代理人として契約などの法律行為を行う場合には，その相手方に委任状を示すことによって自分が本人の代理人であることを明示するとともに，代理権が授与されていることを確認してもらうことができます。

　委任状には，委任する本人を特定する事項，代理人を特定する事項，代理人に授与する代理権の範囲，代理権を授与した日付などを記載します。

12.2.2　怖い白紙委任状

　代理人は誰か　しばしば「白紙委任状は怖い」とか「白紙委任状は絶対に発行してはならない」と言われます。**白紙委任状**とは，代理人欄や代理権の範囲を表記する欄が空欄になっている委任状を意味します。

　誰を代理人に選んだのかを示す欄が空欄になっている委任状を発行した場合には，その委任状を手に入れた人は，代理人の欄を補充して使用することができます。任意代理制度では，本人が代理人に選任された人を信頼しているということが前提となっています。信頼できる人だから，代理人としての権限を与えたのだろう。だから代理人のした法的な行為には，自分がしたのと同等の法的責任を負う，というものです。ですから，誰を代理人に選ぶかということは，代理制度を利用する上での根本的な重要ポイントです。

　代理人の欄を空欄にして発行すると誰が代理人になるかわかりません。「誰でもいいですよ。お任せします」ということですから，本人が信頼できない人が代理人になるかもしれません。本人の利益を考えない人が代理人になるかもしれません。それでも，本人は自分がしたのと同等の法的責任を負うことになります。これは大変怖いことです。

代理人に与える代理権限の内容も重要です。本人が，「これを任せるのは，あの人がふさわしい。」と考えて代理権を授与するのですから，本人が代理人に任せる範囲を明記して委任状を発行すべきです。ところが，代理権限の範囲を記載すべき部分を空欄にした委任状を発行すると，代理人に選任されて委任状を受け取った人が，代理権の範囲を自由に補充して使用することができます。本人が予想もしなかった内容を補充して使用された場合には，本人は重大な被害を受ける危険があります。

　最も危険なのは，代理人の欄も代理権限の範囲を記載する欄も空欄のままの白紙委任状です。誰が代理人になるのか，その人にどのような代理権限が付与されることになるのか，本人にはわかりません。本人がコントロールできない危険な状態になってしまいます。

　白紙委任状使用の具体的事例　　かつては，サラ金（消費者金融）や商工ローン業者が白紙委任状を消費者から取得していた時代がありました。それらの業者は，消費者に貸付けをする際に公正証書を作成するための委任を貸付相手である消費者から取っていたのですが，その委任状の代理人と代理権の内容が空欄である白紙委任状を取っている場合があったのです。

　貸金業者は，受け取った後で代理人欄と代理権限を記載する欄の空欄を勝手に補充して公証人役場[1]に持って行って，消費者の代理人として公正証書を作成していました。消費者は，自分が知らない間に，自分が借りた内容とは違う内容の貸金契約の公正証書を作成され，財産の差押えをされるという被害を受ける例が多発し社会問題となりました。

　そこで，貸金業法では，貸金業者が消費者から白紙委任状を取ることを禁止しました。現行の貸金業法では，弁済を怠った場合には強制執行されてもよいとの記載のある公正証書（これを**特定公正証書**といいます）の作成のための委任状を取ることを原則として禁止しています[2]。

1　公証人が事務を行う事務所のこと。公証人は，公証人法による公務員で，公正証書の作成などの公証事務を取り扱っています。公証人は全国で約500人，公証人役場は約300程度あります。
2　貸金業法第20条（特定公正証書に係る制限）。とくに第1項では「貸金業を営む者は，貸付けの契約について，債務者等から，当該債務者等が特定公正証書（債務者等が貸付けの契約に基づく債務の不履行の場合に直ちに強制執行に服する旨の陳述が記載された公正証書をいう。以下この条において同じ。）の作成を公証人に嘱託することを代理人に委任することを証する書面を取得してはならない。」と規定されています。

12.3 代理権のない人の代理行為

12.3.1 追認しなければ効力は生じない

無権代理人　さて，本人AがBに代理権を授与していないのに，Bが無断でAの代理人としてCとの間で契約をした場合には，本人Aは契約を守る義務を負うでしょうか。

このように本人から代理権を授与されていないのに勝手に代理人として法律行為をしてしまう人を「**無権代理人**」といいます。文字どおり「代理権のない」代理です。

この場合には，複雑な問題が起こります。本人Aを保護しようとすれば無権代理人Bのした行為は本人には効果は及ばない。つまり，本人Aはその契約を守る義務はないとする必要があります。しかし，相手方Cは，Aが契約相手となると認識して，Aとであればその契約を締結してもよいと判断して契約をしているわけですから，本人Aが契約を守らなくてもよいということになると，相手方Cにとっては不利益となります。

このようにAの立場とCの立場とは相反することになり，どちらの立場も尊重するというわけにはいきません。この場合には，どのように考えるべきでしょうか。

無権代理の規定　このような無権代理の問題について，民法では，本人がその追認をしなければ，本人に対してその効力を生じない（第113条1項）と定めています。

代理権を授与されていないBが，本人Aの代理人であると名乗って相手方Cと契約した場合に，本人Aが，その契約を自分がしたものとして認めてもよいと相手方Cに通知をした場合には（これが**追認**です），本人に効力が生ずる，つまり本人Aと相手方Cとの間に契約が成立したものとなります。しかし，本人Aが，追認しない場合には，本人Aとの間ではその契約は成立したことにはならず，本人Aはその契約を守る義務を負いません。

代理人が行った法律行為の効果が本人に及ぶ根拠は，本人がその代理人に代理権を授与していることにあります。本人が代理権を授与していないので

あれば，代理人と名乗った人物が行った法律行為が，本人に対して効果が及ぶ根拠が欠けることになるので，原則として本人には効果が生じないのです。

ただし，本人が「その契約について自分が契約当事者として責任を取るから」と追認したのであれば，その契約が本人と相手方との間に成立したものとして取り扱うことが合理的であるということになります。本人が追認した場合には，原則として，その契約は締結時から本人との間で有効に成立したものとして扱われます（第116条）。

○ 民法第113条（無権代理）　代理権を有しない者が他人の代理人としてした契約は，本人がその追認をしなければ，本人に対してその効力を生じない。
2　追認又はその拒絶は，相手方に対してしなければ，その相手方に対抗することができない。ただし，相手方がその事実を知ったときは，この限りでない。

○ 民法第116条（無権代理行為の追認）　追認は，別段の意思表示がないときは，契約の時にさかのぼってその効力を生ずる。ただし，第三者の権利を害することはできない。

相手方の本人への催告権　相手方がBには代理権があると思って契約した後で，実はBは本人Aから代理権を授与されていない無権代理人であることを知った場合に，その契約を追認するつもりがあるのかないのか本人の態度がはっきりしない場合には，相手方が困ります。

そこで，そのような場合には，相手方は，本人に対し，相当の期間を定めて，その期間内に追認をするかどうかを確答すべき旨の催告をすることができ，本人がその期間内に確答をしないときは，追認を拒絶したものとみなすことになります（第114条）。

つまり，相手方Cは，本人Aに対して「この通知が届いてから○日以内に，無権代理人Bが締結した本件契約を追認するかどうかについて回答ください。」という通知を出し，期間内に「追認します」という回答が来ればその契約は本人Aと相手方Cとの間に有効に成立したものとして扱われることになりますが，指定した期間が過ぎても回答がない場合には本人Aは追認を拒絶したものとして扱われます。

○ 民法第114条（無権代理の相手方の催告権）　前条の場合において，相手方は，本人に対し，相当の期間を定めて，その期間内に追認をするかどうかを確答すべき旨の催告をすることができる。この場合において，本人がその期間内に確答をしないときは，追認を拒絶したものとみなす。

そこで，相手方Cは，本人が追認してくれないのならどうすればよいか，今後の方針について考える必要が出てきます。

12.3.2 無権代理の相手方のできること

相手方の取消権　まず，相手方は，本人が追認をしない間は，その契約を取り消すことができます（第115条）。すなわち相手方Cは，代理人と名乗るBと契約を締結した後で，実はBには代理権がないことを知った時，「こんな契約はしない方がよかった」と考えた場合には，無権代理であることを理由にその契約を取り消すという選択ができます。契約を取り消せば，最初に遡って契約は解消されるので，問題はなくなります。

ただし，契約の時に相手方Cが，代理人と名乗っているBには本当は本人Aの代理権はないということを知っていた場合は別です。このような相手方は特に保護する必要はないので，相手方はその契約を取り消すことはできません（第115条）。

> ○ 民法第115条（無権代理の相手方の取消権）　代理権を有しない者がした契約は，本人が追認をしない間は，相手方が取り消すことができる。ただし，契約の時において代理権を有しないことを相手方が知っていたときは，この限りでない。

取り消さない場合　契約を取り消さない場合には，相手方Cは，無権代理人Bに対して，契約を履行するように請求するか，損害賠償請求をするか，選択できます（第117条）。

> ○ 2017年改正法第117条（無権代理人の責任）　他人の代理人として契約をした者は，自己の代理権を証明したとき，又は本人の追認を得たときを除き，相手方の選択に従い，相手方に対して履行又は損害賠償の責任を負う。
> 2　前項の規定は，次に掲げる場合には，適用しない。
> 　一　他人の代理人として契約をした者が代理権を有しないことを相手方が知っていたとき。
> 　二　他人の代理人として契約をした者が代理権を有しないことを相手方が過失によって知らなかったとき。ただし，他人の代理人として契約をした者が自己に代理権がないことを知っていたときは，この限りでない。
> 　三　他人の代理人として契約をした者が行為能力の制限を受けていたとき。

現実には，相手方Cが債務の履行を求めるのか，損害賠償を求めるのかの選択は，契約の内容によることになるでしょう。

たとえば，本人Aが所有している不動産を相手方Cが購入する内容の売買契約だとすると，本人Aはその不動産を売却するつもりはなかったという場

合には，相手方Cが無権代理人Bに対して契約の履行を求めても，BはAからその土地を手に入れることは難しく，契約の履行は期待できないでしょう。契約の履行を求めても結局は履行できず，債務不履行に基づく対処をしなければならなくなると思われます。

このような場合には契約の履行を求めるメリットはほとんどないので，選択としてはBに対して損害賠償を求める方がよいと考えられます。一方，契約内容が大量生産品である種類物の売買契約である場合には，Aではなくても売買の対象の商品を入手することが可能ですから，無権代理人Bに対して契約の履行を求めるメリットがあるとも考えられます。

12.3.3　無断で氏名を使われたケース

名義冒用　消費者契約トラブルでは，稀ではありますが，自分には身に覚えがない契約責任を問われるケースがあります。消費者Aが「自分はそんな契約はしていない」と主張すると，相手方の事業者から「しかし，契約書にはあなたの氏名が記載されているので，契約上の責任がある」と主張してくるといったトラブルです。

相手の事業者Cに依頼して契約書のコピーをもらって筆跡を確認したところやっぱり自分の筆跡ではない，誰か他人が自分の名義をかたったらしいことがわかる，そこで相手方事業者Cに事情を説明しても，「契約書に氏名が書かれている以上，契約上の責任があるのはあなただ」と強硬に主張してくるなどということもありえます。消費者Aとしては，自分にはまったく身に覚えがないことで，大変困惑することになります。

このようなケースは消費者問題では「名義冒用」などといわれますが，民法上の整理をすれば，無権代理に該当します。本人Aは，代理権を授与していないのにBが勝手に本人Aとして契約を締結してしまったとも言えます。この場合には，消費者Aに責任はあるのでしょうか。

無権代理と考える　消費者Aは，誰かに代理権を授与しているわけではありません。それなのに，勝手に他人が自分の代理人であるかのような法律行為をしている。これは「無権代理」に相当します。したがって，代理権を与えてもいないのに誰かが勝手に自分を本人として契約してしまった場合なの

で，本人（この場合では消費者A）は，その契約が納得できるものであれば追認することによって有効なものにすることができますが，追認しなければ本人との関係では契約は成立しません。

そうすると，相手方の事業者が損をするように思われますが，相手方事業者はその契約を取り消すか，無権代理人Bに対して契約の履行をするように求めるか，損害賠償請求をするかという選択肢があるということになります。

12.4　表見代理

表見代理とは　本人AはBに代理権を授与していない場合でも，相手方から見た場合にはいかにもBに代理権があるように見える場合があります。このような場合で，Cが代理権があると信じてしまう事態を引き起こしたことに本人Aにも一定の責任がある場合には，本人Aの責任が認められる場合があります。これを「表見代理」といいます。

3種類の制度　民法では，表見代理に関して3種類の制度を定めています。

第一は，本当は代理権を授与した事実はないのに，Bに代理権を授与したことを，本人AがCに表示をし，そのためにCがBには代理人があると信じた場合です。その代理権の範囲内においてその他人が第三者との間でした行為について，その責任を負うことになります。（第109条）。ただし，CがBに代理権が与えられていないことを知っていた（または過失によって知らなかった）ときは責任を免れます。

第二が，本人AがBに代理権を与えていた場合に，代理人Bが代理権限外の行為をした場合です。この場合には，相手方Cが，Bに代理人としての権限があると信ずべき正当な事由がある場合には，本人Aは，その契約などの法律行為について責任を負います（第110条）。

第三に，もともと本人AがBに代理権を与えていたものが代理権が消滅した後に，もともとの代理権の範囲内の行為をした場合です。この場合には，相手方Cが，代理権消滅の事実を知らなかった場合には，本人Aはその契約などに対して責任を負います（第112条）。

○ 2017年改正法第109条（代理権授与の表示による表見代理等）　第三者に対して他人に代理権を与えた旨を表示した者は，その代理権の範囲内においてその他人が第三者との間でした行為について，その責任を負う。ただし，第三者が，その他人が代理権を与えられていないことを知り，又は過失によって知らなかったときは，この限りでない。
2　第三者に対して他人に代理権を与えた旨を表示した者は，その代理権の範囲内においてその他人が第三者との間で行為をしたとすれば前項の規定によりその責任を負うべき場合において，その他人が第三者との間でその代理権の範囲外の行為をしたときは，第三者がその行為についてその他人の代理権があると信ずべき正当な理由があるときに限り，その行為についての責任を負う。

○ 2017年改正法第110条（権限外の行為の表見代理）　前条第一項本文の規定は，代理人がその権限外の行為をした場合において，第三者が代理人の権限があると信ずべき正当な理由があるときについて準用する。

○ 2017年改正法第112条（代理権消滅後の表見代理等）　他人に代理権を与えた者は，代理権の消滅後にその代理権の範囲内においてその他人が第三者との間でした行為について，代理権の消滅の事実を知らなかった第三者に対してその責任を負う。ただし，第三者が過失によってその事実を知らなかったときは，この限りでない。
2　他人に代理権を与えた者は，代理権の消滅後に，その代理権の範囲内においてその他人が第三者との間で行為をしたとすれば前項の規定によりその責任を負うべき場合において，その他人が第三者との間でその代理権の範囲外の行為をしたときは，第三者がその行為についてその他人の代理権があると信ずべき正当な理由があるときに限り，その行為についての責任を負う。

具体例　たとえば，A社の従業員Bが，取引先Cとの取引についてA社から代理権を与えられ，C社との取引を担当して繰り返し契約していた事例で考えてみましょう。その後，Bは，A社を退職しA社の代理人ではなくなったのですが，A社はBの退職についてCに連絡をしませんでした。そのため，C社ではその事実を知りませんでした。

このような状況の中で，BがCのところに行き，以前のようにA社の代理人と名乗って契約しました。Cは，当然Bに代理権があると信じていたため，その契約はAとの間の契約だと認識して契約しました。このような場合には，A社は，Bは既に退職して代理権はなくなっているから無権代理であるとは主張できません。このような事態を防ぐためには，A社は，Cに対してBの退職後はBはA社の代理人ではなくなったことを通知する必要がありました。

12.5　無権代理と表見代理の関係

無権代理か表見代理か　代理権のないBが，Aの代理人と名乗ってCと契約した場合には，無権代理となります。ただし，契約相手のCは，表見代理に該当する場合には，表見代理の主張をして本人AにBのした契約について責任を取ってもらうことができます。

無権代理であれば，Cは，本人に追認するかどうか催告をする方法，契約を取消す方法，無権代理人の責任を追及する方法から選ぶことができます。一方，表見代理に該当する可能性がある（つまり，裁判で表見代理の証明ができる可能性があるという場合）には，表見代理の主張をするという方法もあります。
　Cは，これらのどの方法によるかは，自分の置かれた状況を踏まえてどの手段が最もよいかを判断して決めることができます。

●コラム　名義貸しトラブル

　消費者被害の中には，「名義貸し」といわれるタイプのものがあります。ただし，無断で氏名を使われた場合や別の手続のための書類であるなど事実と違う説明をされて勘違いして署名捺印した場合のように，消費者が名義を貸したわけではないものまで「名義貸し」と呼んでいる場合があります。これは誤解を与える言い方で問題だと思われます。
　ここで取り上げる「名義貸し」は，消費者Aがある契約を自分の名義ですることについて承知でBに名義を貸した場合を指します。典型的な事例が，販売会社の経営者から，自分の店で販売している商品を個別クレジット契約を利用して購入したとする契約に名前を貸して欲しいと依頼されて貸してしまった場合などがあります。実際に商品を買う必要はない。個別クレジット会社との間での契約に名前を貸してくれるだけでよいと頼まれるわけです。
　個別クレジット契約の相手方のクレジット会社は，Aが支払ってくれると考えてAの支払能力などを調べた上で契約するかどうか判断します。
　このように契約に自分の名義を貸すということは，自分の名義を使って契約する権限をBに与えたということです。この場合には，AはBに自分名義で契約することを許した以上，契約について責任があると考えられます。「ただ名義を貸しただけだから，自分には関係はない」とは言えないのです。したがって，自分が守るつもりのない契約には，安易に名義を貸したりしてはいけないわけです。

13 時効・期限・条件

13.1 はじめに

　この章では，時効制度と期間計算などのルール，契約に条件を付ける場合の条件に関するルールを取り上げます。

13.2 時効とは

　時効の2つの例　　まず，具体例を取り上げて時効制度とは何か説明しましょう。

　Aが所有しているある土地を，所有者でもなくAから借りているわけでもないBが，自分の土地であるかのように使用している場合を考えてみましょう。通常であれば，所有者AはBに対して，自分の土地を無断で使用するのはやめて土地を返すよう求めるでしょう。しかし，Aが何もしないで長年Bが使用している状態を放置していた場合はどんな問題が生ずるでしょうか。周りの人々は，Bが土地の所有者だと考えるようになり，Bとその土地の賃貸借契約を結んだり，担保に取ったり，売買契約を結んだりすることが起こりえます。

　あるいは，CはDに対して，金銭を支払うように求める債権を持っているにもかかわらず，請求しないで長年放置していた場合はどうでしょうか。周りの人々がDには借金はないものと考えて行動するようになることが考えられます。

　時効制度　　このように，時効制度とは，ある事実状態が長年続いた場合に，長年続いた事実と同様の権利関係があるものとして扱おうとする制度です。時効には，**取得時効**と**消滅時効**があります。上記の事例の一つ目は取得時効が，二つ目は消滅時効が問題となる典型例です。

13.3　時効制度はなぜあるのか

制度の存在理由　時効制度はなぜあるのでしょうか。Aにある権利があるのであれば，いつまでも権利として守られるのは当然のようにも思われますが，時効制度はこれを否定する考え方です。

時効制度がある理由としては，三種類の理由があると説明されています。第一にある事実状態が平穏に続くと，周りの人々は事実状態どおりの権利関係があると考えるようになり，その前提で取引を繰り返すことになります。ところが，それは現実の権利関係とは違うと言って，長年が経過してから覆すことができるとすると，取引の安定が損なわれてしまいます。

第二に，長い年月が経過すると，権利関係を証明する資料が散逸してしまい，権利の証明が難しくなります。書類関係が失われ，証人が死亡するなどの事態です。こうなると事実確認が難しく，紛争解決が容易ではなくなります。

第三に，権利の上に眠る者は守られないという考え方があります。権利というものは，当然に「あり続ける」ものではなく，きちんと行使しなければならないという考え方です。

時効制度はこのような意味で，重要な制度であると位置付けられています。

13.4　取得時効と消滅時効

2つの時効制度　前述のように，時効制度には取得時効と消滅時効があります。

取得時効とは，長年権利者としての状態を平穏かつ公然と続けた場合には，権利者となることが認められる制度です。典型的なものが，土地の所有権です。先の事例で紹介したように，ある土地の所有者でないBが，平穏かつ公然と，所有の意思を持って土地の占有[1]を続けた場合には，10年ないし20年で取得時効が完成し，Bがその土地の所有権を取得します（第162条）。結果

1　民法180条（占有権の取得）　占有権は，自己のためにする意思をもって物を所有することによって取得する。

的に，Bの占有を放置して何もしなかったAは，その土地の所有権を失うことになります。

消滅時効とは，一定期間，権利を行使しないでいると権利を失う制度です。債権の消滅時効が身近なものです。債権の消滅時効については，次の章で詳しく取り上げています。

13.5　時効の援用

時効の利益を得るには　時効は，当然に効果が伴うものではありません。

消滅時効が完成すれば，当然に権利はなくなり，取得時効が完成すれば当然に所有権者が変わる，というものではないのです。時効の利益を得るためには，時効の権利を得たものが時効を援用することが必要です（2017年改正法第145条）。

○　2017年改正法第145条（時効の援用）　時効は，当事者（消滅時効にあっては，保証人，物上保証人，第三取得者その他権利の消滅について正当な利益を有する者を含む。）が援用しなければ，裁判所がこれによって裁判をすることができない。

裁判などで，取得時効がいつから進行し，いつ完成したので，自分は所有権を取得したと主張する必要があるということです。消滅時効の場合には，債権者から請求された場合に，いつから消滅時効が進行し，いつ完成したので，消滅時効を援用すると主張することが必要ということです。

時効制度は，本人が時効の援用をするかどうかを選べる制度であるとも言えます。時効が完成していても，権利者が援用しなければ，権利関係は以前のとおりということになります。

時効の効果　時効を援用すると，効果は起算日に遡ります。取得時効であれば，取得時効の起算日から，Bが所有者だったということになります。消滅時効であれば，消滅時効の起算日から権利はなかったことになります。

また，時効を援用するかどうかは，権利者の選択に委ねられていますが，時効の利益をあらかじめ放棄することはできません（第146条）。

○　第146条（時効の利益の放棄）　時効の利益は，あらかじめ放棄することができない。

13.6　時効を止めるためには

完成猶予と更新へ　時効の進行を止めることはできるのでしょうか。時効の進行を止める制度を，2017年改正前の民法では，「時効の中断」と「時効の停止」と言っていました。ただ，この呼び方は意味がわかりにくいとの批判があったことから，2017年民法では「時効の完成猶予と更新」という言葉に改めました。

時効の完成猶予とは，進行した時効期間をある事情が生じたときにはそのまま進行が止まることとし，ある事情がなくなれば途中で止まったところから進行するという意味です。時効の更新とは，それまで進んだ時効期間はリセットされ，新たに1日目から時効の進行が始まるというもので，時効期間がリセットされることを意味します。

これらの制度については，次章において詳しく解説します。

13.7　期間の計算

期間をどう計算するか　期間の定めについては，法令や裁判で決められた場合にはそれによります。それ以外で，当事者間で取り決めた場合には，取り決めによります。いずれもない場合には，民法の規定によります（第138条）。

期間を時間で定めた場合には即時から，日，週，月，年で定めた場合には，初日は参入しません。ただし，午前零時から始まる場合には初日を算入します（第139条，第140条）。

日，週，月，年で定めた場合には，期間はその末日で終了します。期間の末日が，日曜日，国民の祝日に関する法律による休日その他の休日に当たるときは，その日に取引をしない習慣がある場合には，期間はその翌日に終了します（第141〜143条）。

週，月，年によって期間を定めたときは，暦に従って計算します。週，月，年のはじめから期間を計算しないときは，最後の週，月，年においてその起算日に応答する日の前日に満了します。ただし，週，月，年で期間を定めた場合で，最後の月に応答する日がない場合には，その月の末日に満了します

(第143条)。

13.8 期　限

期限を決める場合　契約で，期限を決める場合があります。たとえば，お金を貸す契約をした場合に，元本や利息の返済期限を決めることがあります。売買契約では，契約と同時に商品の引渡しと代金の支払いを完了する場合は別にして，契約締結後に商品を引き渡したり代金を支払ったりする内容の場合には，販売会社が商品を引き渡す期限や，購入者が代金を支払う期限を定めます。身近な契約では，これが期限を決める典型的な場合です。

　民法では，こうした期限は，債務者の利益のために定めたものと推定し，債務者は原則として期限の利益を放棄することができるものと定めています。たとえば，代金の支払期限を定めている場合には，その支払期限までは，債務者は代金を支払うように請求はされないということを意味します。これは，「この期限までは債務の履行をしなくてもよい」という意味で，債務者の利益であるということです。ただし，支払期限が定められていても，支払期限よりも前に支払うことは差し支えないわけで，これを**期限の利益の放棄**という言い方をするわけです（第136条）。

　ただし，債務者が破産手続開始の決定を受けたり，担保を滅失させたりした場合には，期限の利益を喪失します。つまり，直ちに支払う義務を負うことになります（第137条）。

　ローンやキャッシングなどのお金を借りる契約では，分割返済の契約内容になっている場合には，「一回でも支払を怠った場合には，債務者は当然に期限の利益を喪失する。」との趣旨の契約条項が設けられていることが普通です。この「期限の利益を喪失する」という意味は，直ちに全額を支払わなければならないという意味になります。つまり，契約で定めたとおり毎月きちんと分割払いをしていればよいが，一回でも契約で定めた期日に遅れたり，契約で定めた金額を支払わないと，直ちに全額を返済しはなくてはならなくなりますよ，ということなのです。

13.9 条件

民法における条件の規定　契約を締結する際に，条件を付けることがあります。「○○が実現したら，この契約の効果が生ずる。」とか「○○の条件が成就したら，この契約は解除される。」などの取決めをした場合が，これに当たります。民法では，この条件についても規定を設けています。

条件には，**解除条件**と**停止条件**とがあります。停止条件付き契約とは，停止条件が成就した時に契約の効果が生ずるものです。解除条件付き契約とは，解除条件が成就すると，契約が解除されるものです。契約で，その効果が契約締結時に遡ると定めていた場合には，契約締結時に遡って効果が生じます（第126条）。

条件付き契約を締結したときに，既に条件が成就していた場合には，停止条件契約の場合には無条件の契約とし，解除条件の場合には契約は無効です（第131条）。

不法な行為を条件とする契約や不法な行為をしないことを条件とする契約は，いずれも無効です（第132条）。不能の条件を付した契約の場合には，停止条件付き契約は無効，解除条件付き契約の場合には無条件の契約とされます（第133条）。

停止条件付契約で，条件が，債務者自身の意思のみで決定できる条件の場合には，無効です。このような条件のことを**随意条件**といいます（第134条）。

なお，条件を設けた契約で，条件の成就について一方当事者が不正を働いた場合にはどのように扱われるかという問題があります。この点について，改正前民法では，条件が成就することによって不利益を受ける当事者が故意に条件の成就を妨げたときは，相手方は条件が成就したものとみなすことがとできると定めていました（第130条）。2017年改正法では，さらに，条件成就により利益を受ける当事者が不正により条件を成就させたときについても明確化する規定を設けました。この場合は，相手方は条件が成就しなかったものとみなすことができます（第130条第2項）。

14 消滅時効
権利には期限がある

14.1 はじめに

債権はいつまで行使できるか　契約当事者は，さまざまな民事ルールとしての権利を持っています。契約した場合には契約に従った履行を求める権利があります。たとえば，売買契約であれば，買い手は商品を引き渡すように請求する権利があります。売り手は，代金を支払うように請求する権利があります。契約相方が契約を守らないときには，それによって被った損害の賠償を請求できる場合があります（債務不履行に基づく損害賠償請求権）。

消費者金融からの借入で利息制限法を超える約定金利を長く支払い続けた場合には，過払金が発生している場合があります[1]。この場合，消費者は払い過ぎた金額の返還を請求できます。

これらは，いずれも「人に対して給付を求める権利」です。このような権利は，下記に説明するように民法上「債権」といいます。これらの債権はいつまで行使することができるのでしょうか。この章では，債権はいつまで行使できるかについて考えます。

14.2 債権の消滅時効

14.2.1 債権とその消滅時効

債権とは　契約をすると，契約当事者は相手方に対して，契約に基づいて「商品を引渡してください」とか「代金を支払ってください」と請求できる

---

[1] 2006年と2010年に貸金業法・利息制限法・出資法が改正された以後の借入については，利息制限法と出資法とのズレ（いわゆるグレーゾーン）がなくなった結果，改正後の借入れについてはほとんど過払いは起こらなくなりました。

法的な権利を取得します。このように特定の人Aが特定の人Bに対して何かをしてください（これを「**作為**」といいます）とか，何かをしないでください（これを「**不作為**」といいます）と請求することができる権利が「債権」です。

4つの発生原因　債権の発生原因は，契約，不法行為，事務管理，不当利得の4種類です。契約によるものが最も多く，ついで不法行為による損害賠償請求権が多く，事務管理や不当利得によるものもありますが，これらはあまり多くはありません。

債権の消滅時効　民法ではこれらの債権に期限を設け，一定期間行使しないと，時効によって消滅するとしています。これを消滅時効といいます。

この消滅時効の規定は，2017年改正法において大きく変更されました。改正法の施行は2020年4月1日ですが，ここではまず，改正以前の規定から順を追って説明します。

14.2.2　2017年民法改正前の消滅時効の規定

改正前の消滅時効の規定　2017年民法改正前においては「債権は，10年間行使しないときは，消滅する。」と定められていました（改正前民法第167条1項）。

たとえば，契約による「代金を支払ってください」という金銭債権を取得した場合を例に取ると，消滅時効がはじまる「権利を行使できる時」とは，支払期限が来た時を意味します。まだ支払期限が来ていない場合には，相手に対して「支払ってください」とは言えないので，消滅時効は進行しません。

また，改正前の規定では，商行為による債権には，商法の消滅時効が適用されます。商法では，債権の消滅時効は5年間です（商法522条）。ビジネス上の取引は大量に迅速に行われるものであるため消滅時効が短く設定されたのです。日常的な契約では会社との契約が多く，これは商行為に該当するので（会社法第5条）[2]，債権の消滅時効は商法による5年が普通です。たとえば，消費者金融業者が株式会社だった場合には，商法に定める消滅時効5年が適

---

[2]　スーパーマーケット，デパート，コンビニエンスストア，銀行は会社です。

用されます。会社以外でも，商法で定めた商行為[3]に該当する場合には商事消滅時効によります。

2017年改正法施行以前は，民法は通常の10年間の消滅時効のほかに，以下のような3年，2年，1年の3種類の短期消滅時効制度が設けられていました。

3年の短期消滅時効は，医師，助産師または薬剤師の診療，助産または調剤に関する債権，工事の設計，施工または監理を業とする者の工事に関する債権です（改正前民法第170条）。

また，弁護士は事件が終了した時から，公証人はその職務を執行した時から3年を経過したときは，その職務に関して受け取った書類について，その責任を免れます（改正前民法第171条）。

次に2年の短期消滅時効は，弁護士または公証人の職務に関する債権で，その原因となった事件が終了した時から2年間行使しないときは，消滅するとされていました。ただし，その事件中の各事項が終了した時から5年を経過したときは，同項の期間内であっても，その事項に関する債権は，消滅します（改正前民法172条）。

そのほか，下記の債権も2年の消滅時効とされていました（改正前民法第173条）。①生産者，卸売商人又は小売商人が売却した産物又は商品の代価に係る債権，②自己の技能を用い，注文を受けて，物を製作し又は自己の仕事場で他人のために仕事をすることを業とする者の仕事に関する債権，③学芸又は技能の教育を行う者が生徒の教育，衣食又は寄宿の代価について有する債権。

最後に，1年の短期消滅時効は下記のとおりです（改正前第民法174条）。①月又はこれより短い時期によって定めた使用人の給料に係る債権，②自己の労力の提供又は演芸を業とする者の報酬又はその供給した物の代価に係る債権，③運送賃に係る債権，④旅館，料理店，飲食店，貸席又は娯楽場の宿泊料，飲食料，席料，入場料，消費物の代価又は立替金に係る債権，⑤動産の損料に係る債権。

---

[3] 商法では，絶対的商行為，営業的商行為，付属的商行為について定めています。小売業は安く仕入れて高く売る行為ですが，これは絶対的商行為に当たります。

飲み屋のツケ（④）やDVDのレンタル料（⑤）などは，1年の短期消滅時効の身近な例です。

14.2.3　2017年民法改正による改正点

原則として5年間に　2017年民法改正では，消滅時効に関して大きな改正を行い，原則として，債権者が権利を行使することができることを知った時[4]から5年間に短縮しています（先に述べた短期消滅時効の規定は，すべて条文から削除されました）。

また，商法の消滅時効の規定を削除しています。2017年改正法施行日以降の契約による債権は，原則として，すべて一律5年間となるわけです。後述しますが，消費者は領収書類は5年間の保管が必要という建前になります。

ただし，例外として5年よりも長い消滅時効のものもあります。下記のとおりです。

(1) 権利行使ができる時を債権者が知らない場合

権利を行使することができる時[5]から10年間（2017年改正法第166条1項2号）。典型的なものは，消費者が利息制限法を超える金利を消費者金融業者などに支払っていた場合の過払金返還請求権です。

(2) 判決で確定した権利の消滅時効

確定した時から10年です（2017年改正法第169条）。

(3) 人の身体または生命の侵害による損害賠償請求権

被害者が権利を行使することができる時から20年間です（2017年改正法第167条）。

14.3　消滅時効の制度理由

消滅時効がなかったら　債権には，なぜ消滅時効があるのでしょうか。消費者の立場からすると，事業者に対する債権は永久に権利として認められて当然ではないかと感じるかもしれません。では，事業者の消費者に対する債権

---

[4] 「債権者が権利を行使することができることを知った時」のことを**主観的起算点**と呼びます。
[5] 「権利を行使することができる時」のことを**客観的起算点**と呼びます。

がいつまでも権利として有効に行使できるのは合理的でしょうか。

たとえば，消費者が通信販売で商品を購入して支払いをし，そのときの振り込みの控えを廃棄処分した場合を考えてみましょう。

取引から6年後に販売業者が代金が未払いになっているからと主張して代金請求してきました。販売業者の手元には，消費者が注文し，販売業者がこれに応じて商品を提供した事実を裏付ける資料が残っています。一方，消費者の手元には支払ったことを証明する資料がありません。

このような場合には，消費者は支払わなければならないことになります。消費者としては，振り込みの控えや領収書を保管しておくことが大切です。では，いつまで保管しておけばよいのかなどの疑問が生じます。（2017年改正より，原則として5年となりました。）

さて，ここで債権の消滅時効制度の必要性について整理しておきましょう。前章では，時効制度の存在理由として (1) <u>権利の上に眠る者は保護しない</u>，(2) <u>証拠の散逸により紛争解決が困難となることを防止する</u>，(3) <u>長期間にわたり積み重ねられた取引の安定を守る</u>，の3点の理由をあげました。この3点の優先順位は，時代によって異なっています。近年では，取引の迅速性が重要視される傾向にあり，(3) と (2) の観点が重要視される傾向がありますが，時効制度の根拠として，上記の点を理由としてあげる点は変わりません。

14.4 消滅時効の援用

本人が援用　消費者金融からの借入などで，返済期限から10年以上が経過しているのに訴訟を起こされた，違法ではないか，と腹を立てる人がいます。その理由は，「消滅時効が完成して債権は消滅しているから，訴訟を起こすのは違法行為だ」というものです。

しかし，これは間違いです。消滅時効の完成によって当然に債権が消滅するわけではありません。前章で説明したように時効は，<u>本人が援用</u>する必要があります。

民法では，「時効は，当事者…が援用しなければ，裁判所がこれによって裁判をすることができない。」（2017年改正法第145条）と定められています。

援用というのは,「○○日に消滅時効が完成しています。ついては,私は消滅時効を援用して,支払いません。」ということを相手や裁判所に伝えるということです。消滅時効が完成したとしても,当然に債権が消滅するわけではないので,債務者本人が消滅時効を援用するかどうかを選択できます。これまでと今後の債権者との関係を考慮すれば,消滅時効を援用するのはやめて,きちんと支払おうという選択もありうるということです。

　消滅時効完成後でも,債権者は,債権を行使できます。これ対して,債務者は,「消滅時効が完成しているので援用します」と主張できる,ということです。当事者が消滅時効の援用をしなければ,裁判所は,債権者の請求に基づいて「支払え」との判決を出すことになります。

　しかし,当事者が消滅時効制度の存在を知らなかったり,制度の正しい知識を持っていないと,当事者の不利になります。制度を知らなかったために援用しなかったり,消滅時効の進行を止めることができなかったとしても救済されないのです。

14.5　消滅時効を止めるためには

　完成猶予と更新へ　前章で述べたように,時効の進行を止める制度は,2017年改正民法では「時効の完成猶予と更新」に変わりました。

　時効の完成猶予とは,進行した時効期間をある事情が生じたときにはそのまま進行が止まることとし,ある事情がなくなれば途中で止まったところから進行するという意味です。**時効の更新**とは,それまで進んだ時効期間はリセットされ,新たに1日目から時効の進行が始まるというもので,時効期間がリセットされることを意味します。

　以下では,2017年改正法に基づいて時効の進行が止まる場合,時効期間がリセットされる場合を解説します。

　(1) 時効が猶予されるとき（2017年改正法第147条〜149条）

　裁判所での手続を取る場合には,その手続の期間中は時効の完成は猶予され,完成しません。裁判上の手続には,訴訟,支払督促,強制執行があります。仮処分や仮差押えの場合には,6か月を経過するまでは完成しないとされて

いますので，6か月の間に訴訟提起などの手続をする必要があります。

　具体的に説明すると，債権者が，債務者に対して，支払いを求める民事訴訟を提起すると，消滅時効は訴訟手続中は猶予されます。債権者が勝訴すれば，その時から時効は新たに進行が始まり，10年間で完成することになります。ただし，完成前であれば確定判決による強制執行ができるというわけです。

> ○　2017年改正法第147条（裁判上の請求等による時効の完成猶予及び更新）　次に掲げる事由がある場合には，その事由が終了する（確定判決又は確定判決と同一の効力を有するものによって権利が確定することなくその事由が終了した場合にあっては，その終了の時から6箇月を経過する）までの間は，時効は，完成しない。
> 　一　裁判上の請求
> 　二　支払督促
> 　三　民事訴訟法第275条第1項の和解又は民事調停法（昭和26年法律第222号）若しくは家事事件手続法（平成23年法律第52号）による調停
> 　四　破産手続参加，再生手続参加又は更生手続参加
> 2　前項の場合において，確定判決又は確定判決と同一の効力を有するものによって権利が確定したときは，時効は，同項各号に掲げる事由が終了した時から新たにその進行を始める。
>
> ○　2017年改正法第148条（強制執行等による時効の完成猶予及び更新）　次に掲げる事由がある場合には，その事由が終了する（申立ての取下げ又は法律の規定に従わないことによる取消しによってその事由が終了した場合にあっては，その終了の時から6箇月を経過する）までの間は，時効は，完成しない。
> 　一　強制執行
> 　二　担保権の実行
> 　三　民事執行法（昭和54年法律第4号）第195条に規定する担保権の実行としての競売の例による競売
> 　四　民事執行法第196条に規定する財産開示手続
> 2　前項の場合には，時効は，同項各号に掲げる事由が終了した時から新たにその進行を始める。ただし，申立ての取下げ又は法律の規定に従わないことによる取消しによってその事由が終了した場合は，この限りでない。
>
> ○　2017年改正法第149条（仮差押え等による時効の完成猶予）　次に掲げる事由がある場合には，その事由が終了した時から六箇月を経過するまでの間は，時効は，完成しない。
> 　一　仮差押え
> 　二　仮処分

(2) 催告による時効の猶予（2017年改正法第150条）

　催告とは，日常用語で言うと，債権者から債務者に対する事実上の請求です（既に8章の契約の解除のところに出てきました）。催告の場合には，催告してから6か月間は時効は完成しないと定められているのに留まります。つまり，電話や文書などで支払いを求めるだけでは時効の完成を止めることはできません。時効の完成時期が迫っている場合には，催告をしてから6か月以内に訴訟を提起するなどの対応が必要ということになります。

> ○　2017年改正法第150条（催告による時効の完成猶予）　催告があったときは，その時から6箇月を経

過するまでの間は，時効は，完成しない。
2 催告によって時効の完成が猶予されている間にされた再度の催告は，前項の規定による時効の完成猶予の効力を有しない。

(3) 合意による時効の完成猶予（2017年改正法第151条）

2017年民法改正で，新たに当事者間の合意による時効の完成猶予の制度が設けられました。

合意による時効の猶予の対象になるのは，権利についての協議を行う旨の合意が書面でされた場合です。当事者間で権利義務関係をめぐって紛争が起こった場合に，その紛争を解決するための協議を行うことを書面にする場合に限定されるということです。この場合の書面は紙によるもののほか，電磁的記録でもよいとされています。

完成が猶予されるのは，原則として合意の時から1年間，1年間より短い期間を協議を行う期間として合意で定めた時は合意で定めた期間です。

(4) 時効の更新（2017年改正法第152条，第169条）

債務者が権利があることを認めた場合，つまり権利の承認があった場合には，それまで進行した時効はリセットされ，新たに進行が始まることになります。

民事訴訟を提起し，原告の勝訴判決が確定したときは，それまでの時効はリセットされ，判決確定のときから新たに1日めから進行することになります。

○ 2017年改正法第151条（協議を行う旨の合意による時効の完成猶予）　権利についての協議を行う旨の合意が書面でされたときは，次に掲げる時のいずれか早い時までの間は，時効は，完成しない。
一　その合意があった時から1年を経過した時
二　その合意において当事者が協議を行う期間（1年に満たないものに限る。）を定めたときは，その期間を経過した時
三　当事者の一方から相手方に対して協議の続行を拒絶する旨の通知が書面でされたときは，その通知の時から6箇月を経過した時
2　前項の規定により時効の完成が猶予されている間にされた再度の同項の合意は，同項の規定による時効の完成猶予の効力を有する。ただし，その効力は，時効の完成が猶予されなかったとすれば時効が完成すべき時から通じて5年を超えることができない。
3　催告によって時効の完成が猶予されている間にされた第1項の合意は，同項の規定による時効の完成猶予の効力を有しない。同項の規定により時効の完成が猶予されている間にされた催告についても，同様とする。
4　第1項の合意がその内容を記録した電磁的記録（電子的方式，磁気的方式その他人の知覚によっては認識することができない方式で作られる記録であって，電子計算機による情報処理の用に供されるものをいう。以下同じ。）によってされたときは，その合意は，書面によってされたものとみなして，前三項の規定を適用する。
5　前項の規定は，第1項第3号の通知について準用する。

○ 2017年改正法第152条（承認による時効の更新）　時効は，権利の承認があったときは，その時から

> 新たにその進行を始める。
> 2　前項の承認をするには、相手方の権利についての処分につき行為能力の制限を受けていないこと又は権限があることを要しない。

14.6　その他の権利の行使期間

　消費生活にかかわる身近な権利行使期間についても、ここで確認の意味で整理しておきましょう。多くの権利行使期間については、既に取り上げています。

　まず、確認しておくべきことは「人が人に対して行使することができる権利は、どんな権利でも「行使すべき時」というものである」ということです。その期間を過ぎてしまうと権利はなくなってしまったり行使することができなくなります。そこで、権利の行使期間を理解しておくことは日常生活の上でも大切なのです。

　ここでは、日常生活でもかかわることがありうる可能性がある主なものを取り上げます。

（1）民法上の取消権

　詐欺や強迫による契約、未成年者などの制限行為能力者の契約などで認められている権利です。

　7.4で述べたように取消し可能な期間は、追認をすることができる時、2017年改正法では、取消しの原因となっていた状況が消滅したときであり、かつ取消権があることを取消権者が知った時点から5年間が基本です（第126条）。ただし、最長でも契約を締結した時から20年で取消しはできなくなります。民法では、取消しの原因となっていた状況が消滅したときのことを「追認をすることができる時」と表現しています。

（2）消費者契約法・特定商取引法の取消権

　追認できる時から1年が基本です（消費者契約法第7条第1項、特定商取引法第9条の3第4項）。ただし最長でも契約締結から5年までです。契約締結から5年を過ぎると取消しできなくなります。取消事由が民法上の詐欺や強迫の要件よりも緩やかで取消しできる場合が広く設定されていることから、民

法の取消権の行使期間よりも取消しできる期間が短くなっています。

(3) 過量訪問販売・過量電話勧誘販売の解除権

特定商取引法により，訪問販売と電話勧誘販売で，同種の商品を著しく過量に契約させられた場合に認められている権利です。解除の対象となる契約の締結から1年間です（特定商取引法第9条の2第2項）。

(4) 債務不履行責任

債務不履行に基づく損害賠償請求権や契約の解除権などは，2017年改正法では，債務不履行の事実があった時から5年です（2017年改正法第166条第1項）。改正前の債権については10年です（改正前第167条）。

(5) 不法行為に基づく損害賠償請求権

被害者が損害を知った時から3年間です。ただし，最長でも行為の時から20年間となっています。ただし，2017年改正法では，人の生命または身体を害する不法行為については，被害者が損害を知った時から5年間です（2017年改正法第724条，第724条の2）。

●コラム　ある消費者金融業者の言い分と消滅時効

　多数の消費者金融からの借金が積み重なり借金が増えて支払困難になる多重債務の事件では，消費者金融業者の債務者に対する債権について消滅時効が完成しているかどうかが問題となるケースが少なくありません。
　こんな事例があります。
　消費者金融業者から，消費者に対して，貸金の元本と利息・遅延損害金の請求がされました。消費者が支払困難となり支払わない状態が7－8年も続いていたため，遅延損害金が多額になり，もともとの元金よりも遅延損害金の方が多額になっていました。
　消費者は，多重債務問題で受けた法律相談で消滅時効制度について助言されていたため，もう7－8年も返済できない状態が続いているので，既に消滅時効が完成しているはずであると伝えました。
　これに対して，消費者金融業者は，次のように述べたのです。「当社は，あなたに再三にわたりはがき，手紙などを出して請求を続けてきた。請求をしないで放置したような期間はない。」「電話による請求も頻繁に行ってきた」「自宅や職場に訪問して支払うように請求もしてきた。」「このように当社は，いろいろな手段で支払いをするように請求を繰り返してきた。それにもかかわらず，不誠実にも支払わないでいたのはあなたではないか。」「いろいろな方法で請求をしてきたのだから，請求しないで放置していたのとはわけが違

う。消滅時効が完成するわけがない。」

　これを聞いた消費者は，確かに毎月のようにはがきによる督促状が来ていたし，封書による督促状も送られてきた事実があると思い返しました。また，自宅に取り立ての電話や訪問があり，家族が大変迷惑して苦労していた事実もあると思い返しました。自分や家族にとっては生活の平穏を乱す大変迷惑な行為でしたが，支払いを求めるための行為だったのであり，それを無視して支払わなかったことを棚に上げて消滅時効の主張などはできないのだ，と言われるとそうかもしれないという気持ちにもなってしまうのでした…。

　しかし，これは消費者金融業者の言い分が間違いです。消滅時効の進行を止めるためには，裁判上の請求を行うことが必要です。裁判上の請求の一般的な手段は，民事訴訟を提起することです。消滅時効が完成する前の段階で民事訴訟を提起して勝訴判決を取れば，判決が確定してから10年間の消滅時効が新たに進行することになります。このように債権が消滅時効にかからないように管理することも，事業者の大切な仕事です。

　民事裁判を起こさないで，事実上の請求を続けていても消滅時効の進行を止めることはできません。このケースでは，消費者金融業者には法律にのっとった債権管理がなされていなかったという問題点があるということです。

15 典型契約

15.1 はじめに

13種類の契約　民法では，贈与，売買，交換，消費貸借，使用貸借，賃貸借，雇用，請負，委任，寄託，組合，終身定期金，和解の計13種類の契約について定めています[1]。この13種類の契約のことを「**典型契約**」といいます。具体的な典型契約について取り上げる前に，民法における「典型契約」の意味や存在意義，概要について説明しましょう。

15.2 契約の考え方の基本

契約自由の原則　民法の契約に関する考え方の基本は，「契約自由の原則」というものです。2017年改正法では，第521条で「契約の締結及び内容の自由」との規律を設けて明確化しています。

「契約自由の原則」については，既に2.3の民法の基本原則で説明していますが，改めて整理しておきましょう。「契約自由の原則」は，次の四点に整理されます。

・契約締結の自由
・契約相手を選ぶ自由
・契約内容の自由
・契約の様式の自由

契約の内容の自由とは，どのような内容や契約条件の契約を締結するかは，法令で特別の定めがない限りは，契約を締結しようとする当事者の双方が協議をして納得の上で合意をしたものであればよい，という考え方です。当事

1　民法第3編第2章第2節〜第14節（第549条〜第696条）。

者間で合意された内容は，原則として契約内容となります。契約当事者双方は，合意した内容を守る義務を負うことになるわけです。

なぜ典型契約があるか　このことから，民法では，どのような契約を締結するかについては，原則として当事者間の自由に委ねていることがわかります。どのような内容の契約を締結するかは，当事者間で協議して自由に決めることができるのであれば，わざわざ民法で個別的な契約についての規律を設ける必要はないのではないかという疑問を持つ人もいるのではないでしょうか。契約問題を考える時には，契約当事者がどのような合意をしていたかを基準にして考えればよいのですから。

それにもかかわらず，民法にはなぜ典型契約の規律があるのでしょうか。ごく身近な契約を例にとって考えてみましょう。

15.3　典型契約の規律がある理由

買い物に関する契約　私たちが日常的に利用している契約にスーパーマーケットなどでの買い物があります。買い物をするときには私たちは，どのように契約しているか振り返ってみましょう。

スーパーで袋入りの果物を購入したところ，中に入っていた数個の果物が傷んでいて食べられなかった場合を例に考えてみましょう。消費者が，スーパーで買い物をする場合に，「中のものが傷んでいた場合には，こういう取り扱いにする」「購入した商品が故障していたら，これこれこういう扱いにする」などということを，いちいち協議をして取り決めているでしょうか。

日頃の買い物では，購入する商品の特定と価格については明確な合意をしています。しかし，それ以外の細かいことについては，いちいち協議をしたり取り決めたりしていないことが少なくありません。スーパーでの買い物では，いちいち契約内容について細かな契約条項を定めて契約書を作成したりはしていません。

では，買い物するときには予想もしていなかった事態が発生した場合にはどのよう解決したらよいのでしょう。

典型契約は補完の役割　私人間で起こった紛争については，双方で話し合っ

て解決することが基本です。スーパーと消費者との間で話し合って，双方ともに相手の立場や言い分を十分聞き尊重し合って双方が納得できる解決ができれば理想的です。しかし，契約問題では，売り手と買い手の利害は対立するので，お互いに自分の立場にこだわると，話し合いによっては解決できない場合が起こりえます。

話し合いでは解決できない場合には，法治国家では国が最終な解決手段として裁判制度を用意しています。民事紛争については，民事裁判で解決するという最終手段を利用できます。裁判では，当事者間の契約内容を基準に，具体的な紛争への当てはめをして結論を出します。そうすると，当事者間での合意がない問題に関して紛争が起こった場合には，裁判所も判断できないという困ったことが起こります。

そこで，当事者間に取り決めがない場合に判断基準として用いるために，典型契約に関する規律が定められているのです。典型契約に関する紛争で，当事者間で契約時に決めていない内容にかかわるトラブルが発生している場合には，裁判官は，民法の典型契約に関する規律に基づいて判断します。当事者間に細々とした取り決めがなくても，紛争は解決することができるわけです。典型契約の定めは，当事者間で取り決めがない場合の補完として機能しています。民法のこのような機能から，民法は**裁判規範**であると言われています。

15.4 典型契約の意味

有名契約と無名契約　典型契約とは，民法で定められている契約という意味です。典型契約は，民法上の名称があるという意味から，別名「有名契約」ともいいます。

契約当事者間で合意ができれば，典型契約には該当しない内容の契約を締結することも自由です。典型契約には該当しない契約のことを典型契約との対比で，**非典型契約**といいます。有名契約と対比させて別名「**無名契約**」ともいいます。

典型契約と有名契約とは同じ意味です。また，非典型契約と無名契約は同じ意味です。

ただ，民法の教科書や判例などを見ていると，典型契約という用語を使っているからといって，典型契約に該当しない契約のことを非典型契約と言っているとは限らないので，注意が必要です。民法上の規定がある契約を典型契約と言いながら，民法上に規定がない契約を無名契約と呼んでいる例も見受けられます。

たとえば，私立大学の入学辞退時の学納金不返還特約に関する消費者契約法第 9 条 1 号の平均的損害をめぐる最高裁判決（2007 年）では，私立大学の入学契約は典型契約ではないと判断しましたが，非典型契約とは表現せず，無名契約であると表現しています（20 章末のコラム「私立大学の入学契約」参照）。

15.5　任意規定としての機能

典型契約は任意規定　典型契約に関する定めは，当事者間に合意がない場合に裁判規範して使うためのものです。したがって，当事者間に合意があれば，合意が優先されます。このように当事者間の合意を補完するという機能を果たす規定のことを任意規定といいます。

既に 2.5 で説明しましたが復習すると，民法の条文には，任意規定と強行規定の 2 種類がありました。強行規定は，任意規定とは異なり，当事者間の合意によって変更することは認められません。強行規定に反する当事者間の特約は無効とされます。民法総則や物権法の大部分は強行規定です。

たとえば消費者契約トラブルでは，契約書の内容が民法の規定と違う内容となっている場合が見受けられます。民法の定めと違うことに気が付いた契約の一方当事者（多くの場合は消費者）が「この契約書の記述内容は民法の条文と違うから違法だ。相手は悪質だ」と怒る場合がありますが，民法の観点からすればこの指摘は間違いです。

契約に関する規律は，当事者双方の合意がない場合に，紛争を解決するために合意を補完するために設けられているものです。したがって，当事者間に民法上の任意規定とは異なる合意がある場合には，合意が優先します。合意があれば補完的な機能の任意規定は出番がないわけです。

15.6　消費者契約法との関係

不当条項の判断基準　ただし，消費者契約の場合には，任意規定が別の観点からより重要な意味を持ちます。消費者契約法第10条では「…法令の公の秩序に関しない規定の適用による場合に比し，消費者の権利を制限し，又は消費者の義務を加重する消費者契約の条項であって，民法第1条第2項に規定する基本原則に反して消費者の利益を一方的に害するものは，無効とする。」と定めています。「公の秩序に関しない規定」とは，任意規定のことです。

消費者契約の場合には，当事者間に合意がなされていた場合であっても，「…法令の任意規定の適用による場合に比べて，消費者の権利を制限し，又は消費者の義務を加重する消費者契約の条項」であることに加えて，その程度が「民法第1条第2項に規定する基本原則（信義誠実の原則）に反して消費者の利益を一方的に害する」という条件も満たしている場合には，その条項は無効とされます。「法令」の典型的なものが民法です。

消費者契約法においては，民法の任意規定が，不当条項に該当するかどうかの判断基準の一つとなっているわけです。したがって，消費者契約法を活用するためには，民法の任意規定の内容を理解していることが必要です。

15.7　典型契約の種類

身近でない契約も　民法では，13種類の契約を典型契約として定めています。教科書などでは，この13種類が日常生活でよく利用されている契約だから，と説明されることが普通です。

ただし，私たちの普段の暮らしを振り返ってみると，典型契約の中には聞いたこともない種類の契約がまじっています。たとえば，終身定期金契約は，ほとんどの人は聞いたことがないと思います。法律専門家の弁護士の中でも，自分の業務で終身定期金契約を取り扱ったという人はあまり多くないのが現実です。

このように，13種類の典型契約のすべての契約が日本の消費者にとって

身近なものというわけではありません。それは，現行の日本民法がどのように制定されたのか，という歴史的な事情によります。

歴史的背景　2.1で述べたように現行民法は，1896（明治29）年に制定されました。制定に当たって日本政府は立法担当者らにフランス民法とドイツ民法を研究させた上で，ドイツ民法とフランス民法を参考に民法典を編纂しました。当時の日本国内での取引実態だけを踏まえて民法典として編纂したわけではないのです。

日本政府が民法典を制定した目的が，当時の先進諸国であるヨーロッパ並みの市民法を導入している国であることを国際的にプレゼンスするためだったからと言われています。具体的に言えば，不平等条約を撤廃して対等な国際貿易ができることを目指したものだったのです。そのために，日本国内で日本人がどのような契約生活をしているかということよりも，ヨーロッパと同等の契約法理を導入することが重要視されたわけです。

このような事情があるためか，日本ではあまり日常的に活用されていない契約類型も，フランスやドイツでは典型的とされていたものは典型契約として導入されたという事情があるようです。

以下に13種類の契約を，4つのジャンル別に分けて，それぞれの違いについても簡単に紹介しましょう。

15.7.1　財産権を譲渡するタイプの契約

基本的取引　まず，「財産権を譲渡するタイプの契約」として**贈与**，**売買**，**交換**の3種類があります。贈与とは，無償で財産権を譲渡する契約です。お中元やお歳暮，バレンタインデー・母の日・父の日・誕生日・クリスマス・いろいろなお祝いごとの際のプレゼントなどが，贈与の典型例です。

売買とは，金銭で対価を支払うことを約束して財産権の譲渡をするものです。普段のお買い物はすべて売買です。食品・衣類・生活雑貨・家電製品などの生活必需品・土地や建物などの購入などが，売買に当たります。現代社会で，最も頻繁に利用されている契約です。

交換とは，物々交換のことです。

歴史的な研究では，取引の原型は贈与だとするものがあります。文化人類

学では「ポトラッチ」という贈与が交易の最初の形態だったとされています。経済取引の発展の観点からは，当初は自給自足だったものが，生産力が高まり余剰生産物が出てくると相互に余剰生産物を交換する交換経済に発展し，さらに貨幣経済に移行すると交換から売買が取引の中心に移行したと説明されます。このようにどの取引が最も基本的な取引なのかは，時代とともに変化してきました。貨幣経済が成熟した現代社会では売買が最も基本的な契約となっています。

15.7.2　貸すタイプの契約

　貸し借り　　次に，「貸すタイプの契約」として，**消費貸借**，**賃貸借**，**使用貸借**の3種類があります。

　消費貸借とは，借りたものは消費してしまい，借りたものと同等のものを返還するものをいいます。かつての下町などでは日常的だったと言われるお米・味噌・醤油などの貸し借りは消費貸借の典型例です。貸してもらったお米は炊いて食べてしまって，同等のお米を返すわけですから。現代社会では，キャッシング，ローンなどのように金銭消費貸借が日常的な取引になっています。借りたお金は必要に応じて使ってしまい，借りたのと同等のお金を返すわけです。金銭消費貸借には，利息が付くものと利息が付かないものとがあります。銀行や消費者金融業者など，事業者から借りる場合には契約で，利息が決められているのが普通です。

　賃貸借は，賃料を支払って借りる契約です。各種のレンタル契約，賃貸住宅などが典型例です。宅地建物の賃貸借契約の場合には，民法だけではなく借地借家法の適用があるので，借地借家法の知識が必要になります。

　使用貸借は，無償で借りる契約です。友人同士とか親族など，事業者と消費者といったビジネスライクな関係ではなく，なんらかの特別な人間関係がある場合に利用されることが多い契約です。

15.7.3　労務を提供する契約

　労務の提供　　3番目は「労務を提供する契約」です。**雇用**，**請負**，**委任・準委任**の3種類があります。準委任には委任の規定が準用されています。

委任と準委任はひとまとめにして考えて差し支えありません。委任は法律事務の委託を意味します。法律事務以外の事務の委託を準委任といいます。
　雇用は，給料を支払って労働者を雇う契約です。雇用主が指揮命令する立場に立ちます。
　請負は，仕事の完成に対して対価を支払う契約です。建物の建築請負契約が典型的なものです。
　委任・準委任は，その道の専門家に事務を委託して任せるもので，結果については確約できないものを指します。病気になって病院で治療をしてもらうのは準委任契約に当たります。病院では医療の専門家が病状に応じて治療をしますが，完治することは約束できません。患者の体力がなかったり，病気が大変重い場合には，治療をしても治らない場合があります。たとえ，病気が治らなかったとしても原則として債務不履行には該当しません。

15.7.4　その他

　当てはまらないもの　　最後は，以上の分類には当てはまらないものです。**寄託，組合，終身定期金，和解**の４種類です。
　寄託とは，物を預かって保管する契約，組合は組合員全員で組合を作る契約，和解は紛争を相互に譲歩して話し合って解決する契約です。
　終身定期金とは，当事者の一方が，自分，相手方，あるいは第三者が死亡するまで，定期に金銭その他の物を相手方または第三者に給付する契約です。ヨーロッパの小説などに「これかな」と思う話が出てくるのを見かけることがあります。

16 売買契約

16.1 はじめに

最も身近な契約　売買契約は金銭で代金を支払って商品を購入する契約のことで、私たちの日常生活では最も身近な契約です。

民法では、売買契約について「売買は、当事者の一方がある財産権を相手方に移転することを約し、相手方がこれに対してその代金を支払うことを約することによって、その効力を生ずる。」と定めています（第555条）。

売買契約による債権債務関係は、下図のようになります。

コンビニやスーパーマーケットなどの小売店で商品を購入する場合には、その場で購入する商品の引渡しを受けるとともにそれと引き換えに対価の支払いもします。その場で、契約の締結と履行のすべてが完了してしまいます。このような事情があるためか、小売店での買い物が売買契約であるとは認識されにくいという事情があるようです。

諾成契約　民法では、売買契約は、売り手と買い手との合意によって契約の効力が生ずる、つまり有効な契約が成立すると定めています。合意によって契約が成立するものを諾成契約といいます。諾成契約とは、最もありふれた契約スタイルです。普段の暮らしで日々行っている買い物は、この売買契約

売買契約

買主　　代金を支払う債務　　→　　売主

　　　　目的物（商品）を
　　　　引き渡す債務　　←

が締結された時に，その場で契約内容の履行もすませてしまうものです。

売買契約は，このような日常の買い物のほかに，土地や建物，マンション，自動車，家具，家電製品，ペット（愛玩動物）など購入する商品の範囲は多岐にわたります。マンションの売買とコンビニでの買い物では，ずいぶん違うイメージですが，民法上はどちらも売買契約という同一の種類の契約です。

ただし，商品の特殊性によって宅地や建物の売買には宅地建物取引業法，ペットの売買の場合には動物愛護法，訪問販売や通信販売には特定商取引法などの特別法が関係してくる場合があるので，注意が必要です。

訪問販売などでは，特定商取引法で，申込書面や契約書面の交付が義務付けられていますが，これらの書面交付義務は「行為についての規制」です。これらの書面の交付を契約の成立要件とする旨の定めはなく，民法の諾成契約の基本ルールについてまでは修正していません。したがって，法律で義務付けられた書面が交付されていなくても，売り手と買い手の間の意思表示に一致があれば，売買契約は有効に成立します。（ただし，法律で定められた書面の交付がない場合には，クーリング・オフ期間の起算日が到来しないので，クーリング・オフをすることによって契約を解消することができます。）

有償契約　このように対価を支払う契約を「**有償契約**」といいます。現代社会は，貨幣経済が発達していることから，有償契約が一般化しています。売買契約は，日常的な取引であるとともに最も基本的な有償契約であることから，民法の売買に関する規定は，売買以外の有償契約にも原則として適用されます（第559条）。したがって，契約の基礎を学ぶ上では，売買契約は大変重要な規定ということになります。

ここでは，売買契約に関する規定のうち，日常生活において常識として知っておく必要があると思われる基本的なことを中心に取り上げます。具体的には，手付と瑕疵担保責任の2つが中心的なポイントになります。

16.2　手付とは何か

手付金の授受　高額な買い物をするときに，その場では代金の全額を支払わないでとりあえず売買代金の1割前後のお金を支払っておく場合がありま

す。土地や建物，マンションなどの不動産取引でよく行われるやり方です[1]。それ以外でも，たとえば，街を歩いていたときにたまたま普段から欲しいなと思っていた高額商品を見つけた場合に，お店に入って行って「頭金を置いていくから，取っておいてください。残りの代金は〇〇日までに持ってくるから，そのときに商品も受け取っていきますからよろしくお願いします」などと頼んで，代金の1割前後のお金を支払い，後日残りの代金の支払いと引き換えに商品を受け取ることにする場合などもあります。

支払うときに「これは手付です」と明示する場合もありますが，当事者間はその意味をあまり意識していない場合もあります。このような場合の**手付**とは，いったいどういう意味を持っているのでしょう。

この点について民法は「買主が売主に手付を交付したときは，買主はその手付を放棄し，売主はその倍額を現実に提供して，契約の解除をすることができる。ただし，その相手方が，契約の履行に着手した後は，この限りでない。2　第545条第4項の規定は，前項の場合には，適用しない。」（第557条，2017年改正法による）と定めています。

解除権の留保　この趣旨は，買い手が手付を支払った場合には契約において，当事者間に解除権を留保したものと解釈するということです。

具体的には，契約相手が契約の履行に着手する以前であれば，買い手は手付を放棄することによって契約を解除することができる，売り手は受け取った手付を倍返しすれば契約を解除することができる，との合意があったものとして扱うということです。（不動産バブルの時代には，売り手である不動産業者が手付を倍返しして契約を解除する事態が起こっていました。不動産価格は日々上昇していたので，不動産業者としては，手付を倍返ししてでも契約を解除して，上昇した価格で次の買い手に売った方が儲かる時代だったのです。）

先の第557条第2項に述べられている第545条第4項は，「解除権の行使は，損害賠償の請求を妨げない。」との規定です。手付による契約解除についてはこの規定は適用しないという趣旨は，手付の放棄や倍返しだけで処理

1　宅地建物取引業法では，手付（手附）の額の制限等として第39条第1項において「宅地建物取引業者は，みずから売主となる宅地又は建物の売買契約の締結に際して，代金の額の十分の二をこえる額の手附を受領することができない。」と定めています。

してしまい，仮に契約解除によって相手方がそれ以上の損害を被ったとしても損害賠償をする義務はないという意味です。

契約の原則では，自分が締結した契約は，契約自由の原則により，守ることが義務付けられています。契約締結後の判断で，一方的に解除することは原則として認められません。ただし「契約又は法律の規定により当事者の一方が解除権を有するときは，その解除は，相手方に対する意思表示によってする」ことができます（第540条第1項）。手付というのは，「契約により解除権を認めた」場合に該当します。こういうものを約定解除権といいます。

16.3　手付の種類

いろいろな手付　ただし，手付にはいろいろな種類のものがあります。契約を締結したことを証明するために支払う手付を証約手付といいます。約定解除権を定めた手付のことを解約手付といいます。債務不履行の場合に，損害賠償として没収するためのものである場合には違約手付といいます。

契約の際に手付を支払うに当たって，当事者間で「これは証約手付ですよ」とか「違約手付ですよ」などと合意することは自由です。契約で手付の種類について明確に合意をしていた場合には，その種類の手付と解することになります。

問題は，当事者間で手付のやりとりはされているものの，どの種類の手付であるのかが明確にされていない場合にはどのように解釈したらよいかということでした。民法では，このような場合には解約手付として扱うものと定めたわけです。

解約手付の推定　民法の手付についての規定がこのような内容になったのは，それまでの西欧での取引実態も日本における取引実態も，手付は解約手付として支払われることが通常だったからであると説明されています。立法時の取引慣行を民法の条文としたということです。

では，手付を支払うときに「証約手付です」とか「違約手付です」という約束を明確にしていた場合には，買い手は手付を放棄して契約を解除することはできないのでしょうか。

この問題に関して，裁判所は，当事者間の契約で証約手付，あるいは違約手付だと明示して手付が支払われている場合でも，解約手付ではないことが明確にされていない場合には，違約手付や証約手付であるとともに解約手付でもあると解すべきであるとの判断を示しました。「これは違約手付であって，解約手付ではない」ことが契約の中で明示されている場合に限って，手付を放棄して契約を解除することはできないということになります。

16.4　契約締結の費用など

費用・期限・場所に関する規定　売買契約を締結する際には，契約締結の費用や履行日（商品の引渡しの日や代金の支払日）や履行場所を契約内容で決めることが普通です。この場合には，当事者間で定めた契約内容に従って処理することになります。売買契約の締結の際にすべての履行も完了してしまう場合には特には問題とはなりません。しかし，履行関係が残るのにきちんと契約で決めなかった場合には問題となる場合があります。

そこで，民法は，売買契約に関する費用について，「売買契約に関する費用は，当事者双方が等しい割合で負担する。」（第558条）と定めています。

代金の支払期限については，「売買の目的物の引渡しについて期限があるときは，代金の支払についても同一の期限を付したものと推定する。」（第573条）と定めています。「売買の目的物」とは商品のことです。売買の対象である商品と引き換えに支払うものとして扱う，という趣旨です。通信販売などでよく見かける前払い式の取引は，これとは異なる特約を設けているということになります。

代金の支払場所については，「売買の目的物の引渡しと同時に代金を支払うべきときは，その引渡しの場所において支払わなければならない。」（第574条）と定めています。支払場所や方法について特に契約で決めていない場合には，お店に行って商品を受け取ることになっているなら代金の支払いもお店にお金を持って行って支払う必要があるということです。消費者宅に商品を届けてもらう約束になっている場合には，消費者宅で支払うことになります。

16.5 瑕疵担保責任・契約不適合性についての責任

16.5.1 売買の目的物に瑕疵があった場合

購入後の問題点　売買契約で購入した商品を受け取ってからしばらく経過してから，受け取った商品に外見から見ただけではわからない傷（瑕疵）があることがわかったという場合には，買い手である消費者は販売業者に対してどんなことを求めることができるでしょうか。

売買契約を締結するときに，初めから傷があることがわかっていた場合には，傷があることを前提として価格などの取引条件を決めていますから，このような問題は起こりません。ところが，契約締結段階で可能な範囲内で商品の確認をしても傷があることはわからなかった場合には，消費者は，商品には傷がないものとして価格などの取引条件を決めています。また，傷がないことを前提にして，購入するかどうかの意思決定をしています。

それなのに，売買契約締結時にはわからなかった傷があることが，契約の履行がなされた後になって判明した場合には，トラブルが発生します。消費者としては，「こんな傷があることを知っていれば，そもそも購入しなかった」という場合もあるでしょうし，「傷のない完全なものだと思ったから，これだけの金額を支払う価値があると思ったのだ。傷があるならこんな代金を支払うはずがない。」という場合もあるでしょう。

たとえば，売買契約の対象の商品が大量生産品であり，事態が判明した際に，消費者からの申し出に基づいて販売事業者が傷のない商品と交換してくれるというのであれば，話し合いにより問題は解決することになります。しかし，販売業者から，「契約に基づいた商品の引渡しは済んでいる。あなたも納得して引渡しを受けたじゃないか。後になって苦情を言われても困る」と主張してきた場合には，どう考えるべきかという問題です。

販売業者に帰責事由がない場合　売り手の事業者が，傷物であることを知っていたのにこれを隠して売りつけたという場合には，消費者契約法に基づいて取消しできる場合がありえます。商品の品質についての不実告知がある場

合や不利益事実の不告知に当たる場合には，取消しができます（消費者契約法第4条第1項，第2項，第5項）。

あるいは，売買契約の締結には問題はなかったが，売買契約締結後の履行の段階で，販売業者に不注意な点があって傷物の引渡しがされることになったという場合には，債務不履行に該当する場合があります。債務不履行に該当する場合には，傷が大きくて購入する意味がないという場合には（契約の目的を達成できない），契約を債務不履行を理由に解除できます。また，債務履行により被った損害の賠償を求めることもできます。

ところが，販売業者も売買契約締結時に商品に傷があることを知らなかった上に，販売業者には帰責事由がなかった場合には，2017年改正前の民法では契約の取消しも債務不履行責任の追及もできません。このような場合には，消費者はどのような手段が取れるでしょうか。改正前民法において，このような場面で利用できる制度が，売主の瑕疵担保責任でした。

16.5.2 瑕疵担保責任とは

改正前民法の規定　2017年改正前の民法では，制定当時から瑕疵担保責任として次の規定を置いていました。

「売買の目的物に隠れた瑕疵があったときは，第566条の規定を準用する。」（改正前民法第570条）。第566条の規定とは，買主が売買契約締結時に隠れた瑕疵があることを知らず，かつ，隠れた瑕疵があるために契約をした目的を達することができないときは，買主は，契約の解除をすることができること，契約の解除をすることができないときは，損害賠償の請求のみをすることができること，契約の解除又は損害賠償の請求は，買主が事実を知った時から1年以内にしなければならないことを指します（8.3.4に条文があります）。

瑕疵担保責任についての説明としては，「引き渡された商品と価格のバランスの崩れを修正する制度」と理解するのがわかりやすいと思います。「これだけの品質の商品だ」ということで，契約当事者双方が納得できる価格を決めた。ところが，商品には隠れた傷があったために価格バランスが崩れてしまった。この場合には，売り手と買い手のどちらが悪いかという問題ではなく，

価格バランスの崩れを修正する必要があるので，その観点から設けられた制度ととらえるわけです。

したがって，瑕疵担保責任は販売業者に過失がなくても発生する無過失責任です。そのため，請求できる期間は「隠れた瑕疵があることを知った時から1年間」と大変短くなっていました（改正前民法第566条第3項）。また，損害賠償の範囲も債務不履行の場合の履行利益（債務の趣旨に沿った履行がなかった場合に通常予想できる範囲の損害賠償責任があるとする考え方）ではなく，それよりも狭い信頼利益（契約が有効に成立していると信頼した場合に通常予想できる範囲の損害賠償責任があるとする考え方）の範囲にとどまると解釈されていました。

16.5.3 契約不適合性についての責任へ

以上のような瑕疵担保責任に関する規律は，2017年民法改正で削除され，買主の追完請求権（562条），代金減額請求権（563条），買主の損害賠償請求及び解除権の行使（564条）の規定が新たに設けられました。この改正は，契約不適合性についての責任といわれるもので，債務者が無過失の場合にも追求できる債務不履行責任の一種です。

(1) 追完請求権

追完とは，債務の履行が不完全であった場合に，不完全な部分を事後的に補うことにより完全に履行することを意味します。このようなことを求める権利が，追完請求権です。具体的に言うと，売買契約に基づいて売主から引き渡された商品が，契約の内容に適合しないものであるときは，買主は売主に対して補修，代替物の引渡し，不足分の引渡しなどを請求できます。売主は，買主に不相当な負担を課するものでなければ，買主が求めた方法とはちがう方法で追完できます。ただし，契約不適合が，買主の責めに帰すべき事由による場合にはこの請求権はありません。

改正前の「隠れた瑕疵」という考え方はなくなり，「契約の内容に適合するかどうか」が判断基準になりました。つまり，契約当事者間で合意した契約の内容が，従来よりも重要視されるようになったということです。

(2) 代金減額請求権

買主が，相当の期間を定めて追完請求の催告をし，その期間内に追完がされない場合には，不適合の状態に応じて直ちに代金の減額請求ができます。ただし，契約不適合が，買主の責めに帰すべき事由による場合には減額請求はできないことは追完の場合と同様です。ただ，追完が不能の場合や売主が追完を拒絶している場合には催告は必要なく，直ちに減額請求ができます。

(3) 損害賠償請求権及び解除権の行使

以上の規定とは別に，民法第415条の損害賠償請求権，第541条（催告による解除。8.3参照）及び第542条（催告によらない解除。8.3参照）の規定の適用がある場合には，これらの権利を行使することができます。

(4) 期間の制限

上記の追完の請求，代金の減額の請求，損害賠償の請求は，買主が不適合を知った時から1年以内に売主に通知をしないで1年を経過するとできなくなります（2017年改正法第566条）。

ただし，売主が引渡しのとき不適合を知っていたか重大な過失により知らなかったときは，1年を過ぎても請求できます。

○ 2017年改正法第562条（買主の追完請求権）　引き渡された目的物が種類，品質又は数量に関して契約の内容に適合しないものであるときは，買主は，売主に対し，目的物の修補，代替物の引渡し又は不足分の引渡しによる履行の追完を請求することができる。ただし，売主は，買主に不相当な負担を課するものでないときは，買主が請求した方法と異なる方法による履行の追完をすることができる。
2　前項の不適合が買主の責めに帰すべき事由によるものであるときは，買主は，同項の規定による履行の追完の請求をすることができない。

○ 2017年改正法第563条（買主の代金減額請求権）　前条第1項本文に規定する場合において，買主が相当の期間を定めて履行の追完の催告をし，その期間内に履行の追完がないときは，買主は，その不適合の程度に応じて代金の減額を請求することができる。
2　前項の規定にかかわらず，次に掲げる場合には，買主は，同項の催告をすることなく，直ちに代金の減額を請求することができる。
一　履行の追完が不能であるとき。
二　売主が履行の追完を拒絶する意思を明確に表示したとき。
三　契約の性質又は当事者の意思表示により，特定の日時又は一定の期間内に履行をしなければ契約をした目的を達することができない場合において，売主が履行の追完をしないでその時期を経過したとき。
四　前三号に掲げる場合のほか，買主が前項の催告をしても履行の追完を受ける見込みがないことが明らかであるとき。
3　第一項の不適合が買主の責めに帰すべき事由によるものであるときは，買主は，前二項の規定による代金の減額の請求をすることができない。

○ 2017年改正法第564条（買主の損害賠償請求及び解除権の行使）　前二条の規定は，第415条の規定による損害賠償の請求並びに第541条及び第542条の規定による解除権の行使を妨げない。

●コラム　買ったペットが病気だった…

　最近はペットブームで，ペットショップで犬や猫などのペットを購入する人が少なくありません。ペットショップの店頭で生体を展示して販売する行為は，ペットが生き物であり店頭展示はペットに大きなストレスになるなど虐待の恐れもあるとの批判があるものの，いまだに生体の展示販売は行われ続けています。

　Aさんは，たまたま訪れたペットショップで展示されていた子犬に一目ぼれしてしまい，その場で購入し，連れて帰りました。ところが，連れて帰った日から急に元気がなくなり，翌日から激しい下痢などの症状が出ました。心配して獣医に連れて行き，検査の結果，伝染病によるものとわかりました。獣医の説明では，潜伏期間のある感染症によるものなので，ペットショップで感染していたものだろうと言われました。

　Aさんは，健康な犬だと思って購入したのに感染症に罹患していたことに納得できず，ペットショップに苦情を言いました。ペットショップでは，「犬は生き物だし，Aさんが自分で選んだのだから，たまたま病気だったとしてもペットショップには責任はない」「連れて帰った後も責任うんぬんと言われても困る」と言います。Aさんは，契約の時に病気だと説明されていればともかく，何の説明もなく，当然健康な犬だと思って購入したのにと納得がいきません。このような場合には，どのように考えたらよいのでしょうか。

　ペットの売買契約は立派な契約です。販売業者には「契約の本旨にしたがって」商品の引渡しをする義務があります。民法上，ペットも動産であり，商品です。引き渡された商品が，契約の内容に適合していない場合には債務不履行になります。購入者は，販売業者に対して，契約に適合した商品と交換するか，代金を減額するよう求めるなどできます。

　問題は，契約の内容では「どのような品質の商品を引き渡す」合意をしていたかです。合意の内容に添った履行がなされたのであれば，契約の内容に適合した債務の履行をしたことになり，ペットショップには責任はありません。契約の内容が「健康な犬の引渡し」であれば，病気の犬を引き渡したことは契約の内容に適合していないこととなるので，購入者は代金の減額を求めることができます。債務不履行について，ペットショップに帰責事由があれば，消費者は，債務不履行により被った損害についての賠償請求も可能です。

　ペットショップでのペットの販売は，通常は，原則として健康なペットの販売であると考えられます。したがって，特に「この子犬は，いま体調が悪く，これこれの病気に罹患している可能性があります」とか「このペットにはこのような障害があります（あるいは障害を持っている可能性があります）」などの説明があり，それを踏まえて契約を締結したという事情がない限り，買い手は追完請求や代金減額などの請求ができるものと考えるのが妥当でしょう。

17 消費貸借

17.1 はじめに

「物を貸す」タイプの契約は，売買契約に続いて，日常生活で広く利用されているタイプの契約です。貸すタイプの契約には使用貸借・賃貸借・消費貸借があります。貸すタイプの契約のうち，賃貸借と消費貸借は現代社会では広く活用されています。この章では，3種類の貸すタイプの契約の中の消費貸借を取り上げます。

17.2 消費貸借の規定

17.2.1 消費貸借とは

○ 民法第587条（消費貸借）　消費貸借は，当事者の一方が種類，品質及び数量の同じ物をもって返還をすることを約して相手方から金銭その他の物を受け取ることによって，その効力を生ずる。

消費して同じ物を返す　民法は**消費貸借**について上のように定めています。

「当事者の一方が種類，品質及び数量の同じ物をもって返還をすることを約」するということは，借りたものは使ってしまってなくなってしまうということを意味しています。借りたものは消費してしまうタイプの契約であることから消費貸借というわけです。

第587条では，消費貸借契約は，「相手方から金銭その他の物を受け取ることによって，その効力を生ずる。」と定めています。契約当事者間の合意だけで契約が成立する諾成契約ではなく，借り手が借りる物を受け取った時に契約が成立するものと定めています。このような契約を**要物契約**といいます。

17.2.2　2017年民法改正——書面でする消費貸借

新設された規定　上記の定義に加えて，2017年民法改正では，第587条の2「書面でする消費貸借」の規定を新設しました。

> ○　2017年改正法第587条の2（書面でする消費貸借等）　前条の規定にかかわらず，書面でする消費貸借は，当事者の一方が金銭その他の物を引き渡すことを約し，相手方がその受け取った物と種類，品質及び数量の同じ物をもって返還をすることを約することによって，その効力を生ずる。
> 2　書面でする消費貸借の借主は，貸主から金銭その他の物を受け取るまで，契約の解除をすることができる。この場合において，貸主は，その契約の解除によって損害を受けたときは，借主に対し，その賠償を請求することができる。
> 3　書面でする消費貸借は，貸主が貸主から金銭その他の物を受け取る前に当事者の一方が破産手続開始の決定を受けたときは，その効力を失う。
> 4　消費貸借がその内容を記録した電磁的記録によってされたときは，その消費貸借は，書面によってされたものとみなして，前三項の規定を適用する。

　口頭での消費貸借契約は要式契約ですが，第1項にあるように，書面で契約した場合には諾成契約として消費貸借契約が成立するとされています。ここでいう書面は，紙によるものだけでなく，電磁的記録によるものも含まれます（同条第4項）。

　書面による消費貸借は，諾成契約です。ただし，同条第2項にあるように書面で行う消費貸借でも，貸主から金銭などの借用物を受け取る前であれば，借主は契約を解除できるのが原則です。この点は，賃貸借契約とは違います。契約書を作ったものの，その後に借りる必要がなくなったのであれば，借主は契約を解除することができるわけです。なお，この場合に，契約解除により貸主が損害を被った部分は賠償請求ができるので，注意が必要です。ここでいう貸主が「損害を受けたとき」とは，消費貸借契約を履行するために貸主が，貸すための物を調達したのに無駄になった調達費用などを指します。

17.3　消費貸借の例

食材の貸し借り　借りた物は使ってしまい，借りた物と種類，品質及び数量の同じ物をもって返還をすることを約してある物を借りる契約とは，どのような契約でしょうか。庶民が長屋暮らしをしていたり，隣近所との日常の付き合いが濃密だった時代には，お米や味噌醤油などを貸し借りしていたと

言われます。この場合には，借りたお米や味噌などは使ってしまい，同等のものを後で返すということですから，典型的な消費貸借に当たります。近年では，こういうタイプの消費貸借はあまり見かけないように思います。

借 金　現代の消費生活で日常的に利用されている消費貸借は，住宅ローン，自動車ローン，教育ローンなどの各種のローンやキャッシングなどのお金を借りる契約，つまり借金です。借金とは，「借りたお金は使ってしまい，種類，品質及び数量の同じ物をもって返還をすることを約して」する契約ですから，消費貸借に当たります。借金は，民法上は**金銭消費貸借契約**に当たります。

準消費貸借　なお，貸主が借主に現金を渡す場合だけではなく，金銭を支払うなどの給付義務を負う者（＝債務者）が，その物を消費貸借の目的とすることを債権者との間で約束した場合にも，消費貸借契約が成立します。このような消費貸借契約のことを「**準消費貸借**」といいます（2017年改正法第588条）。

○　2017年改正法第588条（準消費貸借）　金銭その他の物を給付する義務を負う者がある場合において，当事者がその物を消費貸借の目的とすることを約したときは，消費貸借は，これによって成立したものとみなす。

たとえば，売買契約で支払うべき代金を支払えなくなったときに，販売業者からの「それでは代金分はあなたに貸したことにしましょう。利息と返済条件とを決めて，分割払いで返してもらうことにしましょう」との提案によって合意をした場合には，準消費貸借契約を締結したことになり，以後は消費貸借の規律によることになります。

17.4　利息と利息制限法・出資法の規制

17.4.1　消費貸借における利息規定

○　2017年改正法第589条（利息）　貸主は，特約がなければ，借主に対して利息を請求することができない。
2　前項の特約があるときは，貸主は，借主が金銭その他の物を受け取った日以後の利息を請求することができる。

民法の利息規定　消費貸借の要件としては，利息の負担を必要としていません。利息を支払う契約も，利息の支払いはない契約も，消費貸借であるということです。後述する賃貸借契約では，賃料が要件となっており，賃料の負担がない場合には使用貸借です。賃料の負担の有無によって異なる種類の契約になります。しかし，消費貸借では，要件は「借用物は使ってなくなってしまうもので，返還するのは借用物そのものではなく，借用物と種類・品質・数量が同じものである」ことがポイントです。

利息については，契約で特約がなければ貸主は請求できません。また，利息は，借主が借用物を受け取った日以後の分を請求できることとされています（2017年改正法第589条）。利息とは，「借りたものを返済期限まで使用できる対価」を意味します。銀行や貸金業者から借りる場合には，利息がかかるということになります。利息がかかるのか無利息なのか，利息がかかるとしていくらの利息がかかるのかは，当事者間の契約によって決まります。

17.4.2　利息制限法と出資法における利息規定

特別法の利息規定　ただし，金銭消費貸借契約の場合には，利息に関して**利息制限法**と**出資法**（出資の受入れ，預り金及び金利等の取締りに関する法律）による規制が及びます。利息制限法は民事ルール，出資法は刑罰法規です。当事者間の契約で利息制限法を超える割合の利息の約束をしたとしても，利息制限法を超える部分は無効です。つまり，利息制限法で定めた金利を支払う義務を負うにとどまります。

当事者間で決めた利息の割合が出資法で定めた利息を超えた場合には，貸し手は刑事罰の対象になります。消費者金融・商工ローン・金融機関などの営利的貸金業の場合には，年二割（20%）を超える利息を受け取ったり，約束したり，請求する行為は刑事罰の対象となります。

利息制限法による上限金利は元本の金額によって違います。（同法第1条）
(1) 元本の額が10万円未満の場合　年2割
(2) 元本の額が10万円以上100万円未満の場合　年1割8分
(3) 元本の額が100万円以上の場合　年1割5分

商工ローンなどでは，利息を天引きして貸す場合があります。この場合に

の元本は，天引き前の元本でしょうか。天引き後の実際に消費者に手渡される現金でしょうか。この点について，利息制限法では「利息の天引きをした場合において，天引額が債務者の受領額を元本として前条に規定する利率により計算した金額を超えるときは，その超過部分は，元本の支払に充てたものとみなす。」(第2条) と定めています。

さらに，消費者が事業者からお金を借りる場合に，利息のほかに，書類作成料・調査料・手数料などさまざまな名目で天引きされる場合があります。このような場合の利息制限法の当てはめはどのように考えたらよいのでしょうか。この点について，利息制限法は，「前二条の規定の適用については，金銭を目的とする消費貸借に関し債権者の受ける元本以外の金銭は，礼金，割引金，手数料，調査料その他いかなる名義をもってするかを問わず，利息とみなす。ただし，契約の締結及び債務の弁済の費用は，この限りでない。」(第3条) と定めています。

17.4.3　返済期限の扱い

貸金業法の書面交付義務　金銭消費貸借契約では，**返済期限**を決めることが普通です。銀行などの金融機関や貸金業者などの事業者から借り入れる場合には，金銭消費貸借契約書に署名捺印をし，控えを交付されます。銀行の貸し付けについては法律による規制はされていませんが，貸金業者やクレジット会社のキャッシングの場合には，**貸金業法**により**契約書面の交付**が義務付けられています (貸金業法第17条)。これらの契約書面には返済期限が明記してあります。このように契約で返済期限を定めている場合には契約内容を守る義務があります。返済期限を守らないと履行遅滞 (債務不履行の一種) になり，返済期限経過後から完済するまでは遅延損害金を支払う義務を負うことになります。遅延損害金とは，金銭債務についての債務不履行による損害賠償を意味します。

返済期日を定めなかった場合　では，お金を借りるときに返済期日を決めなかった場合には，いつ返済する義務を負うことになるのでしょうか。逆に言えば，返済期限を決めないでお金を貸した場合には，貸主はいつお金を返して欲しいと要求できるのでしょうか。

民法では，契約当事者間で返済期日を決めていなかった場合について，「…貸主は，相当の期間を定めて返還の催告をすることができる。」（2017年改正法第591条第1項）と定めています。さらに，返還の期限を定めた場合であっても，「借主は，…いつでも返還をすることができる。」（同条第2項）と定めています。ただし，返済期限の定めがある契約で，借主が返済期限よりも早く返済する場合には，借主が早く返済することによって貸主が損害を被った場合には，貸主はその賠償を請求できます（同条第3項）。

返済期限を決めないで借金した場合には，貸主はいつでも返済するように請求できるというわけです。ただ，突然に「今すぐ返せ」と言われても返済のための準備ができないと困ります。そこで，返済資金などの準備をするために必要ということで，「相当の期間を定めて」つまり一定の合理的な猶予期間を設けて請求することと定めているわけです。

返済期限を契約で定めたということは，「この期日までは相手から返済を求められることはない」という意味です。返済期限の定めは債務者にとっての**期限の利益**ということになります。

17.4.4　遅延損害金

履行遅滞の場合　返済期限が経過したのに借主が返済しない場合には，**履行遅滞**という債務不履行になります。

金銭消費貸借契約の場合には，損害賠償の額は，債務者が遅滞の責任を負った最初の時点の**法定利率**（10章10.8で説明しました）によります。ただし，契約で法定利率よりも高い利率を定めていた場合には約定利率によります（第419条）。通常の債務不履行による損害賠償の考え方とは違い，金銭債務の場合には，債権者は債務不履行により被った損害額を証明する必要はなく，法定利率か約定利率に基づいて請求できることになっています。このことから，金銭債務に関する債務不履行による損害金を「**遅延損害金**」と呼んでいます。

上限金利　なお，金銭消費貸借の場合には，契約で定めた遅延損害金の金利については，契約で定めれば，いくらでも高い利率の損害金の請求ができるというわけではなく，利息制限法と出資法による規制があります。利息制

限法は，民法の特別法で，利息制限法の上限金利を超える遅延損害金の特約を設けたとしても，上限金利を超える部分は無効です。利息制限法の遅延損害金の上限金利は，利息の 1.46 倍です。ただし，営業的貸金契約の場合には，制限利息の 1.46 倍の規制は守っていたとしても年 2 割を超える部分は無効です（利息制限法第 4 条・第 7 条）。

出資法は刑罰法規で，営業的貸金契約の場合には，遅延損害金も年利 2 割を超えると刑罰の対象になります。

○ 利息制限法
（賠償額の予定の制限）
第 4 条　金銭を目的とする消費貸借上の債務の不履行による賠償額の予定は，その賠償額の元本に対する割合が第 1 条に規定する率の 1.46 倍を超えるときは，その超過部分について，無効とする。
2　前項の規定の適用については，違約金は，賠償額の予定とみなす。

（賠償額の予定の特則）
第 7 条　第 4 条第 1 項の規定にかかわらず，営業的金銭消費貸借上の債務の不履行による賠償額の予定は，その賠償額の元本に対する割合が年 2 割を超えるときは，その超過部分について，無効とする。
2　第 4 条第 2 項の規定は，前項の賠償額の予定について準用する。

○ 出資法
（高金利の処罰）
第 5 条　金銭の貸付けを行う者が，年 109.5 パーセント（2 月 29 日を含む 1 年については年 109.8 パーセントとし，1 日当たりについては 0.3 パーセントとする。）を超える割合による利息（債務の不履行について予定される賠償額を含む。以下同じ。）の契約をしたときは，5 年以下の懲役若しくは 1000 万円以下の罰金に処し，又はこれを併科する。当該割合を超える割合による利息を受領し，又はその支払を要求した者も，同様とする。
2　前項の規定にかかわらず，金銭の貸付けを行う者が業として金銭の貸付けを行う場合において，年 20 パーセントを超える割合による利息の契約をしたときは，5 年以下の懲役若しくは 1000 万円以下の罰金に処し，又はこれを併科する。その貸付けに関し，当該割合を超える割合による利息を受領し，又はその支払を要求した者も，同様とする。
3　前二項の規定にかかわらず，金銭の貸付けを行う者が業として金銭の貸付けを行う場合において，年 109.5 パーセント（2 月 29 日を含む 1 年については年 109.8 パーセントとし，1 日当たりについては 0.3 パーセントとする。）を超える割合による利息の契約をしたときは，10 年以下の懲役若しくは 3000 万円以下の罰金に処し，又はこれを併科する。その貸付けに関し，当該割合を超える割合による利息を受領し，又はその支払を要求した者も，同様とする。

17.5　法定利率――2017 年改正の概要

年 5 ％から年 3 ％に　10 章 10.8 で説明したように，法定利率については，改正前の民法では年利五分（5 ％）（改正前民法第 404 条），商行為の場合には年六分（6 ％）（改正前商法 513 条）と定めていました。しかし，この法定利率は，高金利の時代に定められたもので，現在のような低金利時代になっても法定利率が高い割合のまま固定され続けていることは社会の実情にそぐわ

ないとの強い批判があり，2017 年に改正されました（2017 年改正法第 404 条。条文は 10.8 にあります）。

　まず，改正法では法定利率を年利 3％に引き下げました。さらに，3 年ごとに見直しをして法務省令で定めるとする**変動金利制**を取りました。見直しのルールについても改正法で定めています（同条第 4 項及び第 5 項）。法定利率の割合については，民法だけではなく，法務省令も確認することが必要になったわけです。

　この制度は，フランス民法の変動金利制を参考にしたものです。なお，2017 年民法改正に伴い，商法の法定利率の規定が削除され，民法の法定利率に一本化されました。

18 賃貸借と使用貸借

18.1 はじめに

2つのタイプの貸借　本章では，貸すタイプの契約のうち，賃貸借と使用貸借とを取り上げます。

賃貸借とは，賃料を取って物を貸すタイプの契約です。賃貸住宅や駐車場の賃貸，レンタカーや貸衣装，DVD のレンタル契約など，消費生活で日常的に利用されています。

使用貸借は，無償で物を貸す契約です。無償で物を借りることは，日常生活ではしばしば行われるごく身近なものです。ただ，使用貸借の場合には，賃貸借のように対価を取って貸す場合と異なり，貸す人と借りる人との間に特別な人間関係があることが普通です。知人や友人同士の貸し借り，親族の間での貸し借りでは，使用貸借は珍しくありません。

本章では，無償で貸す場合と賃料を得て貸す場合とではどのように考え方が違うのかを比較する意味で，消費生活でよく問題となる点にポイントを絞って使用貸借についても取り上げることにします。

18.2 使用貸借

○　**2017 年改正法第 593 条（使用貸借）**　使用貸借は，当事者の一方がある物を引き渡すことを約し，相手方がその受け取った物について無償で使用及び収益をして契約が終了したときに返還をすることを約することによって，その効力を生ずる。

使用貸借とは　使用貸借について，2017 年改正法では第 593 条で上記のように定義しています。契約による債権債務関係は図のようになります。次に取り上げている賃貸借の定義と比較すると，使用貸借の場合には賃料の支払いがないことがポイントであることがわかります。賃貸借は有償契約ですが，

使用貸借と賃貸借

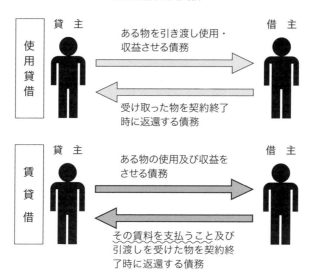

　使用貸借は無償契約である点に大きな特徴があります。

　なお，改正前の民法では，使用貸借は「貸す物を相手に引き渡すこと」により成立すると定めて要物契約として定義していましたが，改正法では合意により成立する諾成契約に改めました。そして，書面による使用貸借契約は別にして，借主は借りる物（借用物）を受け取るまでは契約を解除できるものとしました（2017年改正法第593条の2（新設））。この改正は，契約の成立は原則として合意によるものと統一しようとする改正法の方針によるものです。

○　2017年改正法第593条の2（借用物受取り前の貸主による使用貸借の解除）　貸主は，借主が借用物を受け取るまで，契約の解除をすることができる。ただし，書面による使用貸借については，この限りでない。

　使用貸借と賃貸借の規定の違い　使用貸借と賃貸借とで，民法上の規定が大きく違う点としては，借用物に関する通常の費用の負担，貸主の引渡義務，借主の死亡による契約の終了の三点です。

○　民法第595条第1項（借用物の費用の負担）　借主は，借用物の通常の必要費を負担する。
○　2017年改正法第596条（貸主の引渡義務等）　第551条の規定は，使用貸借について準用する。

○ 2017年改正法第597条第3項（期間満了等による使用貸借の終了）
3 使用貸借は，借主の死亡によって終了する。

　無償で貸す契約であることから，物についての通常の費用は借り手の負担となります（第595条）。貸主の引渡義務を定めた第596条の中の第551条とは贈与契約の場合の規定です。贈与契約は無償契約であることから，贈与者は，原則として「贈与の目的として特定した時の状態」で引き渡すことを約したものと推定しています（2017年改正法第551条第1項）。

○ 2017年改正法第551条第1項（贈与者の引渡義務等）　贈与者は，贈与の目的である物又は権利を，贈与の目的として特定した時の状態で引き渡し，又は移転することを約したものと推定する。

　使用貸借も無償契約という点で贈与契約と共通します。そこで，借用物の状態などについては贈与契約と同じ考え方を取っているわけです。
　使用貸借の場合には，借用物に契約の際に当事者双方が予想しなかった瑕疵などがあっても，合意の時の現状で引き渡す約束だったと推定して貸し手は責任を負わなくてもよいとしているのです。対価は支払っていないので，対価バランスの崩れは起こらず，修正する必要はないことから，このような考え方を取っていると考えるとわかりやすいでしょう。
　最後に，貸し手と借り手との個人的な人間関係に依存する契約であることから借り手の死亡により契約は終了します（2017年改正法第597条第3項）。また，借り手の使用状況が本旨に反するものであったことから貸し手が損害を被った場合，貸し手が支出した費用の償還請求権は，貸し手が借用物の返還を受けた時から1年間に請求する必要があり，この期間により時効は完成します（第600条第1項）。
　ただし，民法の契約に関する規定は任意規定で，強行規定ではありません。契約当事者間に民法の定めとは違う合意がある場合には合意（これが「契約の内容」ということになります）が優先される点に注意する必要があります。

18.3 賃貸借

18.3.1 賃貸借とは

有償契約　賃貸借契約は，賃料を支払って物を借りる契約です。使用貸借との違いは，**賃料**という「借りること」に対して対価を支払う有償契約である点です。民法で第 601 条において，下記のように定義しています。

> ○ 2017 年改正法第 601 条（賃貸借）　賃貸借は，当事者の一方がある物の使用及び収益を相手方にさせることを約し，相手方がこれに対してその賃料を支払うこと及び引渡しを受けた物を契約が終了したときに返還することを約することによって，その効力を生ずる。

借地借家法　消費生活では，賃料を支払って物を借りる契約は身近なもので，紛争も少なくありません。賃貸借に関する紛争では，賃貸住宅に関するものが多くあります。建物の賃貸借や建物を所有することを目的とする土地の賃貸借（土地を借りて，その上に建物を建てることを目的としている場合を意味します）の場合には，民法のほかに**借地借家法**の適用があります。建物の賃貸借契約のトラブルに対応するためには民法に加えて，借地借家法の基礎知識を持っていることが必要です。（なお，仲介業者として宅地建物取引業者が関与している場合には，宅地建物取引業法の知識も必要です。）

借地借家法は，賃貸住宅などに住む必要がある人のために，居住の安定性を確保することと，土地や建物の所有者の財産権の調整とを図ることを目的とした法律です。民法を修正する強行規定が定められています。借地借家法は次の章で取り上げていますが，ここでは，参考までに同法の趣旨を紹介しておきましょう。

> ○ 借地借家法
> （趣旨）
> 第 1 条　この法律は，建物の所有を目的とする地上権及び土地の賃借権の存続期間，効力等並びに建物の賃貸借の契約の更新，効力等に関し特別の定めをするとともに，借地条件の変更等の裁判手続に関し必要な事項を定めるものとする。

18.3.2　賃貸借契約の存続期間

存続期間は50年　賃貸借契約では、賃貸借の期間を定めることが普通です。原則として、契約で定めた契約期間は有効ですが、あまり長い契約については規制があります。50年を超える賃貸借契約を締結することはできず、仮に100年としていても50年に短縮されます。ただし、50年後に当事者間で更新することは可能です。改正前の民法では期間が20年と定められていましたが、2017年改正で50年と改正されました。

○　2017年改正法第604条（賃貸借の存続期間）　賃貸借の存続期間は、50年を超えることができない。契約でこれより長い期間を定めたときであっても、その期間は、50年とする。
2　賃貸借の存続期間は、更新することができる。ただし、その期間は、更新の時から50年を超えることができない。

期間終了後　期間を定めてした賃貸借契約で、期間が満了しても賃借人が賃借物の使用を続けていた場合には、従前の契約と同じ条件で賃貸借契約を締結したものと推定されます（第619条第1項）。つまり、契約を自動更新したものとして扱われることになります[1]。

自動更新をとどめて契約を終了させるためには、賃貸人は、使用を続けている賃借人に対して異議を述べる必要があります。具体的には、「賃貸借契約の期間は○○年○月○○日で終了しているので、すみやかに賃借物を返還してもらいたい」ということを通知する必要があるのです。

ただし、借地借家法の適用がある建物の賃貸借では、更新を拒絶するためには「正当事由」が必要とされており（借地借家法第6条）、賃貸人側の返還してもらいたいというだけの意向で手続を取っても、期間満了により契約を終了させることはできないので、注意が必要です。

○　2017年改正法第619条（賃貸借の更新の推定等）　賃貸借の期間が満了した後賃借人が賃借物の使用又は収益を継続する場合において、賃貸人がこれを知りながら異議を述べないときは、従前の賃貸借と同一の条件で更に賃貸借をしたものと推定する。この場合において、各当事者は、第617条の規定により解約の申入れをすることができる。
2　従前の賃貸借について当事者が担保を供していたときは、その担保は、期間の満了によって消滅する。ただし、第622条の2第1項に規定する敷金については、この限りでない。

1　ただし、借地借家法第29条第2項で「民法第604条の規定は、建物の賃貸借については、適用しない。」と規定されています。

18.3.3　賃借人の権利と義務

定まった用法で使用する　賃借人は，契約で定めた賃料を支払うことにより，賃借物を使用することができます。賃借物の使用に当たっては，契約又はその目的物の性質によって定まった用法に従って使用することができます（2017年改正法第616条による第594条1項の準用）。たとえば，建物を「住居として」借りた場合には，住居として通常の注意を払って使用することができるということです。

○ **2017年改正法第616条（賃借人による使用及び収益）**　第594条第1項の規定は，賃貸借について準用する。

○ **民法第594条第1項（借主による使用及び収益）**　借主は，契約又はその目的物の性質によって定まった用法に従い，その物の使用及び収益をしなければならない。

通常の注意を払わなかったために修理が必要になった場合には，債務不履行に該当します。住居として使用するために借りたのに業務を行うための事務所として使用した場合にも，債務不履行になります。

賃借人による修繕　賃借物について修繕が必要になった場合には，遅滞なく賃貸人に通知する義務があります（第615条）。賃貸物件は賃貸人のものであり，賃借人のものではありません。しかし，現実には賃借人が占有していて，賃貸人には損耗などによって修理が必要になっても，その事実を知ることができないことが通常なので，賃借人にはこのような義務があるのです。

賃借人が賃貸人に，修繕が必要である旨を通知したのに，賃貸人が修繕しないときは，賃借人が修繕できます。改正民法で明確化されました（2017年改正法607条の2）。

賃料を支払っているから，好きなように使ってもよいということではありません。賃貸借契約が終了した場合には，賃借物を返還する義務があります（第601条）。

○ **民法第615条（賃借人の通知義務）**　賃借物が修繕を要し，又は賃借物について権利を主張する者があるときは，賃借人は，遅滞なくその旨を賃貸人に通知しなければならない。ただし，賃貸人が既にこれを知っているときは，この限りでない。

○ **2017年改正法第607条の2（賃借人による修繕）**　賃借物の修繕が必要である場合において，次に掲

げるときは，賃借人は，その修繕をすることができる。
一　賃借人が賃貸人に修繕が必要である旨を通知し，又は賃貸人がその旨を知ったにもかかわらず，賃貸人が相当の期間内に必要な修繕をしないとき。
二　急迫の事情があるとき。

18.3.4　賃貸人の権利と義務

賃料の対価　賃貸人は，賃料を支払ってもらう代わりに，賃借物を賃借人に貸して使用させる義務を負います。賃貸借契約が終了した場合には，賃貸物を返還するよう請求する権利があります（第601条）。

賃料とは，賃借物を貸して使用させることの対価です。したがって，賃貸人は，賃借人が賃借物を契約の目的に従って使用することができる状態で賃貸する義務を負います。

修繕義務　物は年月が経過すれば劣化します。これを経年劣化といいます。通常の注意を払って使用しても，損耗は起こります。これが**通常損耗**です。賃借人は，契約や賃借物の性質によって使用する権利がありますから，賃借人の使用によって起こった自然の損耗や経年劣化については，賃料に含まれているということになります。

賃借物が経年劣化や自然の損耗により，契約の趣旨に従った使用ができなくなった場合には，賃貸人が修繕をする義務を負います（2017年改正法606条）。

○　2017年改正法第606条（賃貸人による修繕等）　賃貸人は，賃貸物の使用及び収益に必要な修繕をする義務を負う。ただし，賃借人の責めに帰すべき事由によってその修繕が必要となったときは，この限りでない。
2　賃貸人が賃貸物の保存に必要な行為をしようとするときは，賃借人は，これを拒むことができない。

18.3.5　敷　金

敷金の規定　建物の賃貸借契約では，契約締結の際に**敷金**を支払うという慣行が行われてきました。2017年民法改正前には敷金に関する定義規定はないものの，慣行があることから当然のこととして扱われてきました。

敷金は，賃借人が契約関係が終了して賃借物件を返還した後に，賃貸人に対して金銭債務を負担していた場合の担保として差し入れるものです。そのため，明

け渡し後に未払い賃料や賃借人の故意過失により賃貸人に損害賠償請求権が発生した場合（使用状況が悪いために修繕が必要になった時の修繕費用など）には，敷金から差し引くことができるものです。

2017年改正では，従来から行われてきた敷金について，見える化を図るために条文化しました。

> ○ 2017年改正法第622条の2　賃貸人は，敷金（いかなる名目によるかを問わず，賃料債務その他の賃貸借に基づいて生ずる賃借人の賃貸人に対する金銭の給付を目的とする債務を担保する目的で，賃借人が賃貸人に交付する金銭をいう。以下この条において同じ。）を受け取っている場合において，次に掲げるときは，賃借人に対し，その受け取った敷金の額から賃貸借に基づいて生じた賃借人の賃貸人に対する金銭の給付を目的とする債務の額を控除した残額を返還しなければならない。
> 一　賃貸借が終了し，かつ，賃貸物の返還を受けたとき。
> 二　賃借人が適法に賃借権を譲り渡したとき。
> 2　賃貸人は，賃借人が賃貸借に基づいて生じた金銭の給付を目的とする債務を履行しないときは，敷金をその債務の弁済に充てることができる。この場合において，賃借人は，賃貸人に対し，敷金をその債務の弁済に充てることを請求することができない。

敷金からの差し引き　ただし，民法の規定は任意規定ですので，当事者間で，これとは別の合意がなされている場合には合意によることになります[2]。賃貸住宅で問題となることがあるのが，**敷引き特約**といわれるものです（章末のコラム参照）。

賃貸住宅のトラブルで，契約期間が終了して建物を返還したところ，賃貸人から貸したときの新品の状態に戻すために行うリフォーム費用を請求されたり，敷金から当然のようにリフォーム費用を差し引かれることがあります。この問題は，どう考えたらよいのでしょうか。

これまで述べてきたように，賃貸人は，契約の目的に沿って使用できる状態で賃借物を貸す義務を負います。契約の目的に従って使用することについては，賃料という対価を支払っています。したがって，賃貸人は賃借人に対して，「貸す前の新品の状態に戻して返せ」と主張することはできませんし，新品の状態に戻すためのリフォーム費用やハウスクリーニング代を請求することもできません。

ただし，賃借人の使用方法が乱暴なもので，通常なら生じないような損傷

---

[2] 民法では，このように当事者間に民法の定めとは違う合意がある場合には，合意（特約）が優先されるのが原則ですが，消費者契約法の不当条項制度（消費者契約法第8条～第10条）は，この点を修正するものです（章末のコラム参照）。

が起こった場合には別です。これは賃借人の債務不履行に該当します。債務不履行によって賃貸人が被った損害については，賃貸人は賃借人に対して損害賠償を求めることができます。賃借物の修理が必要になった場合に，どちらの費用負担になるかは，賃借人の不注意などによるものか，自然の損耗などによるものかによって，取り扱いは違ってくるわけです。

　かつて，レンタルビデオを借りて見ようとしたところテープが切れてしまったためショップから新品のビデオを買い替える代金を請求されている，という事例がありました。このような場合には，テープが切れた原因が消費者の不注意によるものか，経年劣化や自然の損耗によるものかで，取り扱いが違うということになります。

18.3.6　賃貸借の終了

　契約終了についての規定　　賃貸借契約は期間の定めがある場合には期間の到来により終了します。ただし，賃借人が使用を続けている場合には更新の推定がされることは既に説明した通りです。期間の定めがない契約の場合には，いつでも解約の申出ができます。この場合には，一定の期間の経過によって契約関係は終了します（第617条）。ただし，借地借家法の適用がある場合には，民法ではなく，借地借家法によります（次章参照）。

> ○　民法第617条（期間の定めのない賃貸借の解約の申入れ）　当事者が賃貸借の期間を定めなかったときは，各当事者は，いつでも解約の申入れをすることができる。この場合においては，次の各号に掲げる賃貸借は，解約の申入れの日からそれぞれ当該各号に定める期間を経過することによって終了する。
> 　一　土地の賃貸借　　　　　　　1年
> 　二　建物の賃貸借　　3箇月
> 　三　動産及び貸席の賃貸借　　1日
> 2　収穫の季節がある土地の賃貸借については，その季節の後次の耕作に着手する前に，解約の申入れをしなければならない。

　賃貸借契約の解除は，将来に向かってのみ効力を生じます（2017年改正法第620条）。既に使用している事実があるので，遡って契約を解除できない扱いとしています。

　賃借人は，賃借物を返還した後に，経年劣化や賃借人の責めに帰することができない事由によるものである場合（具体的には，自然の損耗や天災などの不可抗力）以外の損傷については，損傷を原状に戻す義務を負担します（2017

年改正法第 621 条)。

- 2017 年改正法第 620 条（賃貸借の解除の効力）　賃貸借の解除をした場合には，その解除は，将来に向かってのみその効力を生ずる。この場合においては，損害賠償の請求を妨げない。
- 2017 年改正法第 621 条（賃借人の原状回復義務）　賃借人は，賃借物を受け取った後にこれに生じた損傷（通常の使用及び収益によって生じた賃借物の損耗並びに賃借物の経年変化を除く。以下この条において同じ。）がある場合において，賃貸借が終了したときは，その損傷を原状に復する義務を負う。ただし，その損傷が賃借人の責めに帰することができない事由によるものであるときは，この限りでない。

●コラム　賃貸住宅と敷引き特約

　本文でも述べたように，敷金とは，建物の賃貸借契約で，賃借人の金銭債務の担保として，賃貸人が預かる金銭のことを意味します。賃貸借契約が終了して建物が賃貸人に返還されたら，賃貸人は，家賃の延滞や建物の使用状況などを確認し，賃借人の金銭債務分を差し引いて残りを元賃借人に返還する義務を負います。賃借人が，賃料を契約通り支払っており，建物の使用状況も問題はなく，傷み具合が自然の損耗や経年劣化のレベルである場合には，敷金は全額賃借人に返還されるべきものです。
　ところが，最近の賃貸住宅の契約で，「敷金は返還しない」とか「敷金の〇割は償却して返還しない」などの特約を設けている場合があります。そして，この特約を根拠に，延滞賃料はなく，建物の使用状況も問題はないのに，敷金を返還しないケースがあります。このような特約を「敷引き特約」といいます。敷金の本来の機能からすれば，このような特約は借家人に不利で不当な内容に思えます。問題はないのでしょうか。
　消費者契約法には，消費者にとって不利な条項のうち，一定の特約については無効であるとする「不当条項制度」があります。「不当条項制度」の一般条項として，法令の任意規定に反して消費者の権利を制限し，または消費者の義務を加重する条項で，信義誠実に反するものは無効とするとの趣旨の定めがあります（同法第 10 条）。
　敷引き特約をめぐって，消費者契約法第 10 条に該当するものであり，無効だとして争われた事例があります。敷金の性格から考えれば，賃借人になんらの金銭債務がないのに，敷金を当然に返還しないとする内容の特約は，法令の任意規定に比較すると，明らかに消費者の権利（敷金を返還するよう請求できる権利）を制限するものですし，賃料のほかに敷金という名目で金銭を支払わせているとみれば消費者の義務を加重する条項とも言えます。問題は「信義誠実の原則に反する」かどうかということです。
　敷引き特約に関する最高裁判決では，敷引きの金額が近隣の状況などと比較してあまりにも高額に過ぎるという事情でもあれば別であるが，そのような事情がないのであれば，契約書に一義的に明確に記載してあれば信義誠実に反するとは言えないと判断して，不当条項とは認めませんでした。
　契約書に明確に書いてあるのだから，読めばわかること。敷引き特約が納得できないというのであれば，その契約を締結しなければよかったではないか，という考え方です。

このような判断に対しては，消費者契約法は，消費者と事業者との情報の質と量の格差だけでなく，交渉力の格差を是正して消費者と事業者との間の契約を適正化しようとする趣旨の法律である。それにもかかわらず，交渉力格差を無視した判断であるとの批判があります。最高裁判決では，同趣旨の立場から岡部喜代子裁判官（2019 年 3 月で定年退官）が反対意見を書いています。

○　消費者契約法
（消費者の利益を一方的に害する条項の無効）
第 10 条　消費者の不作為をもって当該消費者が新たな消費者契約の申込み又はその承諾の意思表示をしたものとみなす条項その他の法令中の公の秩序に関しない規定の適用による場合に比して消費者の権利を制限し又は消費者の義務を加重する消費者契約の条項であって，民法第 1 条第 2 項に規定する基本原則に反して消費者の利益を一方的に害するものは，無効とする。

19 借地借家法

19.1 はじめに

賃貸住宅トラブルへの対処 賃貸借契約では，賃貸住宅の契約の場合には，民法だけでなく**借地借家法**の適用があります。借地借家法では，建物を所有する目的での借地契約と借家契約について，賃借人の立場を保護する目的で，民法の考え方を修正しているためです。借地借家法の規定の多くは強行規定です。契約当事者間で，強行規定とは異なった合意をしてもそれは無効で，強行規定によることになります。

消費生活では，賃貸住宅に関するトラブルは少なくありません。ただ，その内容を見ると，多くの場合が敷金に関するものです。敷金問題は，前述のように基本は民法上の問題で，賃借人の退去時に常に敷金を返還しない旨の特約（いわゆる敷引き特約）を定めている場合には消費者契約法上の不当条項に当たるかどうかが問題になります。借地借家法の問題ではありません。

ただ，賃貸住宅に関する基礎知識として借地借家法は重要ですので，本章では借地借家法のポイントを取り上げます。

借地借家法では，建物を所有する目的での借地契約と借家契約について定めています。本章では，このうちごく身近な賃貸住宅，つまり住まいとしての借家契約を取り上げ，基礎的な考え方を説明しましょう。

なお，借地借家法で特別な定めがない場合には一般法である民法によります。

19.2 契約期間

1年以上 賃貸住宅の契約をする場合に，契約期間を定める場合には契約期間は1年以上でなければなりません。1年未満の期間を定めた場合には，

期限の定めがない契約とみなされます（借地借家法第29条）。

また，民法第604条では賃貸借期間の上限が50年ですが，借地借家法では第29条第2項で民法604条の適用を排除しており，建物賃貸借は50年以上の期間が可能です。これらの規定は強行規定です（借地借家法第30条）。

ただし，建物が老朽化していて取り壊すことになっているとか，法令で取り壊しが決まっているなどの事情がある場合に取り壊すまでという条件で貸す場合には，別です。この場合には，書面に明確にその旨を記載して契約を締結すれば，建物の取り壊し時期に賃貸借契約は終了します（借地借家法第39条）。

○ 借地借家法
（建物賃貸借の期間）
第29条　期間を1年未満とする建物の賃貸借は，期間の定めがない建物の賃貸借とみなす。
2　民法（明治29年法律89号）第604条の規定は，建物の賃貸借については，適用しない。

（取壊し予定の建物の賃貸借）
第39条　法令又は契約により一定の期間を経過した後に建物を取り壊すべきことが明らかな場合において，建物の賃貸借をするときは，第30条の規定にかかわらず，建物を取り壊すこととなる時に賃貸借が終了する旨を定めることができる。
2　前項の特約は，同項の建物を取り壊すべき事由を記載した書面によってしなければならない。

19.3　契約の更新と正当事由

住まいの安定の確保　民法では，賃貸借期間が満了すれば契約は終了します。賃貸人は，賃借人に貸したものを返すよう請求できます。

賃貸住宅契約では，契約期間を2年か3年に定めているのが普通です。これは前記のように1年未満の契約期間は認められていないためです。では，契約期間の2年間がきたら，賃貸人は契約が終了したとして，賃借人に建物を返すように請求できるでしょうか。契約期間が満了して借家人が建物を出て行くという選択をした場合には何の問題もありません。契約で定めた期間の経過によって終了することになります。問題は，借家人が契約期間後も住み続けたいと考えた場合です。

賃貸人からすると契約期間が満了したのだから当然に出て行くべきだというのが「常識」に思えます。しかし，賃借人の「住まいの安定を確保」する

ことを目的とした借地借家法では，大きな変更を加えています。

法定更新　借地借家法では，借家契約の場合には，自動更新を原則としています。これを**法定更新**といいます（借地借家法第26条）。賃貸人が更新を拒絶する場合には，契約期間が満了するだけではなく，期間満了の1年前から6か月前に更新の拒絶あるいは条件を変更しなければ更新しないとの通知をし，さらに更新の拒絶には正当な事由が必要です。正当な理由が認められない場合には，更新されることになります。

正当事由　借家契約の明渡し訴訟では，正当な事由の有無をめぐる事件が多い実情があります。正当な事由とはどんなものでしょうか。これはなかなか難しい問題で，正当な事由に関する研究や判例分析などの多数の研究があります。

ここでは簡単に基本的な考え方を説明します。賃貸人が建物を使用する必要があること，建物の賃貸借に関する従前の経過，賃借人の建物の利用状況及び建物の現況，その地域の現況などを総合的に判断します。これだけでは正当な理由として十分ではない場合には，立退料を支払うことで補完できるとされています。

明渡し訴訟　更新拒絶の手続（借地借家法第28条参照）を取っても賃借人が出て行かない場合には，賃貸人は建物明渡しの訴訟を起こします。裁判所は，正当な理由があるか，不十分な場合にはいくらの立退料が適切か，など判断をして判決をします。

○　借地借家法
（建物賃貸借契約の更新等）
第26条　建物の賃貸借について期間の定めがある場合において，当事者が期間の満了の1年前から6月前までの間に相手方に対して更新をしない旨の通知又は条件を変更しなければ更新をしない旨の通知をしなかったときは，従前の契約と同一の条件で契約を更新したものとみなす。ただし，その期間は，定めがないものとする。
2　前項の通知をした場合であっても，建物の賃貸借の期間が満了した後建物の賃借人が使用を継続する場合において，建物の賃貸人が遅滞なく異議を述べなかったときも，同項と同様とする。
3　建物の転貸借がされている場合においては，建物の転借人がする建物の使用の継続を建物の賃借人がする建物の使用の継続とみなして，建物の賃借人と賃貸人との間について前項の規定を適用する。

（建物賃貸借契約の更新拒絶等の要件）
第28条　建物の賃貸人による第26条第1項の通知又は建物の賃貸借の解約の申入れは，建物の賃貸人及び賃借人（転借人を含む。以下この条において同じ。）が建物の使用を必要とする事情のほか，建物の賃貸借に関する従前の経過，建物の利用状況及び建物の現況並びに建物の賃貸人が建物の明渡しの条件として又は建物の明渡しと引換えに建物の賃借人に対して財産上の給付をする旨の申出をした場合におけるその申出を考慮して，正当の事由があると認められる場合でなければ，することができない。

19.4　賃料の変更

賃料増減請求権　借家契約は数年から数十年という長期にわたる契約になることが少なくありません。そのため，契約締結時に決めた賃料が，物価や固定資産税などの変動に伴って妥当とは言えなくなり，変更する必要が出てくる場合もあります。契約で決めた家賃を変更するためには，契約当事者が合意をして変更することが基本です（借地借家法第32条第1項）。

賃貸人の中には，「賃貸人の家を貸してやっているんだから，来月からは値上げした○万円を支払え。支払わなければ出て行ってもらう」と一方的な主張をしてくるケースがありますが，このような一方的な主張は認められません。契約内容の変更については，賃貸人が決定権を持っているわけではないからです。

双方の協議で家賃の増減が決まらない場合には，裁判所の調停が利用できます。調停でも話し合いができない場合には裁判をして裁判所に決めてもらうことができます（借地借家法第32条第2項）。

賃借人は，結論が出るまでは妥当だと考える金額を支払えばよいとされています。賃貸人の要求する金額を支払わないと追い出されるわけではありません。ただし，裁判所の結論が，自分が裁判が確定するまでに支払ってきた家賃より高かった場合にはその差額と1割の遅延損害金を遡って支払う義務があります。支払い過ぎていた場合には，賃貸人が取り過ぎた金額と1割の遅延損害金を返還する義務を負います。通常の遅延損害金よりも高く設定されているので注意が必要です。

○　借地借家法
（借賃増減請求権）
第32条　建物の借賃が，土地若しくは建物に対する租税その他の負担の増減により，土地若しくは建物の価格の上昇若しくは低下その他の経済事情の変動により，又は近傍同種の建物の借賃に比較して不相当となったときは，契約の条件にかかわらず，当事者は，将来に向かって建物の借賃の額の増減を請求することができる。ただし，一定の期間建物の借賃を増額しない旨の特約がある場合には，その定めに従う。
2　建物の借賃の増額について当事者間に協議が調わないときは，その請求を受けた者は，増額を正当とする裁判が確定するまでは，相当と認める額の建物の借賃を支払うことをもって足りる。ただし，その裁判が確定した場合において，既に支払った額に不足があるときは，その不足額に年1割の割合による支払期後の利息を付してこれを支払わなければならない。
3　建物の借賃の減額について当事者間に協議が調わないときは，その請求を受けた者は，減額を正当とする裁判が確定するまでは，相当と認める額の建物の借賃の支払を請求することができる。ただし，その裁判が確定した場合において，既に支払を受けた額が正当とされた建物の借賃の額を超えるときは，その超過額

に年1割の割合による受領の時からの利息を付してこれを返還しなければならない。

19.5　建物の所有者が変わったとき

建物の引渡しで対抗できる　借りていた建物を賃貸人が売却したときはどうなるのでしょうか。建物を買い取った人は賃借人に出て行けと言えるでしょうか。こういう問題を借家権の対抗問題といいます。借家権に対抗力があれば，新たな所有者に対して「私には借家権があるから出て行かない」と言えます。

民法では，借家権を登記すればその不動産について物権を取得した者その他の第三者に対抗することができる，つまり対抗できると定めています（2017年改正法第605条）。しかし，借家権の登記は賃貸人の協力がないとできません。そのため，実際にはこの制度は機能していません。

そこで借地借家法は，借家契約の場合には，賃貸人が建物の引渡しを受けていれば，その後に建物を購入するなどして所有権を取得した者に対して対抗できる，つまり借家権があると主張できると定めました（借地借家法第31条）。借家契約では，借家人は建物を借りて現実に住んでいるので，対抗力があるということになります。

○　借地借家法
（建物賃貸借の対抗力）
第31条　建物の賃貸借は，その登記がなくても，建物の引渡しがあったときは，その後その建物について物権を取得した者に対し，その効力を生ずる。

19.6　定期借家権

期間満了で終了　建物の賃貸借は更新が原則で，更新しない旨の合意をしていたとしても認められません。これだと，賃貸人にとって将来の経済的な見通しが立ちにくい難点があります。借り手にしても，借りる期間が決まっている場合には，更新が認められなくても不都合はありません。

そこで，2000年に，更新を認めない「**定期借家契約**」制度が導入されまし

た（借地借家法第38条）。定期借家契約（定期建物賃貸借）では，契約の更新がされないだけでなく，借家人は契約期間内は原則としてその建物を借りる義務があります。引っ越ししたくなったから，手狭になったから，などの理由で簡単に途中で解約して出て行くことはできません。例外的に，床面積が200平方メートル以下の建物で，転勤，療養，親族の介護その他のやむを得ない事情により，建物の賃借人が建物を自己の生活の本拠として使用することが困難となったときは中途解約ができることになっています。

定期借家契約は，ファミリーレストランなどに10年，20年，30年などの期間を定めて貸す場合に向いた契約で，よく利用されています。

定期借家契約を締結する場合には，公正証書等の書面により契約する必要があります。また，契約締結前に書面で更新がないことを説明することが義務付けられています。更新がないことは，賃借人に大きな不利益なので，このような手続を必要としたものです。

○ 借地借家法
（定期建物賃貸借）
第38条　期間の定めがある建物の賃貸借をする場合においては，公正証書による等書面によって契約をするときに限り，第30条の規定にかかわらず，契約の更新がないこととする旨を定めることができる。この場合には，第29条第1項の規定を適用しない。
2　前項の規定による建物の賃貸借をしようとするときは，建物の賃貸人は，あらかじめ，建物の賃借人に対し，同項の規定による建物の賃貸借は契約の更新がなく，期間の満了により当該建物の賃貸借は終了することについて，その旨を記載した書面を交付して説明しなければならない。
3　建物の賃貸人が前項の規定による説明をしなかったときは，契約の更新がないこととする旨の定めは，無効とする。
4　第1項の規定による建物の賃貸借において，期間が1年以上である場合には，建物の賃貸人は，期間の満了の1年前から6月前までの間（以下この項において「通知期間」という。）に建物の賃借人に対し期間の満了により建物の賃貸借が終了する旨の通知をしなければ，その終了を建物の賃借人に対抗することができない。ただし，建物の賃貸人が通知期間の経過後建物の賃借人に対しその旨の通知をした場合においては，その通知の日から6月を経過した後は，この限りでない。
5　第1項の規定による居住の用に供する建物の賃貸借（床面積（建物の一部分を賃貸借の目的とする場合にあっては，当該一部分の床面積）が200平方メートル未満の建物に係るものに限る。）において，転勤，療養，親族の介護その他のやむを得ない事情により，建物の賃借人が建物を自己の生活の本拠として使用することが困難となったときは，建物の賃借人は，建物の賃貸借の解約の申入れをすることができる。この場合においては，建物の賃貸借は，解約の申入れの日から1月を経過することによって終了する。
6　前二項の規定に反する特約で建物の賃借人に不利なものは，無効とする。
7　第32条の規定は，第1項の規定による建物の賃貸借において，借賃の改定に係る特約がある場合には，適用しない。

20 請負・委任

20.1 はじめに

　サービス提供の契約　近年では，消費者が事業者からサービスを購入することが日常化し，サービスの内容も多様化しています。消費者が日常的に利用するサービスには，ローンやレンタルのように「借りる」タイプの契約のほかに，事業者に何らかの労務を提供してもらうタイプの契約があります。

　昔からあるものとしては，建物の建築，住宅などの修繕，衣類のクリーニング，病気の場合の医療，美容院や理容室でのカット・パーマ・散髪，学習塾や家庭教師などがあります。最近の消費生活で比較的新しいサービス取引としては，エステティックサービス，美容医療，介護サービス，就職支援セミナーや自己啓発セミナー，インターネットによる出会い系サイト・アダルト系サイト・オンラインゲームなどの情報提供サービスなどがあります。現代社会はサービス化社会とも言われるように，消費者が購入するサービスの多様化が進んでいます。

　民法では，サービスに関する取引のうちで労務を提供するタイプの契約として，**雇用・請負・委任**の三種類の契約を典型契約として定めています。本章では，消費者が日常生活で利用することが多い請負と委任について取り上げます。

　雇用契約とは，「…当事者の一方が相手方に対して労働に従事することを約し，相手方がこれに対してその報酬を与えることを約することによって，その効力を生ずる。」（第623条）と定義されるものです。雇用者側に，労働者に対する指揮命令権限がある点が特徴です。雇用は，**労働契約**とも言われるもので，民法だけでなく労働基準法や労働契約法などの規制があります。消費者が労働者を雇用することはほとんどないことから，ここでは取り扱いません。

20.2　請負と委任の違い

工務店と弁護士　請負も委任も，契約相手に労務を提供してもらうことを契約内容とする点で共通しています。では，請負と委任とでは，どのように違うのでしょうか。民法の請負と委任の定義の違いを見てみましょう。

○　民法第632条（請負）　請負は，当事者の一方がある仕事を完成することを約し，相手方がその仕事の結果に対してその報酬を支払うことを約することによって，その効力を生ずる。

○　民法第643条（委任）　委任は，当事者の一方が法律行為をすることを相手方に委託し，相手方がこれを承諾することによって，その効力を生ずる。

請負契約とは，「仕事の完成に対して対価を支払う」ことを内容とする契約です（第632条）。請負契約の典型的なものが建築請負契約です。これは，建物を建ててもらう契約のことで，建物の完成に対して対価を支払う契約です。

一方，委任契約は，法律行為をすることを相手に委託する契約です（第643条）。典型的なものが，弁護士や司法書士などの法律の専門家に法律事務を委託する契約です。つまり，専門家にその専門知識や技術に基づいて適切に法律事務をするように任せるというものです。委任は，「仕事の完成」を依頼するものではない点が請負とは異なる点です。

請負と委任

［請負］注文主 →代金の支払義務→ 請負人　　←仕事の完成義務←

［委任・準委任］委任者 ←委託された事務の処理← 受任者

委任の典型的なものとしては，民事訴訟の代理人があります。法律専門家である弁護士に民事訴訟の事務を委託した意味は，その訴訟で勝つことを依頼したわけではありません。法律専門家としての知識などに基づいて適切に訴訟を遂行することを依頼したことを意味します。事件の性質によっては敗訴する場合もありえます。敗訴したからといって契約を履行しなかったことにはなりません。この点が，請負と委任では違うわけです。

さらに，請負契約では報酬を支払うことを約束することが必要とされていますが，委任の場合には対価を支払うことを約束することは要件とはなっていません[1]。ただし，現代社会ではプロに金銭を支払って委任することが通常です。消費者が委任タイプの契約をする場合には契約で対価の約束をしているのが普通ですから，請負と委任の区別をする上ではあまり意味がなく，本質的な違いではなくなっています。

20.3 準委任

法律行為でない事務の委任　委任は，法律事務の委託を意味しますが，消費者が専門家に任せるタイプの労務提供型の契約には法律事務以外にもさまざまなものがあります。家庭教師や塾，各種の技術習得講座，エステティックサービスや医療などは，いずれも専門家に任せる内容の労務提供型の契約です。

民法では，このような契約を**準委任**と定め，委任の規定を準用すると定めています（第 656 条）。法律事務以外の事務の委託も，委任と同様の取り扱いをしているわけです。

○ 民法第 656 条（準委任）　この節の規定は，法律行為でない事務の委託について準用する。

20.4 請負についての規定の概要

民法は，請負契約について報酬の支払時期，担保責任，注文主からの契約

---

[1] かつては，委任は貴族が引き受けるものでした。労働の対価を得ることはいやしいこととされていたことが，歴史的背景としてあると説明されています。

の解除，注文主の破産開始による契約の解除の規定を定めています。

20.4.1　報酬の支払時期

引渡しと同時　民法は，請負の場合の報酬の支払時期について第633条で「仕事の目的物の引渡しと同時に，支払わなければならない。」と定めています。ただし，この規定は任意規定ですから，この定めと違う内容の合意をした場合には合意が優先します。

建物の建築請負契約のように高額な契約では契約締結時に頭金を支払い，上棟式の段階で中間金を支払い，完成引渡の時点で残金を支払う特約がよく見られます。

○　民法第633条（報酬の支払時期）　報酬は，仕事の目的物の引渡しと同時に，支払わなければならない。ただし，物の引渡しを要しないときは，第624条第1項の規定を準用する。

20.4.2　担保責任

請負人の担保責任　担保責任とは，消費者に引き渡された完成品に傷があるが請負人に落ち度がない場合の責任分配に対する規定です。担保責任に関する規律は，2017年民法改正の大きなポイントになっています。

改正前民法の規定　改正前の民法では，請負人に過失があれば債務不履行の問題になるものの，請負人に過失がない場合には，たとえば建てた建物に傷があった場合について，「注文者は，請負人に対し，相当の期間を定めて，その瑕疵の修補を請求することができる」（改正前第634条第1項）が，瑕疵が重要でなく，その修補に過分の費用を要するときは，損害賠償請求できるだけに留める旨の規律を設けていました。

さらに，瑕疵が重大で使い物にならないという場合には（つまり，契約をした目的を達することができない場合には），契約を解除できるとしつつも，建物や土地の工作物に関しては，契約は解除できないと定められていました（改正前第635条）。

この規定によると欠陥住宅で欠陥が重大であっても，請負契約を解除できないことになります。そのため，欠陥住宅問題ではこの規定は弱者である消費

者にとって過酷だという批判がありました。

なお，以上の瑕疵担保責任の期間は，原則は引渡しから1年ですが，建物の場合は5年と定められていました（改正前637条，改正前638条）。ただし，住宅新築請負契約の場合には，住宅の品質確保の促進等に関する法律により引渡の時から10年間に延長されています（住宅の品質確保の促進等に関する法律第94条，本条は2017年民法改正後も「瑕疵」が使われています。）。この規定は強行規定で，この期待より注文主である消費者に不利な特約は無効です。

○ 改正前民法
（請負人の担保責任）
第634条　仕事の目的物に瑕疵があるときは，注文者は，請負人に対し，相当の期間を定めて，その瑕疵の修補を請求することができる。ただし，瑕疵が重要でない場合において，その修補に過分の費用を要するときは，この限りでない。
2　注文者は，瑕疵の修補に代えて，又はその修補とともに，損害賠償の請求をすることができる。この場合においては，第533条の規定を準用する。

第635条　仕事の目的物に瑕疵があり，そのために契約をした目的を達することができないときは，注文者は，契約の解除をすることができる。ただし，建物その他の土地の工作物については，この限りでない。

（請負人の担保責任に関する規定の不適用）
第636条　前二条の規定は，仕事の目的物の瑕疵が注文者の供した材料の性質又は注文者の与えた指図によって生じたときは，適用しない。ただし，請負人がその材料又は指図が不適当であることを知りながら告げなかったときは，この限りでない。

（請負人の担保責任の存続期間）
第637条　前三条の規定による瑕疵の修補又は損害賠償の請求及び契約の解除は，仕事の目的物を引き渡した時から1年以内にしなければならない。
2　仕事の目的物の引渡しを要しない場合には，前項の期間は，仕事が終了した時から起算する。

第638条　建物その他の土地の工作物の請負人は，その工作物又は地盤の瑕疵について，引渡しの後5年間その担保の責任を負う。ただし，この期間は，石造，土造，れんが造，コンクリート造，金属造その他これらに類する構造の工作物については，10年とする。
2　工作物が前項の瑕疵によって滅失し，又は損傷したときは，注文者は，その滅失又は損傷の時から1年以内に，第634条の規定による権利を行使しなければならない。

（担保責任の存続期間の伸長）
第639条　第637条及び前条第1項の期間は，第167条の規定による消滅時効の期間内に限り，契約で伸長することができる。

（担保責任を負わない旨の特約）
第640条　請負人は，第634条又は第635条の規定による担保の責任を負わない旨の特約をしたときであっても，知りながら告げなかった事実については，その責任を免れることができない。

○ 住宅の品質確保の促進等に関する法律
第七章　瑕疵担保責任の特例
（住宅の新築工事の請負人の瑕疵担保責任の特例）
第94条　住宅を新築する建設工事の請負契約（以下「住宅新築請負契約」という。）においては，請負人は，注文者に引き渡した時から10年間，住宅のうち構造耐力上主要な部分又は雨水の浸入を防止する部分として政令で定めるもの（次条において「住宅の構造耐力上主要な部分等」という。）の瑕疵（構造耐力又は雨水の浸入に影響のないものを除く。次条において同じ。）について，民法（明治29年法律第89号）第634条第1項及び第2項前段に規定する担保の責任を負う。

2　前項の規定に反する特約で注文者に不利なものは，無効とする。
3　第1項の場合における民法第638条第2項の規定の適用については，同項中「前項」とあるのは，「住宅の品質確保の促進等に関する法律第94条第1項」とする。

2017年改正法のポイント　　2017年民法改正では，担保責任に関する第634条，第635条，第638条から第640条までが削除されました。これは，売買契約の瑕疵担保責任の規律を削除して，引き渡された商品が契約に適合しない場合の責任という債務不履行責任としたのと同様の考え方によるものです。

請負人が，契約の内容に適合しない仕事の目的物を注文主に引き渡した場合には，注文主は履行の追完請求・報酬の減額の請求・損害賠償の請求・不適合の程度が重大な場合には契約の解除ができます。ただし，契約の不適合の原因が，注文主の提供した材料の性質や注文主の指示により生じたものである場合には，上記の請求はできません（2017年改正法第636条）。

注文主の履行の追完請求・報酬の減額の請求・損害賠償の請求・契約の解除は，注文主が不適合を知った時から1年以内に請負人に通知する必要があり，期間内に通知をしなかった場合には主張できなくなります。ただし，仕事の目的物を注文主に引き渡したときに，請負人が不適合を知っていた場合や重大な過失により知らなかった場合には，1年を経過しても，注文主は請負人に対して履行の追完請求・報酬の減額の請求・損害賠償の請求・契約の解除の主張をすることができます（2017年改正法第637条）。

〇　**2017年改正法第636条（請負人の担保責任の制限）**　　請負人が種類又は品質に関して契約の内容に適合しない仕事の目的物を注文者に引き渡したとき（その引渡しを要しない場合にあっては，仕事が終了した時に仕事の目的物が種類又は品質に関して契約の内容に適合しないとき）は，注文者は，注文者の供した材料の性質又は注文者の与えた指図によって生じた不適合を理由として，履行の追完の請求，報酬の減額の請求，損害賠償の請求及び契約の解除をすることができない。ただし，請負人がその材料又は指図が不適当であることを知りながら告げなかったときは，この限りでない。

〇　**2017年改正法第637条（目的物の種類又は品質に関する担保責任の期間の制限）**　　前条本文に規定する場合において，注文者がその不適合を知った時から1年以内にその旨を請負人に通知しないときは，注文者は，その不適合を理由として，履行の追完の請求，報酬の減額の請求，損害賠償の請求及び契約の解除をすることができない。
2　前項の規定は，仕事の目的物を注文者に引き渡した時（その引渡しを要しない場合にあっては，仕事が終了した時）において，請負人が同項の不適合を知り，又は重大な過失によって知らなかったときは，適用しない。

20.4.3　注文主による解除権

注文主は仕事が完成するまではいつでも契約を解除できます。ただし、請負人に対して損害賠償する必要があります（第641条）。この場合の損害賠償には逸失利益も含まれると解釈されています。さらに、注文主が受けた利益の割合に応じて、請負人は報酬を請求できます（2017年改正法第634条）。

○ 民法第641条（注文者による契約の解除）　請負人が仕事を完成しない間は、注文者は、いつでも損害を賠償して契約の解除をすることができる。

○ 2017年改正法第634条（注文者が受ける利益の割合に応じた報酬）　次に掲げる場合において、請負人が既にした仕事の結果のうち可分な部分の給付によって注文者が利益を受けるときは、その部分を仕事の完成とみなす。この場合において、請負人は、注文者が受ける利益の割合に応じて報酬を請求することができる。
　一　注文者の責めに帰することができない事由によって仕事を完成することができなくなったとき。
　二　請負が仕事の完成前に解除されたとき。

20.5　委任・準委任の規定の概要

委任・準委任の規定のポイントは、受任者の負う義務と契約の終了に関するものです。

20.5.1　受任者の注意義務

専門的知見に基づいた対処　請負は、仕事の完成が契約の目的でした。委任・準委任の場合には、わかりやすく言えば「専門家に任せる」契約である点がポイントです。

病気になった時に医師の診療を受けるのは準委任と解するのが裁判実務の現状です。患者の中には、病気を治して健康にすることが契約の内容だと思う人もないではありませんが、それは無理なことです[2]。病状に応じて適切な診断と治療をするのが契約の内容ということです。

委任・準委任では、受任者は、<u>委託された事務に応じて専門的知見に基づい</u>

---

[2] 医療訴訟の中には、治療にもかかわらず病気が治らなかったり死亡したことをもって医療ミスだとして訴訟を提起するケースがあります。しかし、医療サイドに医療水準に照らして注意義務違反がない場合には、損害賠償は認められません。

た対処をする義務を負うわけです。民法では，これを「委任の本旨に従い，善良な管理者の注意をもって，委任事務を処理する義務を負う」と定めています（第644条）。医療診療契約を例に取れば，契約締結当時の医療水準に応じた医療行為を行うことが契約内容になるということです。結果を約束するものではないので，委任事務の処理が善良な管理者としての注意義務を尽くすものだったかが問題となります。

エステティックサービスや学習指導なども同様の考え方によります。たとえば，成績が上がることを期待して学習指導の契約を締結したのに，思うように成績が上がらなかったとしてもそれだけでは債務不履行とは言えません。

○ **民法第644条（受任者の注意義務）** 受任者は，委任の本旨に従い，善良な管理者の注意をもって，委任事務を処理する義務を負う。

○ **民法第645条（受任者による報告）** 受任者は，委任者の請求があるときは，いつでも委任事務の処理の状況を報告し，委任が終了した後は，遅滞なくその経過及び結果を報告しなければならない。

20.5.2 契約の解除と終了

信頼関係が重要 委任・準委任は，委任者が相手の受任者を信頼して任せる点にポイントがあります。相手との信頼関係が損なわれた場合にも契約関係を続けなければならないのは合理的ではありません。

そこで，委任・準委任の場合には，契約当事者は双方ともにいつでも将来に向かって契約を解除することができます（第651条，第652条）。ただし，相手方に不利なときに契約をやめる場合には，相手方の損害を賠償する必要があります（第651条2項）。

また，双方の信頼関係による契約なので，契約当事者のどちらかが死亡した場合には契約は終了します（653条）。契約によって取得した債権・債務は原則として相続の対象となりますが，委任・準委任は契約関係が終了する点に大きな違いがあります。

○ **2017年改正法第651条（委任の解除）** 委任は，各当事者がいつでもその解除をすることができる。
2 前項の規定により委任の解除をした者は，次に掲げる場合には，相手方の損害を賠償しなければならない。ただし，やむを得ない事由があったときは，この限りでない。
一 相手方に不利な時期に委任を解除したとき。
二 委任者が受任者の利益（専ら報酬を得ることによるものを除く。）をも目的とする委任を解除したとき。

○ 民法第652条（委任の解除の効力）　第620条の規定は，委任について準用する。

○ 民法第620条（賃貸借の解除の効力）　賃貸借の解除をした場合には，その解除は，将来に向かってのみその効力を生ずる。この場合において，当事者の一方に過失があったときは，その者に対する損害賠償の請求を妨げない。

○ 民法第653条（委任の終了事由）　委任は，次に掲げる事由によって終了する。
　一　委任者又は受任者の死亡
　二　委任者又は受任者が破産手続開始の決定を受けたこと。
　三　受任者が後見開始の審判を受けたこと。

●コラム　入れ歯を作るのは請負か準委任か

　病気になって病院に行き，検査や治療をしてもらうのも立派な契約です。医療の専門家である医師や医療機関に，専門的な知識や技術に基づいて適切な診察や治療をしてもらう契約ですから，準委任契約であると考えられています。
　では，歯科医院で入れ歯を作ってもらう契約は，どうでしょうか。
　民事訴訟で，入れ歯を作ってもらう契約は請負契約か準委任契約かが争われたケースがあります。
　一方の主張は，「入れ歯を作る契約は，依頼された入れ歯を作って引き渡す契約である。したがって，請負契約である。依頼された入れ歯を作って引き渡しをすれば，依頼された仕事は完成したことになり，請負契約は終了する。」というものでした。入れ歯を作って引き渡しをした段階で仕事は完成したということになるので，注文者である患者は代金の支払義務があり，請負人である歯科医師は仕事を完成した以上は，以後の債務の負担はないというのです。
　一方の言い分は，入れ歯は作って患者に引き渡しておしまいというものではないという主張です。建物の場合であれば，契約どおり建物を建て，引渡しをすれば，仕事は完成したことになります。一方，入れ歯の場合には，入れ歯を作って患者の口に入れただけでは完了せず，うまく入れ歯が機能するように調整していくことが必要となります。作って入れただけでうまくフィットして不自由なく噛むことができるようになる場合もありますが，多くの場合には使用しても痛くないように，うまく機能するように歯科医師が専門的知識や技術に基づいて患者の様子をみながら調整していく必要があります。そうすることによって，はじめて入れ歯として機能するという主張です。
　双方のこのような主張に対して，裁判所は，入れ歯は作って引き渡せばおしまいというものではなく，専門家である歯科医師による調整が必要なものであるとの判断に基づいて準委任に当たると判断しました。

●コラム　私立大学の入学契約：典型契約に該当するかどうかの判断の一事例

　消費者契約法の不当条項をめぐる訴訟で，私立大学の学納金返還訴訟があります。この訴訟で問題となったのは，かつて，ほとんどすべての私立大学が，入学試験に合格して入学手続を完了したものの，その後，入学式の前である3月のうちに入学辞退をした学生に対して，いったん納付した4月以降の授業料なども含む学納金を一切返還しないという特約を設けていたことにあります。この条項が，学生にとってはきわめて不当なものであり，消費者契約法に定める不当条項に当たり無効であるとして争われたのです。（最高裁が，このような条項は不当条項であると判断したことから，現在では，一般入試については，このような条項は使用されなくなっています。）

　無効であると主張した消費者側の言い分の前提は，私立大学の入学契約は，私立大学が教育サービスを提供することを約した契約であり，教育サービスの提供は準委任契約に当たるとするものでした。準委任契約には委任契約の規律が準用されているので，準委任契約であれば契約当事者はいつでも将来に向かって契約を解除することができることになります。そして，契約を将来に向かって解除することができれば，いったん納付した4月以降の授業料を含む全額を一切返還しない特約は，学校が被る平均的な損害を超えるものであると主張したわけです。

　学納金返還訴訟は，最高裁で判断されることになりましたが，最高裁の判断は，私立大学の入学契約は準委任契約ではなく民法上の無名契約（14章14.3参照）であるというものでした。

　このように判断した理由としては，大学の入学契約とは，大学が学生に対して教育サービスを提供するというだけの契約ではないという点にありました。大学は，研究機関であり，大学に入学するということは，入学した学生も研究機関の一員になるというものであり，単に教育サービスの消費者に留まるものではないという判断でした。

　そして，憲法第23条に定める学問の自由を根拠に，学生には，どこでどのように学問をするかを選択する自由があるのであり，学生には入学契約を解除する自由があると判断しました。

21 その他の契約

21.1 はじめに

その他の典型契約　13種類の典型契約の中で，これまで取り上げてきた分類に入らない契約に，寄託，組合，終身定期金，和解の4種類があります。典型契約の最後に，この4種類の概要について取り上げます。

ただし，この中で終身定期金は，日常生活ではほとんど見かけないものであるだけでなく，日本ではあまり利用されていないようです。日常的に利用されているわけではないのに典型契約であるのは不思議な印象を持つかもしれません。ただ，日本の民法の制定経過を見れば，それほど不思議なことではありません。というのは，民法は，立法当時の日本における契約の実情を踏まえて制定されたわけではなく，明治政府がドイツやフランスの民法典を参考にして導入したものだからです。

21.2 寄託

物を預かる　寄託とは，物を預かってもらう契約です。改正前の民法では，預ける人（**寄託者**）から，預かる人（**受寄者**）が，その物を受け取ることによって契約の効力が生ずるものと定めていました。要物契約との定義でした。

改正法では，諾成契約に改めました（2017年改正法第657条）。ただし，寄託者は契約締結後であっても，寄託物を受託者が受け取る以前であれば契約を解除できます。ただし，解除により受寄者が損害を被っている場合には受寄者は損害賠償を求めることができます。書面に寄らない寄託契約の場合には，寄託物の引渡前であれば，無報酬の受寄者は契約を解除することができます（2017年改正法第657条の2）。

> ○ 2017年改正法第657条（寄託）　寄託は，当事者の一方がある物を保管することを相手方に委託し，相手方がこれを承諾することによって，その効力を生ずる。
>
> ○ 2017年改正法第657条の2（寄託物受取り前の寄託者による寄託の解除等）　寄託者は，受寄者が寄託物を受け取るまで，契約の解除をすることができる。この場合において，受寄者は，その契約の解除によって損害を受けたときは，寄託者に対し，その賠償を請求することができる。
> 2　無報酬の受寄者は，寄託物を受け取るまで，契約の解除をすることができる。ただし，書面による寄託については，この限りでない。
> 3　受寄者（無報酬で寄託を受けた場合にあっては，書面による寄託の受寄者に限る。）は，寄託物を受け取るべき時期を経過したにもかかわらず，寄託者が寄託物を引き渡さない場合において，相当の期間を定めてその引渡しの催告をし，その期間内に引渡しがないときは，契約の解除をすることができる。

寄託の例　消費生活でしばしば利用されている典型的な寄託には，クリーニング店などの毛皮などの保管サービスやトランクルーム（物品を有料で保管する貸し倉庫）などがあります。

ただし，トランクルームについては，倉庫業法による規制があります。トランクルームを営業するためには，倉庫業法により登録する必要があります。登録業者は，標準トランクルーム寄託約款[1]を使用するか，約款を国土交通省に届け出た上で使用することが義務付けられています（倉庫業法第8条）[2]。したがって，トランクルームについては民法ではなく標準約款か事業者が国土交通省に届け出ている約款によることになります。

主な規定　寄託については，原則として受寄者本人が保管すべき義務がある上に受寄者は使用してはいけないこと[3]（第658条），寄託物に瑕疵があった場合の寄託者の損害賠償責任のルール（第661条），寄託者は契約で保管期間を定めていてもいつでも返還を求めることができること（第662条），受寄者は原則として期間内は返還することができないこと（第663条2項），返還場所は原則として保管場所であること（第664条）などの規定を定めています。

なお，受託者の保管義務のレベルについては，無償で預かる無報酬の受寄者の場合には，「自己の財産に対するのと同一の注意をもって，寄託物を保管する義務を負」うに留まります（第659条）。この規定の趣旨から，対価を受け取って預かる場合には善良な管理者の注意をもって保管する義務があ

---

[1] 倉庫業法に基づいて告示されています。
[2] トランクルームが広く利用されるようになった半面，トラブルが多発したことから，1986年に標準トランクルーム約款制度が導入されました。現行の標準約款は2007年に改正されたものです。
[3] 消費貸借は，この点が通常の寄託とは大きく違うわけです。

ると解されています。

○ 2017年改正法第658条（寄託物の使用及び第三者による保管）　受寄者は，寄託者の承諾を得なければ，寄託物を使用することができない。
2　受寄者は，寄託者の承諾を得たとき，又はやむを得ない事由があるときでなければ，寄託物を第三者に保管させることができない。
3　再受寄者は，寄託者に対して，その権限の範囲内において，受寄者と同一の権利を有し，義務を負う。
○ 2017年改正法第659条（無報酬の受寄者の注意義務）　無報酬の受寄者は，自己の財産に対するのと同一の注意をもって，寄託物を保管する義務を負う。
○ 2017年改正法第660条（受寄者の通知義務等）　寄託物について権利を主張する第三者が受寄者に対して訴えを提起し，又は差押え，仮差押え若しくは仮処分をしたときは，受寄者は，遅滞なくその事実を寄託者に通知しなければならない。ただし，寄託者が既にこれを知っているときは，この限りでない。
2　第三者が寄託物について権利を主張する場合であっても，受寄者は，寄託者の指図がない限り，寄託者に対しその寄託物を返還しなければならない。ただし，受寄者が前項の通知をした場合又は同項ただし書の規定によりその通知を要しない場合において，その寄託物をその第三者に引き渡すべき旨を命ずる確定判決（確定判決と同一の効力を有するものを含む。）があったときであって，その第三者にその寄託物を引き渡したときは，この限りでない。
3　受寄者は，前項の規定により寄託者に対して寄託物を返還しなければならない場合には，寄託者にその寄託物を引き渡したことによって第三者に損害が生じたときであっても，その賠償の責任を負わない。
○ 民法第661条（寄託者による損害賠償）　寄託者は，寄託物の性質又は瑕疵によって生じた損害を受寄者に賠償しなければならない。ただし，寄託者が過失なくその性質若しくは瑕疵を知らなかったとき，又は受寄者がこれを知っていたときは，この限りでない。
○ 2017年改正法第662条（寄託者による返還請求等）　当事者が寄託物の返還の時期を定めたときであっても，寄託者は，いつでもその返還を請求することができる。
2　前項に規定する場合において，受寄者は，寄託者がその時期の前に返還を請求したことによって損害を受けたときは，寄託者に対し，その賠償を請求することができる。
○ 民法第663条（寄託物の返還の時期）　当事者が寄託物の返還の時期を定めなかったときは，受寄者は，いつでもその返還をすることができる。
2　返還の時期の定めがあるときは，受寄者は，やむを得ない事由がなければ，その期限前に返還をすることができない。
○ 民法第664条（寄託物の返還の場所）　寄託物の返還は，その保管をすべき場所でしなければならない。ただし，受寄者が正当な事由によってその物を保管する場所を変更したときは，その現在の場所で返還をすることができる。
○ 2017年改正法第664条の2（損害賠償及び費用の償還の請求権についての期間の制限）　寄託物の一部滅失又は損傷によって生じた損害の賠償及び受寄者が支出した費用の償還は，寄託者が返還を受けた時から1年以内に請求しなければならない。
2　前項の損害賠償の請求権については，寄託者が返還を受けた時から1年を経過するまでの間は，時効は，完成しない。
○ 2017年改正法第665条（委任の規定の準用）　第646条から第648条まで，第649条並びに第650条第1項及び第2項の規定は，寄託について準用する

　消費寄託　受寄者が，預かった物を消費するタイプの寄託契約のことを**消費寄託**といいます。受寄者は，預かった物は消費し，預かった物と同じ種類・品質・分量のものを寄託者に対して返還する債務を負担します。
　私たちが最も身近に利用している預貯金は消費寄託に当たります。現金を

預かった銀行などは，預かった預貯金を他に貸し付けたり金融商品に投資したりして運用し，預かった元本と同額の金銭に契約で約束した利息を付けて払い戻しをする仕組みです。

消費寄託は，寄託の規定ではなく消費貸借の規定によります。消費寄託は寄託の中でも特殊な扱いとなっています。

○ 2017年改正法第666条（消費寄託）　受寄者が契約により寄託物を消費することができる場合には，受寄者は，寄託された物と種類，品質及び数量の同じ物をもって返還しなければならない。
2　第590条及び第592条の規定は，前項に規定する場合について準用する。
3　第591条第2項及び第3項の規定は，預金又は貯金に係る契約により金銭を寄託した場合について準用する。

○ 2017年改正法第590条（貸主の引渡義務等）　第551条[4]の規定は，前条第1項の特約のない消費貸借について準用する。
2　前条第1項の特約の有無にかかわらず，貸主から引き渡された物が種類又は品質に関して契約の内容に適合しないものであるときは，借主は，その物の価額を返還することができる。

○ 2017年改正法第591条（返還の時期）　当事者が返還の時期を定めなかったときは，貸主は，相当の期間を定めて返還の催告をすることができる。
2　借主は，返還の時期の定めの有無にかかわらず，いつでも返還をすることができる。
3　当事者が返還の時期を定めた場合において，貸主は，借主がその時期の前に返還をしたことによって損害を受けたときは，借主に対し，その賠償を請求することができる。

○ 民法第592条（価額の償還）　借主が貸主から受け取った物と種類，品質及び数量の同じ物をもって返還をすることができなくなったときは，その時における物の価額を償還しなければならない。ただし，第402条第2項[5]に規定する場合は，この限りでない。

21.3　組　合

共同事業を営む　　組合契約とは，複数の当事者が共同事業を営むことを目的として共同の出資をする契約です。民法では，「各当事者が出資をして共同の事業を営むことを約することによって，その効力を生ずる。」（第667条第1項）と定義しています。

民法による組合に関する規定の概要は以下のようなものです。

組合では，組合契約を締結した者の多数決で事業を行います。組合に負債がある場合には，契約で定めた割合に応じて支払う義務を負いますが，債権者がその割合を知らない場合には組合員全員に対して等しい割合で請求でき

---

[4]　第551条（贈与者の引渡義務）については157頁参照。
[5]　民法第402条第2項　債権の目的物である特定の種類の通貨が弁済期に強制通用の効力を失っているときは，債務者は，他の通貨で弁済をしなければならない。

るものとしています。損益分配の割合は契約で定めた割合によりますが、契約で割合を決めなかった場合には、出資の割合によります。

注意点　消費生活に関するものでは、高齢者などを狙った投資勧誘の一種である集団投資スキーム[6]の場合に、民法上の組合の形態を取っているものがあります。消費者は勧誘の際に「投資すれば確実に儲かる。」「任せてくれればよい」などと勧誘されて、元本保証のある高利回りの預貯金のような感覚で出資してしまう場合が多いようです。しかし、組合は、組合員全員で出資をして共同で事業活動を行うというものです。単に元本保証でお金を預けて、誰かに運用をお任せするというものではないのです。投資した自分も組合の一員として事業活動に責任があります。

元本保証がないのはもちろん、組合が負債を負った場合には全組合員が、負債を返済する義務を負うことになります。事業に失敗すれば利益が出ないどころか出資金はなくなることがありますし、さらに負債を負うことになる危険性がありうるものです。

下記に、関連条文をあげておきます。

○　民法第667条（組合契約）　　組合契約は、各当事者が出資をして共同の事業を営むことを約することによって、その効力を生ずる。
2　出資は、労務をその目的とすることができる。

○　2017年改正法第670条（業務の決定及び執行の方法）　　組合の業務は、組合員の過半数をもって決定し、各組合員がこれを執行する。
2　組合の業務の決定及び執行は、組合契約の定めるところにより、一人又は数人の組合員又は第三者に委任することができる。
3　前項の委任を受けた者（以下「業務執行者」という。）は、組合の業務を決定し、これを執行する。この場合において、業務執行者が数人あるときは、組合の業務は、業務執行者の過半数をもって決定し、各業務執行者がこれを執行する。
4　前項の規定にかかわらず、組合の業務については、総組合員の同意によって決定し、又は総組合員が執行することを妨げない。
5　組合の常務は、前各項の規定にかかわらず、各組合員又は各業務執行者が単独で行うことができる。ただし、その完了前に他の組合員又は業務執行者が異議を述べたときは、この限りでない。

○　民法第674条（組合員の損益分配の割合）　　当事者が損益分配の割合を定めなかったときは、その割合は、各組合員の出資の価額に応じて定める。
2　利益又は損失についてのみ分配の割合を定めたときは、その割合は、利益及び損失に共通であるものと推定する。

○　2017年改正法第676条　（組合員の持分の処分及び組合財産の分割）　組合員は、組合財産についてその持分を処分したときは、その処分をもって組合及び組合と取引をした第三者に対抗することができない。

6　集団投資スキームの形態としては、民法上の組合、商法上の匿名組合、信託法による信託、資産の流通化に関する法律による特定目的会社、投資事業有限責任組合契約に関する法律（ファンド法）による投資事業有限責任組合など多様なものがあります。

2 組合員は，組合財産である債権について，その持分についての権利を単独で行使することができない。
3 組合員は，清算前に組合財産の分割を求めることができない。

○ 2017年改正法第677条の2（組合員の加入）　組合員は，その全員の同意によって，又は組合契約の定めるところにより，新たに組合員を加入させることができる。
2 前項の規定により組合の成立後に加入した組合員は，その加入前に生じた組合の債務については，これを弁済する責任を負わない。

○ 民法第678条（組合員の脱退）　組合契約で組合の存続期間を定めなかったとき，又はある組合員の終身の間組合が存続すべきことを定めたときは，各組合員は，いつでも脱退することができる。ただし，やむを得ない事由がある場合を除き，組合に不利な時期に脱退することができない。
2 組合の存続期間を定めた場合であっても，各組合員は，やむを得ない事由があるときは，脱退することができる。

○ 2017年改正法第682条（組合の解散事由）　組合は，次に掲げる事由によって解散する。
一　組合の目的である事業の成功又はその成功の不能
二　組合契約で定めた存続期間の満了
三　組合契約で定めた解散の事由の発生
四　総組合員の同意

21.4　終身定期金

終身定期金とは　日本ではあまり利用されていないので，定義だけ紹介しましょう。

契約の一方当事者Aが，契約相手であるBとの間でBあるいはそれ以外の第三者Cに対してABC（このうちの誰かは契約で決めます）が死亡するまで，定期的に一定額などを支払うことを約束する契約です。

具体的には，AがBに対して，自分の所有する不動産を与え，その代わり自分が死亡するまで一定の金額を支払い続けることを約束してもらう，といったものが典型例とされています。Aが早く死亡すればBは得をします。しかし，Aが長生きするとBは不動産の価格以上の支払を続けなければならなくなることもありえます。この場合はBは損をすることになります。このことから，終身定期金契約は賭博性があると指摘する人もあります。

○ 民法第689条（終身定期金契約）　終身定期金契約は，当事者の一方が，自己，相手方又は第三者の死亡に至るまで，定期に金銭その他の物を相手方又は第三者に給付することを約することによって，その効力を生ずる。

21.5 和　解

紛争の解決　和解とは，紛争当事者が話し合い双方がお互いに譲歩して話合いによって解決する合意をするものです。

消費者トラブルにおける消費生活センターの消費生活相談でのあっせんは，消費者と事業者との間の紛争を話合いによって解決するための調整をするという業務です。つまり，消費者と事業者との和解のためのあっせんをしている，ということで，消費生活相談とは深い関係がある契約といえるでしょう。

注意点　和解で注意すべき規定は，和解の効力に関する規定です。ある権利があるかないかをめぐって紛争になっている場合に，和解によって解決した後で，その権利がある（あるいは「ない」）ことを裏付ける明確な証拠が出てきたとしても，蒸し返すことはできないという意味合いです。

○　民法第 695 条（和解）　和解は，当事者が互いに譲歩をしてその間に存する争いをやめることを約することによって，その効力を生ずる。

○　民法第 696 条（和解の効力）　当事者の一方が和解によって争いの目的である権利を有するものと認められ，又は相手方がこれを有しないものと認められた場合において，その当事者の一方が従来その権利を有していなかった旨の確証又は相手方がこれを有していた旨の確証が得られたときは，その権利は，和解によってその当事者の一方に移転し，又は消滅したものとする。

22 保証 (1)
保証契約・連帯保証人

22.1 はじめに

保証とは　保証は，お金を借りるときに保証人になってもらう，あるいは逆に保証人を頼まれるといった形で日常生活でもしばしば耳にすることがある身近な契約です。

「保証人になる」ということはどういうことなのでしょうか。保証人には，単純な保証人，連帯保証人，事業資金の借入などでよく利用されている根保証人，就職などの場合に利用されている身元保証人などがあります。

この中からこの章では，単純な保証人と連帯保証人を取り上げます。

22.2 保証の特殊性

前提となる契約が必要　これまで取り上げてきた典型契約は，組合を別にしてAとBとの二当事者間で行う契約が基本でした。契約は，AとBの2人でする法律行為であると定義されるものです。

ところが，保証の場合には二当事者間だけの契約ではありません。保証契約は，保証人となる者Cと債権者Bとの間で締結します。この点では保証契約もBとCとの二当事者間の契約です。しかし，保証の場合にはその前提として，金銭債務を負担する人Aと債権者Bとの間の基本となる契約が必要です。典型的なものが，AがBから借金をするに当たり，Cが保証人となる契約です。

以下は，AがBから借金するときにCが保証をする場合を例に説明することにします。この場合のAを主たる債務者，Bを債権者，保証をするCを保証人といいます。

保証契約のイメージ図

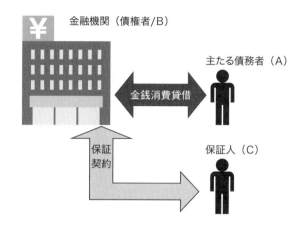

22.3　保証人とは何か

22.3.1　保証契約と保証人

　代わって弁済をする　保証人とは，主たる債務者Aが弁済期日になっても弁済しない場合にAに代わって弁済することを約束する人を意味します。民法では，「保証人は，主たる債務者がその債務を履行しないときに，その履行をする責任を負う。」と定めています（第446条第1項）。

　主たる債務者Aが弁済しないために債権者Bから請求を受けた保証人Cが「私はだまされた。Aから絶対迷惑をかけないからと頼まれたから保証人になっただけだから，私は支払うつもりはないし支払う義務もないはずだ」と腹を立てるケースがあります。Aが破産した場合には，Cから破産者の代理人や破産管財人にこうした苦情が持ち込まれることは日常茶飯事と言ってもいいくらいです。これは，Cが保証人になるという意味を理解していない発言といえるでしょう。Cに保証人になるように頼んだAも正しく理解していなかった可能性もありえます[1]。

　また，日本ではCが保証人になる場合には主たる債務者Aに頼まれてなる

1　保証人が「保証の意味を知らなかったので支払わない」と主張する場合がありますが，保証人になった者が保証人の意味を知らなかったと主張しても支払義務を免れることはできません。

190　22　保証（1）

場合が多いので，保証人というのは主たる債務者と保証人との契約だと思っている人がいますが，これも間違いです。保証契約は，保証人Cと債権者Bとの契約で，その内容は「主たる債務者が弁済しないときには私が代わって弁済します」というものなのです。

書面での契約が必要　このように，保証契約は保証人からすれば債務を負担するだけの契約で何の経済的なメリットもありません。しかし，知人や親族などに頼まれて気軽に引き受けてしまって大変なことになる場合が少なくありません。そこで，保証人となる人を保護する意味から保証契約は書面で行うことが必要とされ，口頭の契約は無効と定められています（第446条第2項）。

民法では口頭で契約は成立する諾成契約を原則としています。保証契約は，契約成立のために書面という要式を必要としている要式契約で，民法上では唯一の例外です。

○　2017年改正法第446条（保証人の責任等）　保証人は，主たる債務者がその債務を履行しないときに，その履行をする責任を負う。
2　保証契約は，書面でしなければ，その効力を生じない。
3　保証契約がその内容を記録した電磁的記録によってされたときは，その保証契約は，書面によってされたものとみなして，前項の規定を適用する。

○　民法第447条（保証債務の範囲）　保証債務は，主たる債務に関する利息，違約金，損害賠償その他その債務に従たるすべてのものを包含する。
2　保証人は，その保証債務についてのみ，違約金又は損害賠償の額を約定することができる。

○　2017年改正法第448条（保証人の負担が主たる債務より重い場合）　保証人の負担が債務の目的又は態様において主たる債務より重いときは，これを主たる債務の限度に縮減する。
2　主たる債務の目的又は態様が保証契約の締結後に加重されたときであっても，保証人の負担は加重されない。

22.3.2　主たる債務者が制限行為能力者である場合

3章で説明しましたが，未成年者，成年被後見人などを制限行為能力者といいます。高齢社会となって認知症などで判断能力が著しく低下する人が増加傾向にあり，悪質商法に狙われやすくなっていますが，このような人が残された能力を生かしてその人らしい生活ができるよう支援する制度として設けられたものが成年後見制度です。

たとえば，成年被後見人AがBから借金をしたときに，Cが保証人になった場合を考えてみましょう。Aの成年後見人は，Aの債務を取り消すことが

できます（第9条）。もし，Aの債務が取り消されたら，Cの保証人としての債務もなくなるのでしょうか。民法では，場合によって取り扱いを区別しています。

Cが保証人になったとき，Aが<u>成年被後見人であることを知っていた場合</u>には，「保証契約の時においてその取消しの原因を知っていたとき」に該当します。このときには，（保証人は）「主たる債務の…取消しの場合においてこれと同一の目的を有する独立の債務を負担したものと推定する。」と定めています（第449条）。主たる債務であるAの債務が取消しによってなくなっても，保証人Cの責任は残るわけです。

保証人になったとき，Aが成年被後見人であることをCが知らなかった場合には，Aの債務が取り消されれば，Cの保証債務もなくなります。

○ **民法第449条（取り消すことができる債務の保証）** 行為能力の制限によって取り消すことができる債務を保証した者は，保証契約の時においてその取消しの原因を知っていたときは，主たる債務の不履行の場合又はその債務の取消しの場合においてこれと同一の目的を有する独立の債務を負担したものと推定する。

22.3.3 単純保証人とは

たとえば第446条第1項にあるように，民法の条文においては，「保証人は，主たる債務者がその債務を履行しないときに，その履行をする責任を負う」存在です。このように民法の条文で単に「保証人」としているときは，後述する「連帯保証人」と区別する意味で，民法の教科書や判決などでは，「**単純保証人**」と呼んでいます。ただし，民法の条文に「単純保証人」という規定があるわけではないので注意してください。

これは，一般社会で利用されている保証人制度のほとんどが連帯保証人であるため，このような説明の仕方をする方がわかりやすいからではないかと推測されます。市販されている借用証書の定型書式でも，貸主，借主と並んで「連帯保証人欄」が用意されているものが一般的です。連帯保証の意味を知らない人でも，この書式を使って契約すれば，意識しないままに連帯保証人を取ることになるわけです。

22.3.4 単純保証人の場合の取り扱い

　保証人が債権者から返済を求められた場合に，「借りた本人（主たる債務者）から回収して欲しい」「保証人だけがひどい思いをした，借りた本人が知らんふりで生活しているのは納得できない」という気持ちを持つことが少なくありません。

　しかし，上で述べたような単純保証人の場合には，債権者に対して「まず主たる債務者に請求してください」と主張できます（第452条）。これを催告の抗弁といいます。ただし，主たる債務者が破産している場合には催告の抗弁はできません。

　さらに，保証人が主たる債務者に容易に強制執行できる資産があることを知っている場合には，債権者に対して「主たる債務所には○○という資産があります。まず，この資産に対して強制執行をしてください」と主張することができます（第453条）。これを検索の抗弁といいます。

　債権者が催告の抗弁や検索の抗弁を無視した場合には，もし抗弁された時点で主たる債務者に対して訴訟を提起し強制執行をしていれば回収できたはずの部分については，保証人は支払義務がなくなると定められています（第455条）。

○　民法第452条（催告の抗弁）　債権者が保証人に債務の履行を請求したときは，保証人は，まず主たる債務者に催告をすべき旨を請求することができる。ただし，主たる債務者が破産手続開始の決定を受けたとき，又はその行方が知れないときは，この限りでない。

○　民法第453条（検索の抗弁）　債権者が前条の規定に従い主たる債務者に催告をした後であっても，保証人が主たる債務者に弁済をする資力があり，かつ，執行が容易であることを証明したときは，債権者は，まず主たる債務者の財産について執行をしなければならない。

○　民法第454条（連帯保証の場合の特則）　保証人は，主たる債務者と連帯して債務を負担したときは，前二条の権利を有しない。

○　民法第455条（催告の抗弁及び検索の抗弁の効果）　第452条又は第453条の規定により保証人の請求又は証明があったにもかかわらず，債権者が催告又は執行をすることを怠ったために主たる債務者から全部の弁済を得られなかったときは，保証人は，債権者が直ちに催告又は執行をすれば弁済を得ることができた限度において，その義務を免れる。

　債権者が一つの債務について複数の保証人を取る場合があります。たとえば，AがBから300万円の借金をした場合に，C・D・Fの3人の保証人を

取った場合を考えてみましょう。債権者は，最も資力のあるCに対して300万円を支払うように請求できるでしょうか。

　三人とも単純保証人の場合には，保証人の誰に対してもこのような請求はできません。保証契約で別の定めをした場合を除いて，3人で三分の一ずつ分割して保証債務を負うことになります。これを**分別の利益**といいます。つまり，Bは，C・D・Fのいずれに対しても100万円を支払うようにと請求することしかできないのです（第456条・第427条）。

○　民法第456条（数人の保証人がある場合）　数人の保証人がある場合には，それらの保証人が各別の行為により債務を負担したときであっても，第427条の規定を適用する。

○　民法第427条（分割債権及び分割債務）　数人の債権者又は債務者がある場合において，別段の意思表示がないときは，各債権者又は各債務者は，それぞれ等しい割合で権利を有し，又は義務を負う。

22.3.5　連帯保証人とは

　連帯保証人には，単純保証人と違って，催告の抗弁・検索の抗弁がありません（第454条。条文は前頁にあります）。したがって，債権者は，最も回収が容易な連帯保証人に対して請求できます。連帯保証人は，まず主たる債務者から回収するようにと主張することはできません。

　連帯保証人には分別の利益はありません。300万円の借金について3人の連帯保証人があった場合には，債権者はどの連帯保証人に対しても300万円を支払うように請求することができます。また，複数の連帯保証人がいた場合に，そのうちの一人について生じた事由が他の連帯保証人に及ぶ影響は，後述の条文のように規定されています。

　このように，連帯保証人の場合には，債権者は，最も資産を持っている保証人に対して，全額を返済するように請求できるものなので，債権者にとってみると大変都合がよい制度であると言えます。このような事情があるので，世の中では連帯保証人が一般的となっているのです。

　消費者は，単純保証人と連帯保証人の違いを知らないことも少なくないのではないかと思います。自分が，連帯保証人欄に署名捺印した場合に，どのような責任を負うことになるのか十分理解しているとは限りません。しかし，

意味をよく知らなかったとしても，連帯保証人として署名捺印してしまうと責任を問われることになります。

○ 2017 年改正法第 458 条（連帯保証人について生じた事由の効力）　第 438 条，第 439 条第 1 項，第 440 条及び 441 条の規定は，主たる債務者と連帯して債務を負担する保証人について生じた事由について準用する。

○ 2017 年改正法第 438 条（連帯債務者の一人との間の更改[2]）　連帯債務者の一人と債権者との間に更改があったときは，債権は，全ての連帯債務者の利益のために消滅する。

○ 2017 年改正法第 439 条（連帯債務者の一人による相殺[3]等）　連帯債務者の一人が債権者に対して債権を有する場合において，その連帯債務者が相殺を援用したときは，債権は，全ての連帯債務者の利益のために消滅する。
2　前項の債権を有する連帯債務者が相殺を援用しない間は，その連帯債務者の負担部分の限度において，他の連帯債務者は，債権者に対して債務の履行を拒むことができる。

○ 2017 年改正法第 440 条（連帯債務者の一人との間の混同[4]）　連帯債務者の一人と債権者との間に混同があったときは，その連帯債務者は，弁済をしたものとみなす。

○ 2017 年改正法第 441 条（相対的効力の原則）　第 438 条，第 439 条第 1 項及び前条に規定する場合を除き，連帯債務者の一人について生じた事由は，他の連帯債務者に対してその効力を生じない。ただし，債権者及び他の連帯債務者の一人が別段の意思を表示したときは，当該他の連帯債務者に対する効力は，その意思に従う。

22.4　求償権

　保証人が弁済したことにより主たる債務がなくなった場合には，保証人は主たる債務者に対して**求償請求**をすることができます。主たる債務者から頼まれて保証人になった場合（委託を受けた保証人）なのか，そうでないのかによって，求償請求できる金額や時期に違いがあります。

○ 2017 年改正法第 459 条（委託を受けた保証人の求償権）　保証人が主たる債務者の委託を受けて保証をした場合において，主たる債務者に代わって弁済その他自己の財産をもって債務を消滅させる行為（以下「債務の消滅行為」という。）をしたときは，その保証人は，主たる債務者に対し，そのために支出した財産の額（その財産の額がその債務の消滅行為によって消滅した主たる債務の額を超える場合にあっては，その消滅した額）の求償権を有する。
2　第 442 条第 2 項の規定は，前項の場合について準用する。

○ 2017 年改正法第 459 条の 2（委託を受けた保証人が弁済期前に弁済等をした場合の求償権）　保証人が主たる債務者の委託を受けて保証をした場合において，主たる債務の弁済期前に債務の消滅行為をしたと

---

[2] 「更改」とは，債務の要素を変更する合意のことで，旧債務は消滅し，新たな債務が成立することになります（2017 年改正法第 513～518 条）。
[3] 「相殺」とは，2 人が互いに同種の目的を有する債務を負担する場合で，双方の債務が弁済期にあるときに，一方の意思表示によって対当額について債務を免れる場合を指します（2017 年改正法第 505 条第 1 項）。
[4] 「混同」とは，債権と債務が同一人に帰した場合を指します（第 520 条）。

きは，その保証人は，主たる債務者に対し，主たる債務者がその当時利益を受けた限度において求償権を有する。この場合において，主たる債務者が債務の消滅行為の日以前に相殺の原因を有していたことを主張するときは，保証人は，債権者に対し，その相殺によって消滅すべきであった債務の履行を請求することができる。
2　前項の規定による求償は，主たる債務の弁済期以後の法定利息及びその弁済期以後に債務の消滅行為をしたとしても避けることができなかった費用その他の損害の賠償を包含する。
3　第一項の求償権は，主たる債務の弁済期以後でなければ，これを行使することができない。

○　2017年改正法第460条（委託を受けた保証人の求償権）　保証人は，主たる債務者の委託を受けて保証をした場合において，次に掲げるときは，主たる債務者に対して，あらかじめ，求償権を行使することができる。
　一　主たる債務者が破産手続開始の決定を受け，かつ，債権者がその破産財団の配当に加入しないとき。
　二　債務が弁済期にあるとき。ただし，保証契約の後に債権者が主たる債務者に許与した期限は，保証人に対抗することができない。
　三　保証人が過失なく債権者に弁済をすべき旨の裁判の言渡しを受けたとき。

○　2017年改正法第462条（委託を受けない保証人の求償権）　第459条の2第1項の規定は，主たる債務者の委託を受けないで保証をした者が債務の消滅行為をした場合について準用する。
2　主たる債務者の意思に反して保証をした者は，主たる債務者が現に利益を受けている限度においてのみ求償権を有する。この場合において，主たる債務者が求償の日以前に相殺の原因を有していたことを主張するときは，保証人は，債権者に対し，その相殺によって消滅すべきであった債務の履行を請求することができる。
3　第459条の2第3項の規定は，前二項に規定する保証人が主たる債務の弁済期前に債務の消滅行為をした場合における求償権の行使について準用する。

●コラム　奨学金返還をめぐる保証人問題

　2018年秋ころから奨学金について，保証人に対する返還請求のやり方の妥当性が社会問題となっています。何が問題になっているのでしょうか。
　最初に事実関係を整理しましょう。
　学生に奨学金を貸与する事業者を行っている日本学生支援機構（ここでいう「奨学金」は語感からイメージされる給付型ではなく利息付の金銭消費貸借で，その実態は学生ローンです）は，学生と奨学金の貸付契約を締結する際に，学生の親族など2人の保証人を取っていました。この場合の保証人は，単純保証人だったようです。学生の中に卒業後の収入が少なく返済が困難となる者が出た場合には，機構は保証人に借入額の残債務の全額を請求して回収していました。保証人の中で，全額を一度に支払えない場合には全額を分割して返済することを約束させ，返済を続けさせています。
　ここで問題となるのは，本文でも述べたように，単純保証人には，民法上分別の利益があるということです。たとえば，200万円の奨学金の借入について2人が保証人となった場合には，200万円全額が延滞したときでも，1人の保証人は2分の1の100万円の元本・利息・遅延損害金の返済義務があるだけです。
　機構は，単純保証人に対しても全額を請求して回収し続けてきたのですが，機構からの請求に対して分別の利益を主張した保証人については，減額に応じてきたということです。ただし，普通は民法上の専門知識がある人は多くはないため，分別の利益を主張して減額に応じてもらった保証人は1割程度ということです。

機構は，保証人に法的知識がないことに付け込んで，本来であれば法的義務を負わない部分についても支払わせて回収してきたとの批判を受けているわけです。

　2019 年 2 月の時点でも，機構は，返済中の保証人には今後も分別の利益について知らせない方針を取ると説明しています。理事長は，このような方針を取った理由について，「伝えれば事実上，半額を回収できなくなり，その分を税金で補てんせざるを得なくなるため」と言います。（朝日新聞 2019 年 2 月 22 日朝刊）。

　法的知識のない人には知らせないという機構の態度は，機構の業務が金銭的に恵まれない学生のための公共性の強いはずの支援であることを考えると，問題ではないかと批判されているわけです。

23 保証（2）
根保証・身元保証

23.1 はじめに

　事業資金の借入やビジネス上の取引での保証では，日常的に**根保証**が利用されています。また，就職する際などには**身元保証**も日常的に利用されています。いずれも，日常的に当たり前に利用されている契約ではありますが，単純保証人や連帯保証人とは違って，はるかに重い責任を負う契約です。この章では，根保証人と身元保証人について取り上げます。

23.2 根保証

23.2.1 根保証とは

　普通の保証と大きく違う　保証人とは，主たる債務者Aがその債務を弁済期日に弁済しなかった場合に，代わって弁済する義務を負う人を意味します。
　たとえば，Aが債権者Bから300万円の借金をしたときを例に考えてみましょう。Aが弁済期日になったのに300万円を弁済しなければ，保証人Cはこれを弁済しなければなりません。Aが，300万円（とその利息や遅延損害金の合計額）を弁済すれば，保証人Cの債務も消滅します。この点は，単純保証人も連帯保証人も同じです。
　ところが，**根保証人**の場合にはこれとは違います。Aが300万円を弁済したとしても，根保証人Cの債務は消滅しません。このように根保証は，通常イメージする保証人とはだいぶ違うものです。
　根保証とはワクとしての保証　わかりやすく言うと，根保証とは，AがBに対して負う一定の範囲の金銭債務について，一定限度額までワク（極度額）として保証をするものです。「ワクについての保証」と考えれば，ある程度イメ

根保証のイメージ図

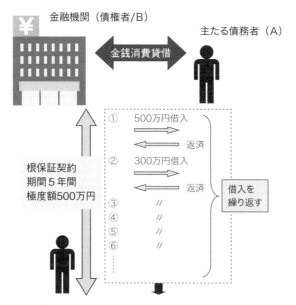

ージしやすいでしょうか。民法では，「一定の範囲に属する不特定の債務を主たる債務とする保証契約」と定義しています（第465条の2）。

利用の例　日常的に根保証が利用されるのはビジネス上の事業資金の借入や商品などの仕入れ代金などの債務です。

たとえば，A社がB銀行から事業資金について金銭消費貸借契約をする場合に（主たる債務の性質を特定するためのワクの設定に当たります），根保証の上限金額（これを「**極度額**」といいます。金額のワクに当たります）と根保証をする期間を3年間など（これが時間的なワクを意味します）と決め，このワクの範囲内でCに保証人となってもらいます。つまり，Cは，B銀行と根保証契約を締結します。

A社はB銀行との間で事業資金の借入と弁済とを繰り返します。根保証人Cは，根保証期間の最後に残ったA社のB銀行に対する借金について，限度額（極度額）まで保証責任を負うことになります。

保証人Cは，A社の経営には関与していないことも少なくありません。A

社の経営状態は刻々と変化するので，Cが根保証人となった時には経営状態がよかったとしても，将来のことは予想できません。経営に関与しない立場のCにとってとは，リスクが大きいと言えるでしょう。

そもそも保証人制度は，主たる債務者は保証人の信用力に依存して借金ができるメリットがあり，債権者は債権回収のための担保を得るメリットがありますが，保証人には経済的なメリットはありません。根保証は，将来の見込みがわからない事業資金の借入などについても保証責任を負うものですから，連帯保証人に比べて責任が重い不利な取引だと言えるでしょう。

23.2.2 典型的なトラブル例

事業資金の保証　根保証をめぐる典型的なトラブル例は，こんな事例です。

A社が事業資金500万円をB銀行から借り入れるに当たって，B銀行から根保証人が必要だと言われて，Cに依頼しました。このような場合には，通常，銀行が求めるのは単純保証人や連帯保証人ではなく，根保証人であることが普通です。そこで，Cは，極度額500万円，期間5年間という条件で，B銀行と根保証契約をしました。

そのとき，A社はB銀行から事業資金として金500万円を借り入れ，その後A社は500万円を返済し，その旨をCに報告しました。その後も，A社は繰り返し500万円，300万円，200万円…と事業資金の借入と弁済とを繰り返していました。事業資金の借入では，これはごく普通のできごとです。

Cは，A社から，最初の500万円を弁済したと報告を受け，自分の保証債務は消滅したものと思っていました。

ところが，3年後に，B銀行から，A社が経営難となり破産したので残債務のうちの極度額500万円の範囲で弁済するようにと請求されました。

Cは，A社から，自分が保証人となったときの借入の500万円は弁済したとの報告を受けており，保証債務は消滅しているはずだと主張しました。しかし，B銀行は，「Cは根保証人になっているので，現時点で残っているA社の債務のうちの500万円を弁済する義務がある」と請求してきました。契約書を確認したところ，Cは「A社がB銀行から借り入れる事業資金について，極度額500万円，根保証期間5年間」について根保証をするものと明示

されていました。

保証人を引き受けたＣは，契約書には極度額も期間も明記された根保証契約だったのに，自分が引き受けた根保証人と単純保証人の違いを理解していなかったのでした。

23.2.3　個人根保証に関する民法の規律

2017年民法改正で変更　かつては，銀行は極度額も根保証期間も無制限の根保証契約を日常的に行っていました。そのため，根保証人は，忘れたころに莫大な保証債務の請求をされるというトラブルが絶えませんでした。そこで，民法では個人根保証契約については，極度額を定める必要があり，極度額を定めない契約は効力を生じないと定めています（2017年改正法第465条の2）。さらに，保証人が法人でない個人根保証契約であって，主たる債務に金銭の貸渡しまたは手形の割引を受けることにより負担する債務（貸金等債務）が含まれるものについては，根保証期間については5年を上限とし，期間の定めがない場合には3年間とするものと定めています。(2017年改正法第465条の3)

個人が根保証人となる場合には，ある程度予測可能となるように根保証人の責任の範囲を明確化したわけです。

また，根保証期間満了の時点だけでなく，主たる債務者が破産した場合，主たる債務者や根保証人が死亡した場合にも，保証債務の対象となる範囲は確定されることになっています（第465条の4）。したがって，根保証人の相続人は，相続開始の時点で確定した債務を相続することになり，その後に発生した主たる債務については根保証人としての責任は負わないことになります。

○　2017年改正法第465条の2（個人根保証契約の保証人の責任等）　一定の範囲に属する不特定の債務を主たる債務とする保証契約（以下「根保証契約」という。）であって保証人が法人でないもの（以下「個人根保証契約」という。）の保証人は，主たる債務の元本，主たる債務に関する利息，違約金，損害賠償その他その債務に従たる全てのもの及びその保証債務について約定された違約金又は損害賠償の額について，その全部に係る極度額を限度として，その履行をする責任を負う。
2　個人根保証契約は，前項に規定する極度額を定めなければ，その効力を生じない。
3　第446条第2項及び第3項の規定は，個人根保証契約における第1項に規定する極度額の定めについて準用する

○ 2017年改正法第465条の3（個人貸金等根保証契約の元本確定期日）　個人根保証契約であってその主たる債務の範囲に金銭の貸渡し又は手形の割引を受けることによって負担する債務（以下「貸金等債務」という。）が含まれるもの（以下「個人貸金等根保証契約」という。）において主たる債務の元本の確定すべき期日（以下「元本確定期日」という。）の定めがある場合において，その元本確定期日がその個人貸金等根保証契約の締結の日から5年を経過する日より後の日と定められているときは，その元本確定期日の定めは，その効力を生じない。
2　個人貸金等根保証契約において元本確定期日の定めがない場合（前項の規定により元本確定期日の定めがその効力を生じない場合を含む。）には，その元本確定期日は，その個人貸金等根保証契約の締結の日から3年を経過する日とする。
3　個人貸金等根保証契約における元本確定期日の変更をする場合において，変更後の元本確定期日がその変更をした日から5年を経過する日より後の日となるときは，その元本確定期日の変更は，その効力を生じない。ただし，元本確定期日の前2箇月以内に元本確定期日の変更をする場合において，変更後の元本確定期日が変更前の元本確定期日から5年以内の日となるときは，この限りでない。
4　第446条第2項及び第3項の規定は，個人貸金等根保証契約における元本確定期日の定め及びその変更（その個人貸金等根保証契約の締結の日から3年以内の日を元本確定期日とする旨の定め及び元本確定期日より前の日を変更後の元本確定期日とする変更を除く。）について準用する。

○ 2017年改正法第465条の4（個人根保証契約の元本の確定事由）　次に掲げる場合には，個人根保証契約における主たる債務の元本は，確定する。ただし，第一号に掲げる場合にあっては，強制執行又は担保権の実行の手続の開始があったときに限る。
一　債権者が，保証人の財産について，金銭の支払を目的とする債権についての強制執行又は担保権の実行を申し立てたとき。
二　保証人が破産手続開始の決定を受けたとき。
三　主たる債務者又は保証人が死亡したとき。
2　前項に規定する場合のほか，個人貸金等根保証契約における主たる債務の元本は，次に掲げる場合にも確定する。ただし，第一号に掲げる場合にあっては，強制執行又は担保権の実行の手続の開始があったときに限る。
一　債権者が，主たる債務者の財産について，金銭の支払を目的とする債権についての強制執行又は担保権の実行を申し立てたとき。
二　主たる債務者が破産手続開始の決定を受けたとき。

23.3　身元保証

23.3.1　身元保証に関する法律

　身元保証人とは　保証人とはいってもこれまで説明した保証人とは違うきわめて特殊なものに**身元保証人**があります。企業に就職するときなどに身元保証人を求められる場合があります。一種の「人物の保証」程度に考えて，親や親戚の人が身元引受人になることが多いようですが，身元保証人とはいったいなんでしょうか。
　身元保証人については，1933（昭和8）年制定の「**身元保証ニ関スル法律**」があります。この法律では，身元保証契約とは，「被用者ノ行為ニ因リ使用者ノ受ケタル損害ヲ賠償スルコトヲ約スル」ものをいうと定めています。
　つまり，被用者（会社に雇用された従業員のこと）が，業務上会社に損害を

与えた場合に，本人に代わってその損害賠償をする者を意味します。典型的な損害としては，使い込みなどの業務上の横領，業務で使用していた自動車で交通事故を起こした場合の被害者への賠償責任などがあります。横領事件では，業務の内容によっては金額が巨額に上る場合があります。

業務上の交通事故では被害者に対して損害賠償責任を負うのは使用者である会社ですが，会社は，事故を起こした従業員の故意過失によって被った損害をその従業員に賠償請求できます。身元保証人がある場合には，身元保証人に対しても請求できるわけです。交通事故では運が悪くて被害者に第一級の後遺障害がのこった場合には，労働可能年齢までの逸失利益，後遺障害慰謝料に加えて，平均余命までの全面介護に必要な介護費用を賠償する義務を負うことになります。つまり，損害賠償金額は億単位という高額になる可能性があります。

このように身元保証人の責任とは，予測ができない上に，きわめて高額となる可能性があるものです。

身元保証契約の規定　身元保証人になる人の中には，単なる人物の推薦人になった程度の認識の場合があるかもしれませんが，そういった「人情」的なものではないので，本人の人柄をよく知っていて信頼できるのでなければ引き受けることはできないものです。また，人間は環境や時間の経過で変化していきます。身元保証人になった時点では人柄もよくわかっていて信頼するに値する人であったとしても，時間の経過や仕事の内容，さまざまな人生経験の中で変化していきます。

そこで，法律では，期間を定めない身元保証契約の期間は3年間とし，契約で期間を定める場合にも5年間を上限と定めています。5年間を超える契約をした場合には，この期間の定めは無効となるので，期間の定めがない場合と同様に期間は3年間ということになります。

○　身元保証ニ関スル法律
第1条　引受，保証其ノ他名称ノ如何ヲ問ハズ期間ヲ定メズシテ被用者ノ行為ニ因リ使用者ノ受ケタル損害ヲ賠償スルコトヲ約スル身元保証契約ハ其ノ成立ノ日ヨリ3年間其ノ効力ヲ有ス　但シ商工業見習者ノ身元保証契約ニ付テハ之ヲ5年トス
第2条　身元保証契約ノ期間ハ5年ヲ超ユルコトヲ得ズ　若シ之ヨリ長キ期間ヲ定メタルトキハ其ノ期間ハ之ヲ5年ニ短縮ス
2　身元保証契約ハ之ヲ更新スルコトヲ得　但シ其ノ期間ハ更新ノ時ヨリ5年ヲ超ユルコトヲ得ズ

23.3.2　使用者の報告義務

問題が起こったら　このように身元保証人は，たいへん責任の重いものですから，同法では，「一　被用者ニ業務上不適任又ハ不誠実ナル事跡アリテ之ガ為身元保証人ノ責任ヲ惹起スル虞アルコトヲ知リタルトキ，二　被用者ノ任務又ハ任地ヲ変更シ之ガ為身元保証人ノ責任ヲ加重シ又ハ其ノ監督ヲ困難ナラシムルトキ」には遅滞なく，身元保証人に通知すべきことを使用者（雇用主である会社）に義務付けています。つまり，従業員が使い込みをしたとか，交通事故を起こしたなどということが発覚した場合，あるいは職場の配置転換でより責任の重い仕事に就いた場合などには，会社は身元保証人にすみやかに通知をする義務があるわけです。

保証契約の解除　この通知を受けた場合には，身元保証人は，その時点で身元保証人をやめることができます。その時点で事故を起こしていた場合には，既に起こしてしまった損害賠償責任は負うことになりますが，その時点で身元保証契約を解消して将来の責任を免れることができるものと定められています。会社から通知がなくても，身元保証人がそういう事実を知った場合には，同様に契約を解除することができます。

これらに反して身元保証人に不利な特約はすべて無効です。

また，身元保証人の損害賠償責任は，具体的事情に応じて裁判所が減額できます。たとえば，会社の監督や指導が不十分だったなどの事情があれば，損害賠償額が減額されることがありうるということです。

○　身元保証ニ関スル法律
第3条　使用者ハ左ノ場合ニ於テハ遅滞ナク身元保証人ニ通知スベシ
　一　被用者ニ業務上不適任又ハ不誠実ナル事跡アリテ之ガ為身元保証人ノ責任ヲ惹起スル虞アルコトヲ知リタルトキ
　二　被用者ノ任務又ハ任地ヲ変更シ之ガ為身元保証人ノ責任ヲ加重シ又ハ其ノ監督ヲ困難ナラシムルトキ

第4条　身元保証人前条ノ通知ヲ受ケタルトキハ将来ニ向テ契約ノ解除ヲ為スコトヲ得　身元保証人自ラ前条第1号及第2号ノ事実アリタルコトヲ知リタルトキ亦同ジ

第5条　裁判所ハ身元保証人ノ損害賠償ノ責任及其ノ金額ヲ定ムルニ付被用者ノ監督ニ関スル使用者ノ過失ノ有無，身元保証人ガ身元保証ヲ為スニ至リタル事由及之ヲ為スニ当リ用ヰタル注意ノ程度，被用者ノ任務又ハ身上ノ変化其ノ他一切ノ事情ヲ斟酌ス

第6条　本法ノ規定ニ反スル特約ニシテ身元保証人ニ不利益ナルモノハ総テ之ヲ無効トス

23.3.3　身元保証人の地位の相続

相続の対象となるか　身元保証人が死亡した場合には，契約に基づく身元保証人としての地位は相続人に相続されるでしょうか。

契約に基づく債権債務は，財産権の一種として相続の対象となるのが原則です。たとえば，保証人としての債務は連帯保証人でも根保証人でも相続の対象となります。ただし，委任の場合には当事者間の信頼関係が基礎にあるものですから，委任者の死亡も受任者の死亡も，契約の終了原因となります。

身元保証契約も，被用者を人格的に信頼できると思うかどうかということがポイントになる大変個人的なものです。そこで，昭和2年7月4日大審院判決（いまで言えば，最高裁判決です）では，身元保証人というのは一身専属的なものであるので相続の対象とはならないと判断しました。ただし，既に損害賠償責任が発生して具体的な金銭賠償の義務が生じている場合には，相続の対象になります。

24 保証（3）
個人保証人の保護制度

24.1 はじめに

　　保証人制度の見直し　　保証人の制度は，さまざまな問題を引き起こしてきました。

　まず，保証制度に対する根本的な疑問が示されています。金銭消費貸借契約などでは，債務者の支払能力に応じた貸付けをすべきであるところ，主たる債務者の支払能力が不十分でも保証人から回収することを予定して契約を締結すること自体が問題ではないかという問題提起です。

　さらに，保証人を引き受けた人が主たる債務者とともに破産せざるを得なくなったり，連鎖倒産を引き起こすといった悲惨なできごとも珍しくないという現実がある点です。また，事業資金を借り入れるに当たり，親しい個人に保証人を頼んだ経営者が，返済が滞ると保証人に迷惑がかかるからと，ぎりぎりまでヤミ金などからまで借り入れて返済するという無理を重ねるケースも少なくありません。保証人には迷惑をかけたくないという心理が強く働くためです。その結果，経営状態が悪化した時に，早めに法的対処を取ることができず，借金が増え続けて，最後には自殺に追い込まれたり，再起するチャンスを奪われるケースも出ています。

　このような問題がある保証人制度は合理的な制度とは言えないことから，廃止すべきだという意見もありますが，2017年民法改正では，事業資金などの借入に関する個人保証人を保護するための制度が新設されるに留まりました。

24.2　2017年民法改正における規定変更

24.2.1　概　要

変更点　改正前の民法では，保証契約については，書面を必要とし，書面によらない契約は成立しないと，第446条第2項で定めていました（2004（平成16）年改正による）。2017年改正では，さらにこの場合の書面は，紙による必要はなく，電磁的記録つまり電子データでもよいとされています（2017年改正法第446条第3項）。

また，2017年改正では，主たる債務が事業資金等の借入である場合には，保証契約は公正証書の作成が必要となりました（2017年改正法第465条の6及び7）。

さらに，債務者に一定の情報提供を義務付けました（2017年改正法第465条の10）。

24.2.2　個人保証人保護の対象になる範囲

事業のための負担　個人保証人の保護制度の対象となるのは，事業のために負担した貸金等債務を主たる債務とする保証契約です（2017年改正法第465条の6第1項）。

保証人が必要となるのは，奨学金を借りる場合，住宅ローンの契約をする場合，賃貸住宅を借りる場合，消費者が各種ローンを借りる場合や個別クレジット契約を利用する場合，事業者が事業資金などを金融機関などから借り入れる場合，事業者が事業用の機械等をリースする場合，取引先との仕入れや各種の取引の支払に関する場合など，さまざまなケースがあります。

このうち，個人保証人の保護制度の対象になるものは，主たる債務が主として事業資金の借入であるか，事業資金の借入も含まれているものに限られます。

24.2.3　保護の対象にならない個人保証人

経営に関与できる場合は除外　事業資金の借入について個人が保証人になる場合でも，保護の対象とはならない個人があります（2017年改正法第465条

の9）。適用除外とした理由は，会社などの事業の経営に関与できる個人は保護の対象とはする必要がないためと説明されています。保護の対象とはされない個人は，2種類です。

　まず，主たる債務者が法人である場合には，その法人の理事，取締役，執行役や，議決権の過半数を有する株主等です。それぞれ，主債務者の事業と関係が深いので保護が不要とされます。

　次に主たる債務者が個人である場合には，主債務者と共同して事業を行っている共同事業者，主債務者の事業に現に従事している主債務者の配偶者などです。

　会社を設立しないで個人で事業をしている場合，たとえば，個人で小売店を経営しているような場合で，個人事業者の妻が事業資金の借入について保証人となる場合には，保護の対象になるでしょうか。

　このような事態は，ごくありふれたものです。この場合には，<u>配偶者がその事業に現に従事しているかどうか</u>によって違ってきます。よくあるパターンが，個人事業者の妻が，経理を担当していたり，事業主が留守だったり繁忙期に店番などの手伝いをするなどです。このような場合には，配偶者がその事業に従事していると言えるので，個人保証人の保護制度の対象にはなりません。

　配偶者が，個人事業主の事業にはまったくかかわっていないのに，保証人となる場合には，個人保証人の保護の対象になります。

　中小企業の多くは株式会社などの法人であることが多くなっています。この場合には，法人の代表取締役の妻が保証人になる場合には，個人保証人の保護制度の対象になります。

　ただ，個人保証人の保護制度は，公正証書の作成を必要とするというものなので，保護の対象になったとしても，経営者の配偶者が保証人になることを拒絶しやすくなるとは考えにくく，どの程度保護の実効性があるかは別問題です。

24.2.4　保証契約締結の手続上の保護制度

　公証人による保証意思確認手続　2017年民法改正により，個人が事業用の融

資の保証人になろうとする場合には，公証人による保証意思の確認を経なければならないこととされました（公証人については 12 章で説明しました）。この意思確認の手続を経ずに保証契約を締結しても，その契約は無効となります。制度の概要は下記の通りです（2017 年改正法第 465 条の 6）。

　保証契約締結のためには，締結の日より 1 か月以内に作成された公正証書において，保証人となろうとする者が保証債務を履行する意思を表示していることが必要です。つまり，保証契約締結前に公証人役場で，公証人に対して，保証人になろうとする者が，「自分は，主たる債務者が弁済できなかった場合には，替わって弁済する意思があります」と述べる手続が必要ということです。

　この点について，民法では次のように保証人となろうとする者が詳細に口授する必要があると定めています[1]。

　公証人は保証人になろうとする者の口述を筆記し，これを保証人になろうとする者に読み聞かせ，または閲覧させる必要があります。さらに，保証人になろうとする者が，筆記の正確なことを承認した後，署名し，印を押すことが必要です。ただし，保証人になろうとする者が署名することができない場合は，例外的に公証人がその事由を付記して，署名に代えることができます。

　つまり，保証人になるためには，契約書などの書面を作成する必要がある

1　以下の内容について確認がなされます（2017 年改正法第 465 条の 6 第 2 項 1 号）。
　　イ　保証契約（ロに掲げるものを除く。）　主たる債務の債権者及び債務者，主たる債務の元本，主たる債務に関する利息，違約金，損害賠償その他その債務に従たる全てのものの定めの有無及びその内容並びに主たる債務者がその債務を履行しないときには，その債務の全額について履行する意思（保証人になろうとする者が主たる債務者と連帯して債務を負担しようとするものである場合には，債権者が主たる債務者に対して催告をしたかどうか，主たる債務者がその債務を履行することができるかどうか，又は他に保証人があるかどうかにかかわらず，その全額について履行する意思）を有していること。
　　ロ　根保証契約　主たる債務の債権者及び債務者，主たる債務の範囲，根保証契約における極度額，元本確定期日の定めの有無及びその内容並びに主たる債務者がその債務を履行しないときには，極度額の限度において元本確定期日又は第 465 条の 4 第 1 項各号若しくは第 2 項各号に掲げる事由その他の元本を確定すべき事由が生ずる時までに生ずべき主たる債務の元本及び主たる債務に関する利息，違約金，損害賠償その他その債務に従たる全てのものの全額について履行する意思（保証人になろうとする者が主たる債務者と連帯して債務を負担しようとするものである場合には，債権者が主たる債務者に対して催告をしたかどうか，主たる債務者がその債務を履行することができるかどうか，又は他に保証人があるかどうかにかかわらず，その全額について履行する意思）を有していること。

だけではなく，保証人は，公証人役場に行く必要があることとなったわけです。この場合には代理人は認められず，本人が公証人役場に出向く必要があります。

　この制度については，保証人になる者が，保証人制度の意味を知らないままに引き受けてしまったり，いきがかり上なんとなく引き受けてしまうことを防止する上では有益な制度であると評価されています。ただ，主たる債務者から頼まれた場合に，義理人情などの人間関係のしがらみから断りきれずに引き受けざるを得ず悲劇的な事態になることまでは防止できないことから，十分とは言えないという批判もあります。

24.2.5　情報提供義務

　主たる債務者の義務　　主たる債務者は，保証人を頼む場合には，保証人となろうとする者に対して一定の情報提供をすることが義務付けられました（2017年改正法第465条の10）。提供すべき情報は次のとおりです。

　一　財産及び収支の状況
　二　主たる債務以外に負担している債務の有無並びにその額及び履行状況
　三　主たる債務の担保として他に提供し，又は提供しようとするものがあるときは，その旨及びその内容

　主たる債務者が上記の事項に関して情報を提供しなかったり，事実と異なる情報を提供したために保証人を引き受けてしまった場合には，その保証人が，情報提供されるべきであった事項についてその事項について誤認をし，それによって保証契約を締結した場合で，主たる債務者がその事項に関して情報を提供せず，または事実と異なる情報を提供したことを債権者が知り，または知ることができたときに限って，保証人は，保証契約を取り消すことができます。

　債権者が，そのような事情を知らず，また知ることができた事情がなかった場合には，保証契約を取り消すことはできません。

25 物的担保（1）
抵当権

25.1　はじめに

担保とは　債権者が，債務者が債務を履行しない場合に備えて債権の回収を確実にするための手段として確保しておくもののことを担保といいます。たとえば，AがBにお金を貸す場合に，Bが弁済しなかったときに貸金や利息を回収できなくなる事態を回避するために保証人を取ったり，抵当権を設定したりすることを指します。

これまで取り上げた保証人とは，主たる債務者が弁済しなかった場合に代わって弁済してくれる人を確保しておくという方法による担保です。このように主たる債務者の代わりに返済義務を負う人（つまり，保証人）を担保に取るものなので，保証人のことを「人的担保」といいます。

担保には，人的担保のほかに，**物的担保**があります。物的担保とは，主たる債務者が弁済しなかった場合に備えて，担保として「物」を提供させるものです。債権者は，主たる債務者が弁済しない場合には，この物的担保として取った物を換金処分して，そこから債務の弁済を得ることでできる仕組みです。

25.2　物的担保の特徴

担保物権　人的担保の保証人制度は，契約による債権に当たるものでした。民法では，保証契約は書面で行わなければ無効だと定めていますが，保証契約の内容を当事者間で協議してある程度自由に定めることができます。民法では，保証人に関する定めは第三編の債権編に規定されています。

一方，物的担保は，物権の一種で**担保物権**といいます[1]。民法では，物権に

---

[1]　物権には，担保物権のほかに，所有権，占有権，地上権，永小作権があります。

211

ついては第二編の物権編で規定されています。

物権法定主義　物権の特徴は，物権法定主義を取っているという点です。契約による債権の場合には契約自由の原則を取るので，契約当事者双方の合意があればその内容は強行法規などに反しないのであれば比較的自由に決めることができます。しかし，担保物権などの物権は，民法で定められているものに限られます。つまり，物権に関する民法の規定は，基本的に強行規定であるということになります。

物的担保は，保証人と同様に，主たる債務の存在が必要です。この場合の主たる債務のことを「被担保債権」といいます。多くの場合には，主たる債務は，債権者と債務者との間の金銭消費貸借契約によります。この金銭消費貸借契約が，不成立，無効，取り消されたといった事情があり，被担保債権が存在しないか消滅した場合，あるいは債務者の弁済により消滅した場合には，担保物権も消滅します。これを担保物権の附従性といいます。

また，主たる債務の一部が弁済された場合であっても，債務のすべてが弁済されるまでは担保物権は消滅しません。これを担保物権の不可分性といいます。

たとえば，抵当権が設定された建物が火災により焼失してしまった場合には，建物に設定された抵当権も消滅しますが，その建物（抵当権が設定されていた不動産）を対象に火災保険が掛けてあった場合には，保険会社に対する火災保険金請求権に対しても，抵当権は及びます。これを物上代位性といいます。留置権以外の担保物権には，物上代位性があります。

25.3　消費生活にかかわる担保物権

さまざまな担保物権　ここでは，日常の消費生活などで必要と思われる基礎知識の限度で担保物権について取り上げます。

消費者が住宅を購入する場合には購入する住宅に抵当権を設定します。自宅を担保にしてお金を借りる不動産担保ローンのケースでも自宅の土地や建物に抵当権を設定します。抵当権は，不動産を対象にした担保物権です。

不動産ではなく動産を担保にする場合もあります。典型的なものは質屋で

す。質屋に自分の持っているブランド物の商品などを持って行って借金をするというものです。ショッピングの女王として有名な作家中村うさぎのエッセイには，高価なブランド品をクレジットで購入して返済に困ってブランド品を質屋に持って行って借金して返済に充てる話があります。これは**動産質**という担保物権です。

動産に関する担保物権としては，このような**質権**のほかに**留置権**があります。これも消費者契約にかかわるケースがあります。

そこで，物的担保のうち，不動産に関する担保物権の抵当権と，動産を担保として取る動産質権と留置権とを取り上げることにします。本章では，不動産を担保にする抵当権を取り上げます。

25.4 抵当権とは

25.4.1 抵当権の特徴

3つのポイント　抵当権の内容について民法では「抵当権者は，債務者又は第三者が占有を移転しないで債務の担保に供した不動産について，他の債権者に先立って自己の債権の弁済を受ける権利を有する。」（第369条第1項）と定めています。

ポイントは3点です。第一は，抵当権の設定は主たる債務者が自分の所有する不動産に設定することができるし，自分以外の第三者が所有する不動産に設定することもできることです。借金する本人は不動産を所有していなくても，知人や家族などで不動産を所有している人がその不動産に抵当権の設定をすることについて了解してくれれば抵当権を設定することができます。

第二に，抵当権を設定してからも，所有者は今までどおりその不動産を使用できることです。この点が留置権や質権とは違う点です。住宅ローンを利用して住宅を購入するときは，購入する住宅に抵当権を設定しますが，購入した住宅は住まいとして普通に使用できます。

第三は，抵当権者は，他の債権者に先だってその不動産から弁済を受けることができる優先権を持っているということです。A銀行から住宅ローンを借り

た住宅購入者Cが，Bからも多額の借金をしていた場合を考えてみましょう。Cが支払能力がなくなって返済できなくなったためにB社がCに対して訴訟を起こして判決を取り，確定判決によりC所有の不動産を差し押さえた場合でも，その住宅に抵当権を設定していたA銀行は，優先的にその住宅を換金して元本，利息，遅延損害金に充当することができます。Bは，その残りの範囲で回収できるだけです。

25.4.2　抵当権の設定と登記

抵当権設定契約　抵当権の設定は，抵当権を設定する不動産の所有権者と債権者との契約により行います。この契約を「**抵当権設定契約**」といいます。

抵当権設定契約は，多くの場合には主たる債務者Cが，債権者である金融機関A銀行とローンなどの金銭消費貸借契約を締結するときに，自分の所有する不動産に設定する契約をします。住宅ローンはその典型的なものです。

しかし，債務者が担保価値のある不動産を持っていないこともあります。抵当権を設定する不動産の所有者が債務者Cではなく，Dである場合には，A銀行とDとの間で抵当権設定契約を締結します。Dは，A銀行とCの保証人となる保証契約と抵当権設定契約との2つの契約を締結する場合も少なくありません。

登記が必要　抵当権の設定で重要なことは，抵当権設定契約をするだけでなく，<u>抵当権について不動産登記をする必要がある</u>ということです（第177条）。不動産への抵当権の設定では，不動産登記をしてはじめて，抵当権の設定を所有者や第三者に対抗することができます[2]。「対抗することができる」とは，「法的な権利があると主張することができる」という意味だと考えればよいでしょう。

A銀行，Z銀行がともに同一不動産に対して抵当権を設定した場合には，抵当権設定登記の順序によります。A銀行が先に抵当権設定登記をすれば，A銀行は第一抵当権者となります。2番目に抵当権設定登記をしたZ銀行は，

---

[2]　民法第177条（不動産に関する物権の変動の対抗要件）　不動産に関する物権の得喪及び変更は，不動産登記法（平成16年法律第123号）その他の登記に関する法律の定めるところに従いその登記をしなければ，第三者に対抗することができない。

二番抵当権者となります。

A銀行は，抵当物件である不動産を換金して元本・利息・遅延損害金に充当できます。残金があれば，Z銀行は残金から回収できるわけです。残金がなければZ銀行は抵当権からは回収できません。

このように一つの不動産に対して，複数の債権者が抵当権を設定することはできますが，後順位の抵当権を設定しても回収できる見込みは低くなり，担保としての実質的な意味はないことが少なくありません。

○ 民法第373条（抵当権の順位）　同一の不動産について数個の抵当権が設定されたときは，その抵当権の順位は，登記の前後による。

25.4.3　不動産登記の見方

不動産登記の手続は**不動産登記法**によります。

不動産登記は，法務局で誰でも閲覧することができます。また，**不動産登記簿謄本**[3]を取り寄せることができます。（ただし，いずれも有料です。）

登記簿謄本は，**不動産を特定する表題部**，**所有関係を示す甲区欄**，**抵当権を示す乙区欄**から構成されています。土地の場合には，表題部に土地の所在，地目，地積が表示されています。

不動産は，表題部の表示によって特定されます。不動産登記の所在の住所は，住居表示とは異なることが少なくないので，あらかじめ調査した上で閲覧や登記簿謄本の申請をすることが大切です。

甲区欄では，現在の所有権者を確認することができます。乙区欄で抵当権の状態を確認することができます。

25.4.4　抵当権の実行

抵当権の実行は，競売手続で行います[4]。弁済期限が経過しても債務者が弁済しない場合には，抵当権者は抵当権に基づいて地方裁判所に競売の申立

---

[3] 不動産登記簿に記載された事項を遺漏なくすべて謄写（コピー）し，登記官が登記簿と同一であることを認証した証明書。オンラインでも請求できます。
[4] 競売手続では通常の売買契約による価格よりも安くなってしまうので債務者と協議をして任意売却（競売によるのではなく，普通の売買契約で処分すること）によることが少なくありません。

25.4　抵当権とは　　215

ができます。競売手続によって換金された金額から回収します。

　抵当権を設定していない場合には，債務者が弁済しないときには債権者は訴訟を提起して判決を取り，確定判決に基づいて債務者の資産に対して強制執行を行うことになります。

　あらかじめ不動産に抵当権を設定しておけば，債権者は抵当権者として競売の申立てができ，他に債権者がいても優先的に回収できるメリットがあります。

25.4.5　抵当建物の使用者

　賃貸住宅に住んでいたら，その建物について抵当権の実行がされた場合，借家人はどういう立場に立つのでしょうか。具体的な事例を考えてみましょう。

　Aは，BがC銀行のローンで建築したマンションの一室を借りて住んでいました。C銀行はこのマンションに建築費用のローンについて抵当権を設定していました。Bは，マンション経営がうまくいかずローンの返済が滞り，C銀行から再三請求されても支払えない状態が続きました。そこで，C銀行は抵当権を実行しこの建物を競売し，Dがマンションを買い受けました。その後，Dは賃借人Aに対して建物を明け渡すように求めてきました。突然出て行けと言われてAは困りました。

　有料老人ホームの多くは借金で土地を購入し，建物を建てています。経営に失敗すると，事業資金を貸し付けて土地と建物に抵当権を設定した金融機関は同様の手続を取ります。この場合にも，入居者は出ていかなければならないかという問題が起こります。

　Aが賃借したマンションには，Aが賃借する以前に既に抵当権が設定されていました。このような立場の賃借人は民法第395条の定める「抵当権者に対抗することができない賃貸借により抵当権の目的である建物の使用又は収益をする者」に当たります。「私には賃借権があるから」と主張したとしても，抵当権に優先するとは言えないので，抵当権の実行により建物の所有権を取得した者との関係では住み続ける権利はないということです。

　したがって，Aは，競売によって買い受けたDから明渡しを求められた場

合には出て行かなければなりません。

ただし，民法第395条では競売手続開始前から使用収益している場合にはDが買い受けてから「六箇月を経過するまでは，その建物を買受人に引き渡すことを要しない。」と定めています。つまり，Dが競落してから6か月間の明渡し猶予期間があるということです。

○ 民法第395条（抵当建物使用者の引渡しの猶予）　抵当権者に対抗することができない賃貸借により抵当権の目的である建物の使用又は収益をする者であって次に掲げるもの（次項において「抵当建物使用者」という。）は，その建物の競売における買受人の買受けの時から六箇月を経過するまでは，その建物を買受人に引き渡すことを要しない。
　一　競売手続の開始前から使用又は収益をする者
　二　強制管理又は担保不動産収益執行の管理人が競売手続の開始後にした賃貸借により使用又は収益をする者
2　前項の規定は，買受人の買受けの時より後に同項の建物の使用をしたことの対価について，買受人が抵当建物使用者に対し相当の期間を定めてその一箇月分以上の支払の催告をし，その相当の期間内に履行がない場合には，適用しない。

25.4.6　根抵当権

保証人に根保証人があるように抵当権にも**根抵当権**があります。

根抵当は，主たる債務者と債権者との間で利用される継続的な取引により発生する債権の担保として利用されます。典型的なものは，根保証のところで紹介したように，企業がメインバンクとの間で事業資金の借入や手形割引などの主たる債務を担保するために設定するものです。

ここでは参考までに根抵当権に関する民法の規定を紹介しておきます。

○ 2017年改正法第398条の2（根抵当権）　抵当権は，設定行為で定めるところにより，一定の範囲に属する不特定の債権を極度額の限度において担保するためにも設定することができる。
2　前項の規定による抵当権（以下「根抵当権」という。）の担保すべき不特定の債権の範囲は，債務者との特定の継続的取引契約によって生ずるものその他債務者との一定の種類の取引によって生ずるものに限定して，定めなければならない。
3　特定の原因に基づいて債務者との間に継続して生ずる債権又は手形上若しくは小切手上の請求権又は電子記録債権（電子記録債権法（平成19年法律第102号）第2条第1項に規定する電子記録債権をいう。次条第2項において同じ。）は，前項の規定にかかわらず，根抵当権の担保すべき債権とすることができる。

○ 2017年改正法第398条の3（根抵当権の被担保債権の範囲）　根抵当権者は，確定した元本並びに利息その他の定期金及び債務の不履行によって生じた損害の賠償の全部について，極度額を限度として，その根抵当権を行使することができる。
2　債務者との取引によらないで取得する手形上若しくは小切手上の請求権又は電子記録債権を根抵当権の担保すべき債権とした場合において，次に掲げる事由があったときは，その前に取得したものについてのみ，その根抵当権を行使することができる。ただし，その後に取得したものであっても，その事由を知らないで取得したものについては，これを行使することを妨げない。
　一　債務者の支払の停止
　二　債務者についての破産手続開始，再生手続開始，更生手続開始又は特別清算開始の申立て

三　抵当不動産に対する競売の申立て又は滞納処分による差押え

○　民法第398条の8（根抵当権者又は債務者の相続）　元本の確定前に根抵当権者について相続が開始したときは、根抵当権は、相続開始の時に存する債権のほか、相続人と根抵当権設定者との合意により定めた相続人が相続の開始後に取得する債権を担保する。
2　元本の確定前にその債務者について相続が開始したときは、根抵当権は、相続開始の時に存する債務のほか、根抵当権者と根抵当権設定者との合意により定めた相続人が相続の開始後に負担する債務を担保する。
3　第398条の4第2項の規定は、前二項の合意をする場合について準用する。
4　第1項及び第2項の合意について相続の開始後六箇月以内に登記をしないときは、担保すべき元本は、相続開始の時に確定したものとみなす。

○　民法第398条の20（根抵当権の元本の確定事由）　次に掲げる場合には、根抵当権の担保すべき元本は、確定する。
　一　根抵当権者が抵当不動産について競売若しくは担保不動産収益執行又は第372条において準用する第304条の規定による差押えを申し立てたとき。ただし、競売手続若しくは担保不動産収益執行手続の開始又は差押えがあったときに限る。
　二　根抵当権者が抵当不動産に対して滞納処分による差押えをしたとき。
　三　根抵当権者が抵当不動産に対する競売手続の開始又は滞納処分による差押えがあったことを知った時から二週間を経過したとき。
　四　債務者又は根抵当権設定者が破産手続開始の決定を受けたとき。
2　前項第三号の競売手続の開始若しくは差押え又は同項第四号の破産手続開始の決定の効力が消滅したときは、担保すべき元本は、確定しなかったものとみなす。ただし、元本が確定したものとしてその根抵当権又はこれを目的とする権利を取得した者があるときは、この限りでない。

26 物的担保（2）
質権と留置権

26.1 はじめに

消費者にかかわる物的担保　本章では物的担保のうち，消費生活とかかわりのある質権と留置権について取り上げます。

動産質権を利用した金融の質屋は古くからあるもので，1960年代に大阪でサラリーマン金融，東京で主婦を対象とした団地金融が生まれるまでは，唯一の庶民のための金融手段でした。2010年代には，質屋を装ったヤミ金融の「偽装質屋」が出現して被害が出ました。そこで，偽装質屋の問題についても触れることにします。

26.2 留置権

留置権とは　抵当権や質権は，設定するためには債権者と債務者などの間の抵当権設定契約や質権設定契約が前提となります。一方，留置権は，当事者間の契約によるものではない点が特徴です。

たとえば，事業者が消費者からブランド物のバッグの修理を依頼された場合を例に説明しましょう。

事業者は，契約に基づいて修理をするために，消費者からバッグの引渡しを受けて，そのバッグを占有します。事業者は，修理が終われば（前払いの特約がある場合には，修理が終わる前でも），契約に基づいて消費者に対して対価である修理費用を請求できます。この場合に，修理したバッグの引渡し後に支払期日を定めていた場合は別にして，事業者は，消費者が修理代金を支払うまでは，自分が占有している修理したバッグについて，当然に留置権を取得します。留置権の発生根拠となるのが，民法第295条の規定です。

○ 民法第295条（留置権の内容）　他人の物の占有者は，その物に関して生じた債権を有するときは，その債権の弁済を受けるまで，その物を留置することができる。ただし，その債権が弁済期にないときは，この限りでない。
2　前項の規定は，占有が不法行為によって始まった場合には，適用しない。

留置権者の規定　留置権者は，留置物を善良な管理者の注意をもって占有する義務があります。善良な管理者の注意とは，自分の所有物と同等の注意よりも高いレベルの注意が必要だという意味です。

　さらに，原則として留置権者は，留置物を使用したり賃貸したりすることはできませんが，債務者の承諾があれば，使用したり賃貸したり，担保に供することができます。担保に供するとは，たとえば留置物を質に入れてお金を借りることができるということです。もし，留置権者が，債務者の承諾を得ないで留置物を使用したり賃貸したり担保に供した場合には，債務者は留置権の消滅を請求することができます（第298条）。

　留置物について必要経費がかかった場合や有益費[1]を支出した場合には，所有者に対してその費用を支払うように請求できます。ただし，有益費の場合には，留置物の価格が増加した場合に限られます（第299条）。

　留置権を有している場合でも，債権の消滅時効は進行します。留置権の発生は，消滅時効をリセットする効果はないということです（第300条）。

　留置権は，債権者が留置物を占有していることがポイントです。したがって，債務者の承諾による賃貸や担保の供与の場合を除いて，留置権者が留置物を占有しなくなれば留置権は消滅します（第302条）。

○ 民法第296条（留置権の不可分性）[2]　留置権者は，債権の全部の弁済を受けるまでは，留置物の全部についてその権利を行使することができる。

○ 民法第298条（留置権者による留置物の保管等）　留置権者は，善良な管理者の注意をもって，留置物を占有しなければならない。
2　留置権者は，債務者の承諾を得なければ，留置物を使用し，賃貸し，又は担保に供することができない。ただし，その物の保存に必要な使用をすることは，この限りでない。
3　留置権者が前二項の規定に違反したときは，債務者は，留置権の消滅を請求することができる。

○ 民法第299条（留置権者による費用の償還請求）　留置権者は，留置物について必要費を支出したときは，所有者にその償還をさせることができる。
2　留置権者は，留置物について有益費を支出したときは，これによる価格の増加が現存する場合に限り，所有者の選択に従い，その支出した金額又は増価額を償還させることができる。ただし，裁判所は，所有者

---

[1] 「有益費」とは，留置物の利用や改良の必要のため支出した費用のことです。
[2] 「不可分性」については25.2で説明しました。

の請求により，その償還について相当の期限を許与することができる。

○ 民法第300条（留置権の行使と債権の消滅時効）　留置権の行使は，債権の消滅時効の進行を妨げない。

○ 民法第301条（担保の供与による留置権の消滅）　債務者は，相当の担保を供して，留置権の消滅を請求することができる。

○ 民法第302条（占有の喪失による留置権の消滅）　留置権は，留置権者が留置物の占有を失うことによって，消滅する。ただし，第298条第2項の規定により留置物を賃貸し，又は質権の目的としたときは，この限りでない。

26.3 質権

26.3.1 質権の概要

動産質　質権のうち，動産を質に入れて借金する場合（動産質）に関する民法の概要を取り上げます。

　質権とは，担保として取る動産を質権者が占有し，優先的に債権の弁済を受ける権利を有するものです。質権設定契約は，質物を質権者に引き渡すことによって成立します。質権者は，質権を設定した質物を留置する権利を取得します（第342～345条，第347条）。

　質権者は，質物を占有することによって，自分の質権を第三者に対抗することができます（第352条）。

　抵当権の場合には，抵当権を設定した不動産を所有権者は自由に使用できました。しかし，質権の場合には，質権を設定した動産（質物）は質権者が占有することになるので，所有者は使用することはできません。質屋では，質草（質物のこと）を預かってお金を貸すのですが，これが質権の設定の特徴を示しています。なお，質権を設定する動産は，債務者の所有物である必要はありません。第三者の所有物でも質物にすることはできます。

　質権者は，質権設定契約の際に，質権を質権者の所有物とすることによって弁済したことにする旨の契約をすること（流質契約）は原則として禁止されます（第349条。後述のように，質屋はこの規定の対象外です）。債務者が弁済期限に弁済しない場合には，原則として競売手続によって換金して債務に充当する手続をする必要があります。ただし，動産質では，正当な理由がある場

合のみ，鑑定人の評価に従って質物を直ちに弁済に充てることを裁判所に請求できます（第354条）。

○ 民法第342条（質権の内容）　質権者は，その債権の担保として債務者又は第三者から受け取った物を占有し，かつ，その物について他の債権者に先立って自己の債権の弁済を受ける権利を有する。

○ 民法第343条（質権の目的）　質権は，譲り渡すことができない物をその目的とすることができない。

○ 民法第344条（質権の設定）　質権の設定は，債権者にその目的物を引き渡すことによって，その効力を生ずる。

○ 民法第345条（質権設定者による代理占有の禁止）　質権者は，質権設定者に，自己に代わって質物の占有をさせることができない。

○ 民法第346条（質権の被担保債権の範囲）　質権は，元本，利息，違約金，質権の実行の費用，質物の保存の費用及び債務の不履行又は質物の隠れた瑕疵によって生じた損害の賠償を担保する。ただし，設定行為に別段の定めがあるときは，この限りでない。

○ 民法第347条（質物の留置）　質権者は，前条に規定する債権の弁済を受けるまでは，質物を留置することができる。ただし，この権利は，自己に対して優先権を有する債権者に対抗することができない。

○ 民法第349条（契約による質物の処分の禁止）　質権設定者は，設定行為又は債務の弁済期前の契約において，質権者に弁済として質物の所有権を取得させ，その他法律に定める方法によらないで質物を処分させることを約することができない。

○ 民法第350条（留置権及び先取特権の規定の準用）　第296条から第300条まで及び第304条の規定は，質権について準用する。

○ 民法第352条（動産質の対抗要件）　動産質権者は，継続して質物を占有しなければ，その質権をもって第三者に対抗することができない。

○ 民法第354条（動産質権の実行）　動産質権者は，その債権の弁済を受けないときは，正当な理由がある場合に限り，鑑定人の評価に従い質物をもって直ちに弁済に充てることを裁判所に請求することができる。この場合において，動産質権者は，あらかじめ，その請求をする旨を債務者に通知しなければならない。

26.3.2　質屋営業法

流質契約の例外　質屋営業については，**質屋営業法**による規制があります。本稿では，同法について偽装質屋による消費者被害とかかわりの深い部分を中心に紹介しましょう。

物品に質権を設定して金銭を貸し付け，元本の弁済期日までに利息と元本の弁済がされない場合には質物を質屋の物とすることで弁済したものとする約款（流質契約）を用いる事業者が質屋です（質屋営業法第1条）。前述のように民法では，流質契約を原則として禁止しています（第349条）。質屋営業法はこの例外になります。

質屋を営むためには都道府県公安委員会の許可が必要で，無許可営業は5年以下の懲役刑の対象になります。

　質屋には営業所の見やすいところに許可証の掲示・取引条件の掲示などの表示をすべき義務や顧客への質札か通帳の交付義務，帳簿の備え付けなどの義務がありますが，注目すべき点としては高金利の禁止に関する出資法の適用に関して罰則金利が20％（17.4.2参照）ではなく，109.5％である点です。これは，質物の査定や保管などの手間や負担がかかるためと説明されています。

○　質屋営業法
（定義）
第1条　この法律において「質屋営業」とは，物品（有価証券を含む。第22条を除き，以下同じ。）を質に取り，流質期限までに当該質物で担保される債権の弁済を受けないときは，当該質物をもつてその弁済に充てる約款を附して，金銭を貸し付ける営業をいう。
2　この法律において「質屋」とは，質屋営業を営む者で第2条第1項の規定による許可を受けたものをいう。

（質屋営業の許可）
第2条　質屋になろうとする者は，内閣府令で定める手続により，営業所ごとに，その所在地を管轄する都道府県公安委員会（以下「公安委員会」という。）の許可を受けなければならない。
2　前項の場合において，質屋になろうとする者は，自ら管理しないで営業所を設けるときは，その営業所の管理者を定めなければならない。

（無許可営業の禁止）
第5条　質屋でない者は，質屋営業を営んではならない。

（罰則）
第30条　第5条若しくは第6条の規定に違反し，又は第25条の規定による処分に違反した者は，3年以下の懲役若しくは10万円以下の罰金に処し，又はこれを併科する。

（流質物の取得及び処分）
第19条　質屋は，流質期限を経過した時において，その質物の所有権を取得する。但し，質屋は，当該流質物を処分するまでは，質置主が元金及び流質期限までの利子並びに流質期限経過の時に質契約を更新したとすれば支払うことを要する利子に相当する金額を支払つたときは，これを返還するように努めるものとする。
2　質屋は，古物営業法（昭和24年法律第108号）第14条第2項の規定にかかわらず，同法第2条第2項第2号の古物市場において，流質物の売却をすることができる。
第36条　質屋に対する出資の受入れ，預り金及び金利等の取締りに関する法律（昭和29年法律第195号）第5条第2項の規定の適用については，同項中「20パーセント」とあるのは，「109.5パーセント（2月29日を含む1年については年109.8パーセントとし，1日当たりについては0.3パーセントとする。）」と，同法第5条の4第1項中「貸付け又は保証の期間が15日未満であるときは，これを15日として利息又は保証料の計算をするものとする。」とあるのは，「月の初日から末日までの期間（当該期間の日数は，その月の暦日の数にかかわらず，30日とする。）を1期として利息を計算するものとする。この場合において，貸付けの期間が1期に満たないときは1期とし，2以上の月にわたるときは，そのわたる月の数を期の数とする。」とする。
2　質屋については，出資の受入れ，預り金及び金利等の取締りに関する法律第5条第3項，第8条第2項及び第9条第1項第2号の規定は，適用しない。

26.3.3　偽装質屋

何でも質草にする　偽装質屋とは，ゴミでも壊れた時計などでも財産的価値のないどんなものでも質草としてお金を貸す「質屋」です。質屋営業法の許可業者の中にも偽装質屋はいます。

どこが偽装なのでしょうか。もともと質屋は質物の財産的価値を査定して，担保価値の範囲内の貸し付けをし，債務者が返済できない場合には質物を弁済に充てるものです（質屋営業法第1項）。債務者は，質物は失いますが，借金もなくなります。質屋からの借入では，質物がないと借金はできませんが，反面，多重債務被害は起こりません。

質物では返済できない　ところが，偽装質屋は質物の価値とは無関係の貸し付けをし，質物では弁済できません。多くの被害例では，年金の振込口座から高金利と元金を自動引落しにし，年金を返済目的で収奪します。金利も高利です。質屋営業法の無許可業者はそもそも質屋ではありませんが，許可業者であっても取引実態を見ると質屋ではなく，ヤミ金そのものです。

では，なぜ質屋を偽装するのでしょうか。一つは，質屋というと消費者が安心するという点があります。ヤミ金じゃないかと警戒しないのです。第二に，質屋営業法では刑罰金利が年利109.5%だということです。貸金業（貸金業法による無登録業者も含む）の場合には，出資法の上限金利は20%ですから，質屋を装った方が得なのです。ただし，偽装質屋の場合には，年利20%を超える金利を約束したり請求したり支払わせると出資法違反で処罰されますし，利息制限法により上限金利は利息も遅延損害金も年利20%が上限で，これを超える場合には無効です。

27 弁済

27.1 はじめに

弁済とは 契約を締結すると，双務契約の場合には契約当事者双方に債権債務が発生します。この契約に基づいて発生した双方の債務の履行が完了することによって契約関係はすべて完了します。

わかりやすく言えば，消費者が代金を支払う債務を負い，事業者が消費者に対して商品を引き渡したりサービスを提供したりする債務を負う双務契約では，消費者が支払うべき代金を契約相手の事業者に支払い，事業者が契約で約束した商品やサービスを消費者に引き渡したり実施することによって，契約関係は完了するわけです。

「弁済」とは法律的には，上記の例で説明したような債務の履行を意味する用語です。民法では，弁済についてさまざまな規定を定めていますが，本章ではそのすべてではなく，日常生活などでしばしば問題となる消費者が金銭債務を負う場合の弁済を中心に取り上げることにします。

27.2 弁済についての基本

27.2.1 正当な債権者に対して支払う

○ 2017年改正法第473条（弁済）　債務者が債権者に対して債務の弁済をしたときは，その債権は，消滅する。

債務者が債権者に対して債務の弁済をしたときは，その債権は消滅します。これは債権債務の基本的なことですが，1896（明治29）年に制定された民法には条文は設けられていませんでした。「当たり前のことだから，条文は不

要」ということだったようです。しかし，これではわかりにくいということで，2017年改正で条文が設けられ，明確化されました（2017年改正法第473条）。

　弁済は，正当な債権者に対して行わなければなりません。正当な債権者でない者や弁済の受領権限のない者に対して支払っても，原則として弁済として評価されません。

　正当な債権者ではない者に対して支払っても，正当な債権者の債権は消滅しませんから，消費者は二重弁済を強いられる危険を負うことになります。正当な債権者ではない者に対して支払った金銭については，法的根拠のない支払いであるため，不当利得として返還を求める権利はあります（民法703条）。ただし，法的な請求権があっても，架空請求などのケースでは支払ってしまった後で取り戻すことは容易ではありません[1]。したがって，弁済に当たっては，請求してきた相手が真実の債権者であるか，支払い内容は契約の本旨に従ったものか（＝契約で約束した内容に間違いないか），など十分に確認する必要があります。

　10年以上前のことですが，よく見受けられたケースに，レンタルビデオの延滞料の請求トラブルがありました。レンタルショップから借りたビデオを返還し忘れていた消費者に対して，レンタルショップとは異なる事業者がいきなり支払いを求めてくるというケースが多発したのです。びっくりした消費者としてはどう考えたらよいのでしょうか。

　消費者がレンタル契約を締結したのはレンタルショップですから，契約に基づいてレンタル料や延滞料の支払いを求める債権を取得しているのはレンタルショップです。レンタルショップ以外の事業者が支払請求をしてきた場合には，その事業者が真実の債権者であるか，きちんと確認する必要があります。通常は，請求してくる事業者は債権回収業者であることが多いのですが，この場合には，債権譲渡の対抗要件の問題や，サービサー法による規制違反が問題となってきますので，これらの点に注意して事実を確認した上で判断しなければなりません。これについては債権譲渡について述べる28章

---

[1] 相手がどこの誰かがわからないとか，相手に支払い能力がない，などのケースが多いためです。

で取り上げています。

○ 民法第703条（不当利得の返還義務）　法律上の原因なく他人の財産又は労務によって利益を受け，そのために他人に損失を及ぼした者（以下この章において「受益者」という。）は，その利益の存する限度において，これを返還する義務を負う。

27.2.2　受領権者としての外観を有する者に対する弁済

善意無過失であれば　債務の弁済は，債権者に対して行うことが必要ですが，例外として，真実の債権者ではなくても外形上債権者であるように見える者に弁済したときでも，債務者が相手が真実の債権者であると信じており，そのことについて債務者が善意[2]無過失である場合には，その弁済は有効なものとして扱われます。善意無過失とは，相手が真実の債権者でないことを知らず，知らないことについて過失がなかった場合を指します。不注意で知らなかった場合には，保護されないということです。

預貯金払戻のケース　この規定は，銀行からの預貯金の払い戻しの場合に使われています。具体的には，泥棒が通帳と印鑑を盗み出して銀行から預貯金を引き出した場合が典型的な事例です[3]。

　銀行の預貯金契約は，消費寄託契約（21.2参照）になります。預金名義人は，銀行に対して消費寄託物である金銭の払い戻しを求める権利を持っています。つまり，債権者ということです。一方，払い戻しの債務を負担している銀行は債務者です。債務者である銀行は，払い戻しの手続に来た人が正当な債権者であるかどうかは，通帳と印鑑で確認します。

　そこで，たとえ泥棒であったとしても，通帳と印鑑を持参して払い戻し手続に来た場合には，銀行からみれば正当な債権者であるかのように見えます。そこで，債権の準占有者への弁済として有効として扱うとされているわけです。その結果，真実の預金者は払い戻しを求める債権を失うことになります。

　ただし，預金者が，銀行に盗難被害に遭った旨の連絡を事前にしていた場

---

[2]　この「善意」は法律用語で，「知らない」ことを意味します。ここでは，真実の債権者ではないことを知らないという意味です。
[3]　キャッシュカードを盗まれるなどして預金を引き出されてしまった場合には，預金者保護法（偽造カード等及び盗難カード等を用いて行われる不正な機械式預貯金払戻し等からの預貯金者の保護等に関する法律）によります。

合には，無過失とは言えませんから，準占有者への弁済（改正前民法第 478 条）には当たりません。しかし，泥棒に盗まれたことに気が付かない間に引き出されてしまった場合には，銀行の弁済は有効なものとして扱われることになります[4]。

　キャッシュカードの盗難などの場合には預金者保護法による一定の保護制度がありますが，通帳と印鑑を使って引き出された場合には預金者保護法のような消費者保護の制度はありません。そのため，以上のように民法の規定によって処理されることになっているのです。

　民法ではこの問題について「債権の準占有者に対する弁済」として，下記のように定めていました。

○ 改正前民法第 478 条（債権の準占有者に対する弁済）　債権の準占有者に対してした弁済は，その弁済をした者が善意であり，かつ，過失がなかったときに限り，その効力を有する。

　2017 年改正では，第 478 条における準占有者という用語の使用をやめて，「…取引上の社会通念に照らして受領権者としての外観を有するものに対してした弁済は，その弁済をした者が善意であり，かつ過失がなかったときに限り，その効力を有する。」と改正しました。制度の趣旨を明確化したもので，実質的な改正ではありません。

○ 2017 年改正法第 478 条（受領権者としての外観を有する者に対する弁済）　受領権者（債権者及び法令の規定又は当事者の意思表示によって弁済を受領する権限を付与された第三者をいう。以下同じ。）以外の者であって取引上の社会通念に照らして受領権者としての外観を有するものに対してした弁済は，その弁済をした者が善意であり，かつ，過失がなかったときに限り，その効力を有する。

27.2.3　弁済についての基本ルール

　決めていない場合の任意規定　契約で，弁済に関する細々としたことについて契約で取り決めている場合には，契約による取り決めに従って弁済する義務を負います。多くの消費者契約では，弁済の場所や弁済方法，弁済のための費用などを具体的に決めていることが多いと思われます。

---

[4] 通帳等の窃盗犯は，被害者が気付かないうちに迅速に引き出す態勢で犯罪を行っていることが多いと言われます。

しかし，契約ではいちいち細かいことまで決めてない場合には，どのように処理すべきか判断に困ることがあります。たとえば，契約で支払場所を決めていなかった場合には，債務者のところに集金に来てもらうことになるのか，債権者のところに支払いに行くべきなのか，そのための費用などはどちらの負担になるのかなどです。そこで，民法では，弁済の場所，弁済の費用，受取証書や債権証書などについて次の任意規定を定めています（第484条～第487条）。

　弁済の場所を契約で定めなかったときは，金銭債務の場合には債権者の住所とされます。債務者は，債権者の住所まで持参して支払うということです。消費者が支払うときには，相手の事業者の住所まで持参して支払う必要があるということです。

　弁済の費用は，原則として債務者の負担です。振り込みで支払う場合には，振込料は債務者の負担ということになります。債権者の住所地まで弁済に行く場合には，その交通費は債務者の負担になります。

　債務者は，弁済した時は**受取証書**を交付するよう請求できます。さらに，債権に関する証書，たとえば金銭消費貸借契約で借用証書がある場合には，全部の弁済をしたときであればその証書原本の返還を請求することができます[5]。

○　2017年改正法第484条（弁済の場所及び時間）　　弁済をすべき場所について別段の意思表示がないときは，特定物の引渡しは債権発生の時にその物が存在した場所において，その他の弁済は債権者の現在の住所において，それぞれしなければならない。
2　法令又は慣習により取引時間の定めがあるときは，その取引時間内に限り，弁済をし，又は弁済の請求をすることができる

○　民法第485条（弁済の費用）　　弁済の費用について別段の意思表示がないときは，その費用は，債務者の負担とする。ただし，債権者が住所の移転その他の行為によって弁済の費用を増加させたときは，その増加額は，債権者の負担とする。

○　2017年改正法第486条（受取証書の交付請求）　　弁済をする者は，弁済と引換えに，弁済を受領する者に対して受取証書の交付を請求することができる。

○　民法第487条（債権証書の返還請求）　　債権に関する証書がある場合において，弁済をした者が全部の弁済をしたときは，その証書の返還を請求することができる。

5　民法では，任意規定ですが，貸金業法では法律上の義務とされています（貸金業法第18条，第22条）。

27.2.4　充当の順番

　債務者が債権者に対して複数の債務を負担しているのに，合計債務金額の一部しか弁済していない場合には，どのように充当されるのでしょうか。

　債務者が弁済の時に，充当する順序について指定している場合には，指定内容に従って充当します（2017年改正法第490条）。弁済した債務者が充当の指定をしなかった場合には，弁済を受けた債権者が充当の順序の指定ができます。ただし，債権者の指定に対しては債務者が直ちに異議を述べた場合には，債権者の指定には従いません。この場合には下記の法定充当の規定によることになります。

　充当の順序の指定がされない場合の充当の順序は，下記の民法第488条及び第489条の定めに従います。債務の内容が元本，利息，費用である場合には，費用，利息，元本の順に充当されることになります（2017年改正法第489条）。

　2017年改正法では，規定の趣旨が明確になるように条文の整理と追加をしていますが，規定の趣旨は改正前と同じです。

○　2017年改正法第488条（同種の給付を目的とする数個の債務がある場合の充当）　債務者が同一の債権者に対して同種の給付を目的とする数個の債務を負担する場合において，弁済として提供した給付が全ての債務を消滅させるのに足りないとき（次条第1項に規定する場合を除く。）は，弁済をする者は，給付の時に，その弁済を充当すべき債務を指定することができる。
2　弁済をする者が前項の規定による指定をしないときは，弁済を受領する者は，その受領の時に，その弁済を充当すべき債務を指定することができる。ただし，弁済をする者がその充当に対して直ちに異議を述べたときは，この限りでない。
3　前二項の場合における弁済の充当の指定は，相手方に対する意思表示によってする。
4　弁済をする者及び弁済を受領する者がいずれも第1項又は第2項の規定による指定をしないときは，次の各号の定めるところに従い，その弁済を充当する。
　一　債務の中に弁済期にあるものと弁済期にないものとがあるときは，弁済期にあるものに先に充当する。
　二　全ての債務が弁済期にあるとき，又は弁済期にないときは，債務者のために弁済の利益が多いものに先に充当する。
　三　債務者のために弁済の利益が相等しいときは，弁済期が先に到来したもの又は先に到来すべきものに先に充当する。
　四　前二号に掲げる事項が相等しい債務の弁済は，各債務の額に応じて充当する。

○　2017年改正法第489条（元本，利息及び費用を支払うべき場合の充当）　債務者が一個又は数個の債務について元本のほか利息及び費用を支払うべき場合（債務者が数個の債務を負担する場合にあっては，同一の債権者に対して同種の給付を目的とする数個の債務を負担するときに限る。）において，弁済をする者がその債務の全部を消滅させるのに足りない給付をしたときは，これを順次に費用，利息及び元本に充当しなければならない。
2　前条の規定は，前項の場合において，費用，利息又は元本のいずれかの全てを消滅させるのに足りない給付をしたときについて準用する。

○ 2017年改正法第490条（合意による弁済の充当）　前二条の規定にかかわらず，弁済をする者と弁済を受領する者との間に弁済の充当の順序に関する合意があるときは，その順序に従い，その弁済を充当する。

○ 2017年改正法第491条（数個の給付をすべき場合の充当）　一個の債務の弁済として数個の給付をすべき場合において，弁済をする者がその債務の全部を消滅させるのに足りない給付をしたときは，前三条の規定を準用する。

27.3　供　託

　支払先に困った場合　債務者が弁済をしようとしても債権者が受取りを拒否する場合があります。また，正当な債権者が誰なのか債務者にわからないこともありえます。

　住まいの賃貸借契約で次のようなトラブルが起こることがあります。賃貸人が賃料の値上げを要求し，値上げの要求に納得できない賃借人が従来どおりの賃料を支払おうとするのですが，賃貸人は値上げ後の金額でない限り受け取ることはできないと言って拒否する場合が典型例です。家賃を振り込んでも送り返してくる場合もあります。

　債権者を確認することができないケースとしては，もとの賃貸人が死亡して相続が開始したものの，相続人か不明なため，誰に家賃を支払ったらよいかわからなかったり，相続争いが起こって複数の相続人から支払うよう請求されて困ってしまう，ということもあります。

　こうした事例であっても，賃借人には賃料を支払う債務はあるので，支払いしないまま放置しておくと債務不履行責任を問われることとなる危険があります。このような場合には，法務局に賃料を供託すればよいことになっています。供託することによって，債務者は債務を履行したのと同様の法的効果があり，正当な弁済をした場合と同様に債権は消滅します（2017年改正法第494条）。

○ 2017年改正法第494条（供託）　弁済者は，次に掲げる場合には，債権者のために弁済の目的物を供託することができる。この場合においては，弁済者が供託をした時に，その債権は，消滅する。
　一　弁済の提供をした場合において，債権者がその受領を拒んだとき。
　二　債権者が弁済を受領することができないとき。
２　弁済者が債権者を確知することができないときも，前項と同様とする。ただし，弁済者に過失があるときは，この限りでない

● コラム　架空請求被害はなぜ起こるのか

　弁済の義務があるのは，正当な債権を有している債権者がいる場合です。典型的な金銭債務は，商品やサービスを購入した場合の対価の支払です。たとえば，商品を購入したのに代金の支払いを忘れている場合には，支払いを怠った期間分の遅延損害金を付加して支払う義務があるということです。

　近年では，消費者被害の一ジャンルに「架空請求」というものがあります。「架空請求」とは，債権債務関係などは存在しないのに，詐欺師が消費者に対して根拠のない金銭の支払を請求してくるというものです。架空請求の方法は，はがきや文書を郵送するもの，メールなどで請求するものなどがあります。詐欺師が入手した個人情報がメールアドレスであればメールによるし，住所と氏名であれば郵送による。SMSを利用するのであれば，適当な番号列から連続した番号で一斉に送れば，実在する携帯電話番号があるところに送信されるため，カモになる被害者の携帯電話番号を入手していなくても架空請求が可能です。

　さて，債権債務関係がなければ支払う必要はないことは当然のことに思えます。架空請求を受けても無視すればすむのではないかということです。しかし，架空請求事件が後を絶たないのは支払う人がいるので，詐欺師が儲かるためです。なぜこのような被害が起こるのでしょうか。架空請求の典型的な手口から考えてみることにしましょう。

　一つは，通信販売業者から顧客リストを入手して，一律に数千円の画一的な請求書を送るという手口です。この手口では，未払いの代金はないはずだと感じた消費者が消費生活センターに相談し，類似の相談が広域で多発したことから判明した事例です。この手口では，過去に通信販売で購入したことがある人が狙われたわけです。過去の未払いはないはずだとか，このような金額の買い物はしていないとはっきり記憶している消費者が，消費生活センターに相談し，類似の相談が広域で多発したことから判明したという事情がありました。この手口では，過去に通信販売で購入したことがある人が狙われたという事情があるため，過去の買い物履歴や支払いについての記録を保管していなかった人の中には「支払を忘れていたかもしれない」と思って支払ってしまった人がいたのではないかと推測できます。

　もう一つのパターンは，インターネットで出会い系サイトやアダルトサイトを利用したのに支払いがなされていないとして請求するというものです。スマートフォンなどでこの種のサイトを利用してしまう人は少なくないと思われますが，利用時に費用について確認しているとは限らず，利用する都度，どのサイトをいくらの料金で利用し，支払いはいつしたかなどを記録している人はあまりいないようです。そのため，請求を受けたときに，実際に自分が利用したサイトからの請求かどうかを判断できず，あわてて支払ってしまう被害が生じやすいのではと推測されます。

　このようなことから，スマートフォンを利用して商品やサービスを購入する場合には，きちんと記録を残しておくことが大切だと言えるでしょう。債権の消滅時効は2017年民法改正法では一律5年となりました。したがって，支払期日から5年間は記録を保管しておくことが被害を防止するポイントと言えるでしょう。

28 債権譲渡

28.1 はじめに

債権者が変わる場合　消費者が事業者から借金をしたり，商品やサービスを購入した場合に，事業者が契約に基づいて消費者に対して金銭の支払いを求めることができる権利（14.2で述べたように，このように人に対して何らかの給付を求める権利が「債権」です）を別の事業者に譲渡する場合があります。契約相手である消費者からすれば，契約締結時の相手から，債権者が変わることになるので，「誰に弁済すればよいか」という問題が起こります。

消費生活で遭遇する事例としては，「ある日，契約相手とは違う事業者から，債権を譲り受けたので当社に支払ってもらいたい」と請求されるなどという場合があります。DVDのレンタル料を延滞していた場合，通信販売などで購入した代金の支払いを失念していた場合などで，過去にトラブルが発生したことがあります。このような場合にはどうすべきか，という問題です。

28.2 債権の譲渡

28.2.1 債権は譲り渡すことができる

債権譲渡の規定　消費者が事業者からお金を借りたり，商品やサービスを購入する契約から発生する債権は，原則として債権者が第三者に自由に譲渡することができます。契約で「譲渡は禁止する」旨の特約がある場合であっても，譲渡は妨げられません。つまり，可能であるということです（2017年改正法第466条）。

消費者が事業者から借金したり買い物をした場合に，事業者が消費者に対して返済を求めたり代金の支払いを求める債権を第三者に譲渡することは，

民法上は自由に行うことができるわけです[1]。この場合，債権の譲受人が譲渡制限特約について悪意または重過失（すなわち，あらかじめ特約の存在を知っていたり，知っていてもおかしくないような）の場合には，債務者はそうした特約があることを主張して履行を拒絶したり，譲渡人に対する弁済や相殺などといった債務消滅事由をもって譲受人に対抗することができます。これに対して譲受人は，債務者に対し相当期間を定め，譲渡人に対する弁済などの履行催告ができ，その期間内にその履行がされなかった場合には，債務者は譲受人に対抗できません。

○ 2017年改正法第466条（債権の譲渡性）　債権は，譲り渡すことができる。ただし，その性質がこれを許さないときは，この限りでない。
2　当事者が債権の譲渡を禁止し，又は制限する旨の意思表示（以下「譲渡制限の意思表示」という。）をしたときであっても，債権の譲渡は，その効力を妨げられない。
3　前項に規定する場合には，譲渡制限の意思表示がされたことを知り，又は重大な過失によって知らなかった譲受人その他の第三者に対しては，債務者は，その債務の履行を拒むことができ，かつ，譲渡人に対する弁済その他の債務を消滅させる事由をもってその第三者に対抗することができる。
4　前項の規定は，債務者が債務を履行しない場合において，同項に規定する第三者が相当の期間を定めて譲渡人への履行の催告をし，その期間内に履行がないときは，その債務者については，適用しない。

28.2.2　債権譲渡の対抗要件の意味

対抗要件を備えているか　ただし，債権譲渡においてもともとの債権者がA・B・Cといった複数の相手に1つの債権を譲渡した場合にはA・B・Cのうち誰が正当な債権者の譲受人になるのか，という問題が生じます。また，債務者からすると，Aから一方的に債権を譲り受けたと主張されても，譲渡の事実は本当なのかわからないという問題があります。Aからの請求を信じてAに弁済したところ，もともとの債権者から「債権譲渡の事実はないので，当社に弁済する義務は残っている」と主張される危険があるということです。

このような事態を回避するために，民法では，債権の譲渡の対抗要件について定めています（2017年改正法第467条）。対抗要件を備えていない場合には，債権を譲り受けたことを主張しても債務者や第三者に対抗できません。つまり，法的な権利者としての請求は認められないのです。消費者は，Aが対抗要件を備えているかどうかを確認した上で判断すればよいわけです。次

1　ただし，債権回収のための譲渡についてはサービサー法（28.3参照）の規制が及びます。

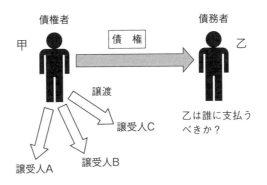

項で，その対抗要件について説明します。

○ 2017年改正法第467条（債権の譲渡の対抗要件）　債権の譲渡（現に発生していない債権の譲渡を含む。）は，譲渡人が債務者に通知をし，又は債務者が承諾をしなければ，債務者その他の第三者に対抗することができない。
2　前項の通知又は承諾は，確定日付のある証書によってしなければ，債務者以外の第三者に対抗することができない。

28.2.3　対抗要件としての通知

通知方法のポイント　上記のように，債権の譲渡は，もともとの債権者から債務者に対して譲渡の通知をしなければ，債務者に対抗することはできません（2017年改正法第467条）。また，確定日付のある証書による通知をしなければ，債務者以外の第三者には対抗することができません。確定日付ある証書による通知の最も一般的な方法が，配達証明付き内容証明郵便です。債権譲渡の際には，もともとの債権者（債権の譲渡人）が，債務者に対して内容証明郵便で，○年○月○日に，あなたに対するこれこれの債権をAに譲渡した旨の通知を出す方法を取るのが普通です。

確定日付による証書によらない通知の場合には，二重譲渡などでＡＢＣなど複数の譲受人が現れた場合には，誰も自分が正当な債権者だと他の者に主張できないことになります。これでは債権譲渡の通知をする意味がないので，このような事態を避けるために配達証明付き内容証明郵便で通知をするのが

通常です。

債権の譲受人への対抗　以上から，もともとの債権者からは何の通知もなく，いきなり譲受人と主張するAから請求されたとしても弁済する義務はないし，また弁済してはいけない，ということになります。

また，債権譲渡の通知を受け取る前に債権者に対して生じた抗弁事由がある場合には，債権の譲受人に対して対抗できます。「抗弁事由を対抗できる」とは，もともとの債権者に対して支払いを拒絶できる法的理由がある場合に，債権の譲受人に対しても同じ理由を根拠に支払いを拒絶できるという意味です。抗弁事由としては，たとえば，債権譲渡の前に弁済したとか，弁済の拒絶権があるとか，債権の取消事由や解除権があるなどです。

28.2.4　債務者の承諾とは

債務者の承諾の意味　債権譲渡の対抗要件として**債務者の承諾**の方法もあります（2017年改正法第467条）。債務者の承諾とは，もともとの債権者がAに債務者に対する債権譲渡を行うことについて，債務者が承諾したことを意味します。多くの場合は，債務者が承諾書に署名捺印する方法で行います。債務者の承諾は，倒産がらみのビジネス上の紛争では見かけることがありますが，消費者契約の場合には，あまり見かけません。

民法改正における変更　2017年改正前の民法では，債務者が**異議なき承諾**をした場合には，承諾前に債務者が債権者に対して有していた抗弁事由を対抗することはできなくなるという趣旨の規定でした（改正前民法第468条）。ただし，**異議をとどめた承諾**の場合には，抗弁事由は維持されます。

異議をとどめた承諾というのは，「Aの私に対するこの債権をCに譲渡することは承諾します。ただし，抗弁事由の対抗については異議をとどめます。」という条件を付けるということです。ただ，「この債権譲渡を承諾します。」というだけの内容の書類に署名捺印してしまうと異議をとどめない承諾をしたということになり，債務者には大変不利な規律でした。しかし，普通の人は民法第467条の知識などはないことが普通ですから，このような規律はあまりに一般の人に対しては過酷だということから，「異議なき承諾」に関する規律部分は2017年の民法改正で削除されました。承諾の場合でも，

原則として，債務者は承諾するまでに債権者に対して有していた抗弁事由をもって対抗できることになりました（2017年改正法第468条第1項）。

○ **2017年改正法第468条（債権の譲渡における債務者の抗弁）** 債務者は，対抗要件具備時までに譲渡人に対して生じた事由をもって譲受人に対抗することができる。
2 第466条第4項の場合における前項の規定の適用については，同項中「対抗要件具備時」とあるのは，「第466条第4項の相当の期間を経過した時」とし，第466条の3の場合における同項の規定の適用については，同項中「対抗要件具備時」とあるのは，「第466条の3の規定により同条の譲受人から供託の請求を受けた時」とする。

28.2.5 債権譲渡登記による場合

債権譲渡登記とは 債権譲渡の対抗要件としては，民法によるほか，**債権譲渡登記制度**による方法があります。債権譲渡登記は，1998年10月1日から実施されているもので，2005年10月3日施行の「債権譲渡の対抗要件に関する民法の特例等に関する法律の一部を改正する法律」により，企業が有する資産を有効に活用し，更なる資金調達の円滑化・多様化を図るため，債務者が特定していない将来債権の譲渡についても，登記によって第三者に対する対抗要件を備えることが可能となりました。

この制度は，法人が行う金銭債権の譲渡などについて，債権譲渡登記所（具体的には東京法務局）に登記をすれば，第三者にその旨を対抗することができるとするものです。債権流動化をはじめとする法人の資金調達手段の多様化の状況に鑑み，法人が金銭債権の譲渡などをする場合の簡便な対抗要件制度として導入されたものです。

28.2.6 債権譲渡登記制度による対抗要件の特例

第三者対抗要件の特例 法人が多数の債権を一括して譲渡する場合には，債務者も多数に及ぶため，すべての債務者に民法による通知などの手続をとらなければならないとすると，手続・費用の面で負担が重く，実務的に対抗要件を具備することは困難です。そこで，債権譲渡の第三者対抗要件に関する民法の特例として，法人がする金銭債権の譲渡等については，登記をすることにより債務者以外の第三者に対する対抗要件を得ることができるとしました。

債権譲渡登記の対象は、「法人が行う債権（金銭債権）」の譲渡に限定されています。

　債権譲渡登記の効果は、債務者以外の第三者との関係で、民法上の確定日付ある証書による通知があったものとみなされるというものです。この登記により債権の存在や譲渡の有効性を証明するものではありません。

　債権譲渡登記制度においては、登記の真正を担保するために譲渡人及び譲受人が共同して申請しなければなりません。

28.2.7　債務者への対抗要件

　債務者の留意点　債権譲渡登記をしても、債務者に対しては債権譲渡の事実を主張することはできません。債務者に対しては、登記をしたことを証する<u>登記事項証明書の交付を伴う通知</u>をする必要があります。

　債権譲渡の通知を受けた場合には、債務者は、以下の点に留意する必要があります。

　まず、債権者から債権譲渡の通知を受けた場合または債権を譲り受けた者から登記事項証明書の交付を伴う債権譲渡通知を受けた場合には、債務者は、その後は、債権の譲渡を受けた者を債権者として扱えばよいこととなります。弁済をした後に通知が到達したときは、既に債権が消滅していますから、特に対応を要しません。

　弁済をする前に同じ債権について競合する内容の通知を2つ以上受けた場合は、以下のようになります。

　(1)　双方の通知が債権譲渡登記の登記事項証明書を交付してされたものであるときは、当該証明書に記載された登記の日時[2]により、登記の先後関係を確認した上、先にされた登記において譲受人とされている者を債権者として取り扱うこととなります。

　(2)　登記事項証明書の交付を伴う通知と民法第467条の確定日付ある証書による通知とが競合したときは、証明書に記載された登記の日時と民法の通知が到達した日時との先後関係により判断します。

---

[2] 債権譲渡登記では、「登記の年月日」に加えて「登記の時刻」も記録されるため、登記された時が明確になります。

28.3　サービサー法による規制

債権回収業に対する規制　　債権譲渡は，多様な目的で行われます。債権譲渡のうちでも，債権回収業は，**サービサー法**（債権管理回収業に関する特別措置法。「サービサー」とは**債権管理回収業**を指します）に基づいて許可を受けた事業者以外は行うことはできません。サービサー以外の者が，債権回収のために債権譲渡を受けた場合には弁護士法違反で無効と解されています。

また，サービサーであっても，債権回収を行うことができる債権は特定金銭債権に限られます。特定金銭債権以外の債権については，債権回収を行うことはできません。たとえば，レンタル契約の延滞金，出会い系サイトやアダルトサイトの利用料などは特定金銭債権には該当しません。

○債権管理回収業に関する特別措置法
　　　第一章　総則
　（目的）
第1条　この法律は，特定金銭債権の処理が喫緊の課題となっている状況にかんがみ，許可制度を実施することにより弁護士法（昭和24年法律第205号）の特例として債権回収会社が業として特定金銭債権の管理及び回収を行うことができるようにするとともに，債権回収会社について必要な規制を行うことによりその業務の適正な運営の確保を図り，もって国民経済の健全な発展に資することを目的とする。

　（定義）
第2条　この法律において「特定金銭債権」とは，次に掲げるものをいう。
　　一　次に掲げる者が有する貸付債権
　　　　（イ～トまで略）
　　　　チ　保険会社
　　　　リ　貸金業法（昭和58年法律第32号）第2条第2項に規定する貸金業者
　　　　ヌ　イからリまでに掲げる者に類する者として政令で定めるもの
　　二　前号に掲げる者が有していた貸付債権
　　三　前二号に掲げる貸付債権に係る担保権の目的となっている金銭債権
　　四　…略…
　　五　それと引換えに，又はそれを提示して特定の販売業者又は役務の提供の事業を営む者（以下この号及び次号において「販売業者等」という。）から商品を購入し，又は役務の提供を受けることができる証票その他の物（以下この号及び次号において「証票等」という。）をこれにより商品を購入し，又は役務の提供を受けようとする者（以下この号において「利用者」という。）に交付し，当該利用者がその証票等と引換えに，又はそれを提示して販売業者等から商品を購入し，又は役務の提供を受ける場合において，その代金又は役務の対価に相当する金額を当該販売業者等に交付し，当該利用者から当該金額又はあらかじめ定められた時期ごとにその代金若しくは役務の対価に相当する金額の合計額を基礎としてあらかじめ定められた方法により算定して得た金額を受領することを約する契約に基づいて，当該利用者に対し生ずる金銭債権
　　六　証票等を利用することなく，販売業者等が行う購入者又は役務の提供を受ける者（以下この号において「購入者等」という。）への商品の販売又は役務の提供は役務の提供を条件として，その代金又は役務の対価の全部又は一部に相当する金額を当該販売業者等に交付し，当該購入者等から当該金額を受領することを約する契約に基づいて，当該購入者等に対し生ずる金銭債権
　　七　それと引換えに，又はそれを提示して商品を購入し，又は役務の提供を受けることができる証票その他の物をこれにより商品を購入し，又は役務の提供を受けようとする者（以下この号において「利用者」という。）に交付し，その証票その他の物と引換えに，又はその提示を受けて当該利用者に商品を販売し，又は役務を提供する場合において，その代金若しくは役務の対価又はあらかじめ定められた時期ごとにその代金若しくは役務の対価の合計額を基礎としてあらかじめ定められた方法により算定して得た金額を受領する

ことを約する契約に基づいて，当該利用者に対し生ずる金銭債権
　　七の二　それと引換えに，又はそれを提示して商品を購入することができる証票その他の物を利用することなく，購入者から代金を六月以上の期間にわたり，かつ，三回以上に分割して受領することを条件として機械類を販売する契約（以下この号において「機械類販売契約」という。）又は購入者から代金を二月以上の期間にわたり，かつ，三回以上に分割して受領することを条件として割賦販売法（昭和36年法律第159号）第二条第五項に規定する指定商品を販売する契約（機械類販売契約を除く。）に基づいて，当該購入者に対し生ずる金銭債権
　　（八〜二二まで略）
２　この法律において「債権管理回収業」とは，弁護士又は弁護士法人以外の者が委託を受けて法律事件に関する法律事務である特定金銭債権の管理及び回収を行う営業又は他人から譲り受けて訴訟，調停，和解その他の手段によって特定金銭債権の管理及び回収を行う営業をいう。
３　この法律において「債権回収会社」とは，次条の許可を受けた株式会社をいう。

　　　第二章　許可等
（営業の許可）
第３条　債権管理回収業は，法務大臣の許可を受けた株式会社でなければ，営むことができない。

●コラム　勝手に債権譲渡がされても

　Aさんは，ある日，全然知らない業者乙社からの督促状を受け取りました。開封して内容を確認したところ，レンタルDVDの延滞料の請求書でした。振り返って考えてみたところ，確かに1か月ほど前に近所のレンタルショップ甲でDVDを借りています。調べたところ，まだ返却していなかったことがわかりました。すっかり返却するのを忘れていたのでした。
　返却を忘れた以上，レンタルショップ甲には，契約時に説明されたとおり延滞期間中の延滞料を支払わなければならないことになります。Aさんは，自分がうっかりして返却を忘れていたことを反省しました。ただ，納得できないのは，突然に見知らぬ業者乙社から支払うよう請求されたことでした。自分はレンタルショップ甲と契約したのであり，得体のしれない業者乙社とかかわらなくてはならないことは納得できません。
　ここでは，甲のAに対する金銭債務を，Aの承諾がなくても甲から乙に譲渡できるのか，譲り受けた乙は当然に債務者であるAに支払い請求できるのか，という問題について考えてみましょう。
　消費者Aは，見知らぬ乙とかかわりを持つことに対して不快感を持っており，自分が承知していないのだから，甲のAに対する債権が乙に渡ることは認めるつもりはないと思っています。ところが，民法では，通常の債権は譲渡ができると定めています。債務者Aの気持ちとは関係なく，債権は譲渡できるのが原則です。したがって，Aは，「自分が納得していない」「乙への譲渡を認めることはできないので支払わない」とは言えないということになります。
　ただし，債権を譲り受けた乙が，債務者Aに対して債権に基づいて支払いを求めるためには一定の手続が必要です。これを債権譲渡の対抗要件といいます。通常の対抗要件は，もともとの債権者であり，債権を譲渡した甲が，債務者に対して「乙に債権を，〇年〇月〇日に譲渡しました」との通知をするという方法です。通常は内容証明郵便によることが

一般的です。この通知がないままに，乙から突然「支払え」と通知をしてきても，Ａは乙に支払う義務はありません。支払うべきものは甲に支払うことになります。

　その理由は，譲り受けたと主張する乙からの通知があるだけでは，本当に甲が乙に対して債権を譲渡したのかわからないためです。もし，乙から請求されて乙に支払ったとしても，後日，甲から「乙には債権譲渡をした事実はない。乙の嘘である。乙は正当な債権者ではないので，乙に支払ったとしても適正な弁済とは言えない。」と主張されると，Ａは二重に弁済しなければならない不利益を被ります。もともとの債権者である甲から，Ａに対して，「債権は乙に譲渡したので，以後の債権者は乙ですよ」という趣旨の通知がされれば，このような危険はありません。

さいごに

　本書では，民法の規定のうち，私たち消費者が，日常生活で当たり前にかかわることの多い契約問題に関する基礎的なものを中心に取り上げてきました。そのため，民法の契約に関する規定のうち，主にビジネスに携わる際に重要な意味を持ってくるものの，普段の日常生活では遭遇することがほとんどみられないような問題に関するものは取り上げていません。

　ビジネスに携わる上で大切な民法上の規定としては，債務者の責任財産の保全に関する債権者代位権や詐害行為取消権，債務引受や有価証券に関する規定があります。債務引受や有価証券の規定は，2017年の民法改正で新たに条文が設けられたものです。

　これらの制度について勉強するためには，民法の財産法に関する体系的な教科書で勉強することをお勧めします。

　また，日常生活で事業者と契約する場合には，消費者契約法による民法の修正ルールがあります。訪問販売などでは特定商取引法によるクーリング・オフ制度などがあります。クレジットに関する取引などは割賦販売法による規制があります。電子マネーなどでは，資金決済法があります。このように，消費者契約を適正化するために民法を修正している消費者法には多様なものがあります。

　本書での勉強をきっかけに，消費生活にかかわる法律を知りたいと思われた場合には，さらに消費者法もあわせて勉強することをお勧めします。

索　引

あ　行

異議なき承諾　236
異議をとどめた承諾　236
意思能力　22
意思表示　31, 95
意思無能力者　22
一般法　4
委任　135, 173
違法な欺罔行為　57
違約手付　140

請負　135, 173
受取証書　229

送り付け商法　31

か　行

解除　178
解除条件　117
買主の損害賠償請求及び解除権の行使　144
買主の追完請求権　144
解約手付　140
概要書面　35
確定日付のある証書　235
瑕疵担保責任　73, 142
過失責任の原則　16
過失相殺　90

期限の利益　116, 152
偽装質屋　224
寄託　136, 182

寄託者　182
客観的起算点　121
求償請求　195
強行規定　18
強制執行　85
供託　231
強迫　58
業法　2, 35
虚偽表示　51
金銭消費貸借契約　149
金銭賠償　87

クーリング・オフ制度　3, 75
組合　136
　　──契約　185
クリーンハンズの原則　27

契約　1, 26, 29, 37, 119
　　──の相手方を選ぶ自由　14
　　──の解除　68, 85
　　──の取消し　61
　　──の無効　60
　　──の様式の自由　16
契約自由の原則　13, 129
契約書　16, 33, 41, 48
契約締結の自由　14
契約内容の自由　15
契約不適合　73, 177
　　──性についての責任　144
検索の抗弁　193
原状回復　26
　　──義務　64
極度額　199

権利能力　22
権利の主体　20
権利の対象　20
権利の濫用の禁止　17

合意　6
合意解約　59, 69
行為能力　23
行為能力者　23
更改　195
効果意思　31
交換　134
交渉　6
公証人　104, 209
合同行為　26
公法　2
個人　21
雇用　135, 172
混同　195

さ　行

サービサー法　239
債権　118
債権管理回収業　239
債権譲渡　233
　　――登記制度　237
催告　84, 106, 124
　　――の抗弁　193
催告解除　70, 71
財団　21
裁判　85
裁判規範　131
債務者の承諾　236
債務不履行　83
詐欺　55
錯誤　52

敷金　161
敷引き特約　162

時効　112
　　――の完成猶予　115, 123
　　――の更新　115, 123
自己責任　94
使者　96
自然人　20
質物　221
質屋営業法　222
質権　213, 221
　　――設定契約　221
私的自治の原則　12
私的所有権の絶対　13
私法　2
事務管理　32, 119
借地借家法　158, 166
社団　21
終身定期金　136, 187
修繕　160
主観的起算点　121
受寄者　182
熟慮期間　35
授権行為　103
出資法　150
取得時効　112
準委任　135, 174
準消費貸借　149
承継人　64
条件　117
条件関係　87
証拠　34
使用貸借　135, 155
譲渡の通知　235
消費寄託　184
消費者契約法　3, 21, 133
消費者法　4, 9
消費貸借　135, 147
消滅時効　112, 119
署名捺印　34
書面　33, 125, 138, 151, 167, 171, 191, 207

索　引　245

――でする消費貸借　148
信義誠実の原則　17
信義則　17
親権者　25
人的担保　211
信頼利益　144
心裡留保　50

随意条件　117

制限行為能力者　23, 191
成年後見　23
責任能力　7
善意の第三者　50

相殺　195
相続　205
双務契約　77
贈与　134
損害額の算定　89
損害賠償　85

た　行

代金減額請求権　144
代理　96
代理権授与行為　103
諾成契約　32, 137
単純保証人　192
単独行為　26
担保　211
　　――責任　175
担保物権　211
　　――の不可分性　212
　　――の附従性　212
遅延損害金　152
貸金業法　151
賃貸借　135, 155
賃料　158

追完　144
追認　65, 105, 126
通常損耗　161
通謀虚偽表示　51

定期借家契約　170
定型約款　44
停止条件　117
抵当権　212
　　――設定契約　214
手付　70, 138
典型契約　129

登記　21, 214, 237
動機　54
動産　20
動産質　213, 221
同時履行の抗弁　79
特定公正証書　104
特定商取引法　3, 35, 75
特別損害　88
特別法　5
取消権者　63

な　行

内心的効果意思　31

二重の故意　57
任意規定　18, 132
任意代理　97

ネガティブオプション　31
根抵当権　217
根保証　198
　　――期間　201
　　――人　198

は　行

売買　134

──契約　137
白紙委任状　103

被担保債権　212
非典型契約　131
表見代理　102, 109
表示行為　31
標準宅配便運送約款　39

不完全履行　71, 83
附合契約　42
不作為　119
物　20
普通契約約款　38
物権法定主義　212
物上代位性　212
物的担保　211, 219
不動産　20
不動産登記法　215
不動産登記簿謄本　215
不当利得　119
不法行為　119
分別の利益　194

弁済　225
　　──の場所　229
　　──の費用　229
返済期限　151
変動金利制　154
片務契約　77

法人　20
法定解除　69
法定更新　168
法定主義　21
法定代理　97
　　──人　25, 64, 99
法定追認　26, 65
法定利率　91, 152

法的拘束力　29
法律行為　25
保佐　23
補助　23
保証　189
保証人　190, 206, 211

　　　ま　行

前払い特約　82

未成年者　23, 25
　　──取引　99
身元保証　198
身元保証人　202
身元保証ニ関スル法律　202
民法　1

無権代理　102, 105
無権代理人　105
無名契約　131

名義貸し　111
名義冒用　108

目的物　20
物　211

　　　や　行

約定解除　69
　　──権　140
約款　38
　　──に関する規律　43
　　──の組み入れ条件　42

有償契約　78, 138, 158
有償双務契約　77
有体物　20
有名契約　131

索引　247

要物契約　147

ら　行

履行　6
　——遅滞　71, 83, 152
　——不能　71, 83
　——利益　144
利息　150
利息制限法　150
流質契約　221, 222

留置権　213, 219
旅客運送契約　38

連帯保証人　194

労働契約　172

わ　行

和解　136, 188

著者紹介

　　　　村　千鶴子（むら　ちずこ）

1953 年　愛知県生まれ
1976 年　名古屋大学法学部卒業
1978 年　弁護士登録
現　在　弁護士。東京経済大学現代法学部教授
日本弁護士連合会消費者問題委員会委員，日本消費者法学会理事，独立行政法人国民生活センター消費者判例評価検討委員会委員，東京都消費者被害救済委員会会長，一般財団法人日本消費者協会理事などを務める。

　　　　主要著書
『Q&A 市民のための消費者契約法』（中央経済社，2019 年）
『Q&A 市民のための特定商取引法』（中央経済社，2017 年）
『Q&A 詐欺・悪徳商法相談対応ハンドブック』（ぎょうせい，2017 年）
『誌上法学講座――特定商取引法を学ぶ［改訂版］』（国民生活センター，2016 年）
『消費者法講義［第 5 版］』（共著，日本評論社，2018 年）
など

消費者のための民法入門

2019 年 8 月 10 日©　　　　初　版　発　行

著 者　村　千鶴子　　発行者　森平敏孝
　　　　　　　　　　　印刷者　加藤文男
　　　　　　　　　　　製本者　米良孝司

【発行】　　　　株式会社　新世社
〒151-0051　東京都渋谷区千駄ヶ谷 1 丁目 3 番 25 号
編集☎(03)5474-8818(代)　　　サイエンスビル

【発売】　　　　株式会社　サイエンス社
〒151-0051　東京都渋谷区千駄ヶ谷 1 丁目 3 番 25 号
営業☎(03)5474-8500(代)　　　振替 00170-7-2387
FAX☎(03)5474-8900

印刷　加藤文明社　　　　　製本　ブックアート
《検印省略》

本書の内容を無断で複写複製することは，著作者および出版者の権利を侵害することがありますので，その場合にはあらかじめ小社あて許諾をお求めください。

ISBN978-4-88384-298-8
PRINTED IN JAPAN

サイエンス社・新世社のホームページのご案内
http://www.saiensu.co.jp
ご意見・ご要望は
shin@saiensu.co.jp まで.